belle vue

人 生 風 景 · 全 球 視 野 · 獨 到 觀 點 · 深 度 探 索

belle vue 44

解碼創造力
踏上藝術、科學和靈魂之旅，揭示自我創造的無限可能

作　者　麥特．瑞克托（Matt Richtel）
譯　者　潘昱均
總編輯　曹　慧
主　編　曹　慧
封面設計　Bianco Tsai
內頁排版　楊思思
行銷企畫　林芳如
出　版　奇光出版／遠足文化事業股份有限公司
E-mail：lumieres@bookrep.com.tw
粉絲團：https://www.facebook.com/lumierespublishing
發　行　遠足文化事業股份有限公司（讀書共和國出版集團）
http://www.bookrep.com.tw
23141新北市新店區民權路108-2號9樓
電話：(02) 22181417
郵撥帳號：19504465 戶名：遠足文化事業股份有限公司
法律顧問　華洋法律事務所 蘇文生律師
印　製　呈靖彩藝有限公司
初版一刷　2023年10月
定　價　460元
I S B N　978-626-7221-35-8　書號：1LBV0044
978-626-7221365（EPUB）
978-626-7221372（PDF）

歡迎團體訂購，另有優惠，請洽業務部（02）22181417分機1124、1135

國家圖書館出版品預行編目資料

解碼創造力：踏上藝術、科學和靈魂之旅，揭示自我創造的無限可能 / 麥特.瑞克托（Matt Richtel）著；潘昱均譯. -- 初版. -- 新北市：奇光出版, 遠足文化事業股份有限公司, 2023.10
面；　公分
譯自：Inspired : understanding creativity@@a journey through art, science, and the soul

ISBN 978-626-7221-35-8（平裝）

1. CST: 創造力　2. CST: 創造性思考

176.4　112013159

線上讀者回函

解碼創造力

INSPIRED

Understanding Creativity: A Journey Through Art, Science, and the Soul

踏上藝術、科學和靈魂之旅，揭示自我創造的無限可能

普立茲獎得主暨《紐約時報》暢銷作家
麥特·瑞克托Matt Richtel — 著
潘昱均 — 譯

獻給家人

Contents

Part 3

神經學、生理學、人格特質、年代學和（新的）地理學

作者的話

我寫這本書遇到一項特別的挑戰：處理人稱代名詞。通常情形下，作者多半不是選擇第三人稱（他們）敘事，就是第一人稱（我）或第二人稱（你）敘述。但這些傳統上的選擇對我而言都是奢侈的，因為我寫作的主題是關於偉大的創作者和研究他們的科學家（第三人稱），旁及我自己的經歷（第一人稱），以及這一切對讀者的意義（第二人稱）。我曾想過假裝不會使用這三種代名詞，一股腦地全以對你說話的語氣書寫，但似乎這是招致非議或想在推特引戰的好方法。所以我採取的策略是：依循代名詞原則，然後多一些彈性；盡可把這項運用當成實踐創造力的好案例。哈！噁心！最後，我決定讓不同代名詞反映本書的特色；突顯本書是新聞性的、對話式的和個人化的。我要給你們講一個故事，跟你們說說我為了尋找創造力如何運作而踏上的追尋之路。我訪問了世上頂尖的創作者和對創造力領域有高深見解的思想家，所學所穫適用於我們所有人。所以，我以謙卑地心請求你原諒全書都是我的視角；是我在對你說話，談的是他們，偶爾也聊聊我自己。當這段旅程結束時，我希望書中代名詞不一致的情形，是你、他們或我在讀過書後最沒印象的事。

前言

一開始，正如《聖經》故事所說：起初，淵面陰暗，一片漆黑，處處皆是安靜、混沌、荒涼，但湧動著新生命。有機體為了生存而競爭，依照原始本質創新，變異出新型態的細胞，組合出更高級的特徵；長出心臟和肺，生成有保護能力的皮毛、強大的視力、爪子、手臂，最後長出可直立站起的腿。微微顫顫邁出一小步，又移動一小步，直到真正踏出一步，成為一個人。然而，黑暗依舊，至少在晚上是這樣的，直到……有人發現如何生火。而且火很不賴。

然後，有人得到靈感，在山洞石壁上畫畫，影像在火光中清晰可見；看得人心情激盪，於是寫成歌，圍著火焰唱出來。這些創作是自然流露的，出自深層的原始悸動，就如從身體自然發出飢餓感。之後再出現工藝技術讓作品打磨得更精緻，成為美麗、巧妙，甚至有時帶著危險的作品。

火若失控就可能燒毀村莊和森林，終於有人想出可裝水的桶子，再想出消防水管。燒傷了，做出藥膏；受傷了，找到抗生素。一個發明接著一個發明，一點靈感加上一點技術，就像一塊磁鐵引出其他想法，形成良性循環，而且通常帶有奇異的轉折。

新發明帶來新問題，後來還有人造出專有名詞：「非意圖後果」（unintended consequences）。想想引擎的出現，它讓汽車跑得更遠更快，卻造成許多人因車禍喪生的意外結果——哈！結果出現新點子——安全帶，也是很好的產物。汽車排放的廢氣導致氣候變遷，有人想出用電池驅動的特斯拉，真的挺不錯，尤其是當它自動停車的時候。然後，科學家發明了太陽能技術，從陽光獲取豐富的能量。但是那些被取代的煤炭工人呢？對於這群靠開採石化燃料養家餬口的硬漢有什麼發明可以幫助他們？

這本書是談論人類創造的故事——一連串滾動向前的發想，不管大小，幾乎所有淹沒在歷史中的發明。這是大自然的呼喚與回應：不斷出現的挑戰相應生出新的解決方案，創造、顛覆，再創造。這是我們如何創造的故事，是我們每個人如何發揮己力去創造的故事，這是一個你也可以這樣做的故事。

現在世上麻煩不斷，這本書的出現是混亂中的好消息，因為它關乎希望。持續的創意發想才有神奇的意外，創意必定一次又一次出現，就像海浪上下來回、太陽沉下升起無可避免。

這不是哲學，也不是深奧的科學，而是個人本能，是我們每個人都有的靈感展現——用在做生意、寫劇本、食譜、做社區計畫、政治運動、繪畫、設計手機app、增強技術、創新醫學或做一首歌；以寫歌來說，也許寫出一部完整的音樂劇？何不試試呢？

因為這只是發端，因為潛在創作者會害怕，覺得自己缺乏專業知識，或者覺得某些想法不存在是有原因的，大聲說出來只會聽來瘋狂。因為人們被教導成循規蹈矩只能在框架內揮灑。因為在某種意義上，創造性的行為是可怕的。

幾乎每個創作者都有這樣的經驗，感受到靈光、衝動，內在呼喚和繆思靈感。他們意識到自己一直都有這樣的感覺，直到屈服它，擁抱它，然後開始創造——通常做到忘我，有種做別的事都達不到的快樂，有時他們會改變世界。

這些創意從何而來？這股在藝術、科學、音樂、商業、科技背後的創造推力？創意如何變成新事物？不僅是來自奇蹟，也不只是來自運氣或努力。靈感、創新和實驗；創造力和創造過程有很多名稱，它們都可以用生物學、神經學和其他基礎科學來解釋。創造力每個人都有，從一開始就在我們**每個人**的內心。創造力在一片漆黑中照亮前進道路，就像它過去一而再再而三做的。創造力就在我們之中，尤其是現在，這個充滿危機、甚至混亂的世界。而這本書就在說明創造力的運作。

故事要從耶路撒冷開始說起。

Part 1

FROM CRADLE TO MUSE

從搖籃到繆思

藉著參觀耶路撒冷以及與袋鼠人的訪談，
我提供了創造者的側寫，
揭示了創造力的致命敵人：懷疑。

1 異端邪說

「大希律王是他那時代的賈伯斯。」

二〇一九年感恩節後的隔天，我站在耶路撒冷舊城的猶太區。一週前，遠在七千二百公里外的中國武漢，COVID-19才感染了第一個人。但那天早上對我來說，卻有一種幸福感，沐浴在陽光下，溫度格外舒服。「和平之城」透著平靜，顛覆這個世界即將竄流的潛在騷亂。

廣場上擠滿遊客、城裡居民和信徒。虔誠的猶太人和基督徒走過鵝卵石路來到聖地，阿拉伯人和亞美尼亞人擠滿周圍幾個狹小角落，他們都認為這個地方是通往天堂的門戶。

這個城市被眾人認定是所有創造物的中心，還有哪個地方會比在這個城市更適合來思考人類創造力的起源？

我的嚮導艾美指著我們腳下的石頭，那是兩千多年前的國王鋪設的，羅馬任命的統治者帶起一股建設帝國的狂潮，石頭路是這股狂熱的一部分，其他事物還包括通向港口與要塞的街道，各種對軍事防禦的新想法。艾美告訴我這個國王是「一個思想比人生更偉大的人」；他是大希律王（Herod the Great）。

大希律王也稱為「邪惡的偏執狂殺手希律」（Herod the Vicious Paranoid Killer），這一稱呼也算公平合理。他作風很可怕，是下令殺害幼童和盟友的瘋子。一切惡行都是他為了保住權力、放縱作惡的一部分，他的靈感生出偉大，也生出邪惡。

他多產的創作無疑受到周遭環境和同輩的啟發。大約在西元紀年一開始，猶太行省猶地亞（Judea）躁動著不安的能量，充斥相互競爭的思想和文化衝突。這個城市吸引了五十萬人，即使按照今天的標準，這也是令人無法忽視的人口數量。事實證明，這是關鍵。縱觀歷史上那些創新爆發的前哨站，那些創造力互相合作或激烈競爭的熱點：佛羅倫斯、哈倫、雅典、摩洛哥、巴黎；還有俄羅斯、馬利、日本、中國、印度、墨西哥、埃及等國曾有的輝煌時期；以及矽谷、好萊塢，當然還有耶路撒冷。她們是終極的企業城，經營的產業就是宗教。

於是，圍繞著創作天才反社會又孤僻的形象發展出一套神話，這套神話有不少誤解，這只是我開始看到的誤解之一。創造力的故事融入了一點異端邪說，是草率記下的寓言，只為了說故事較方便。而本書的目的就在於澄清這些紀錄，而開頭第一章是一篇概述與首發，提示後文中我用來闡釋不同論點的科學與故事。

例如，人口研究告訴我們，創造似乎來自集體能量。想像一下眾人匯集的古耶路撒冷——猶太人、早期基督徒、羅馬人——他們聚集此處、分享、爭論；各種想法與能量蒸騰爆發，然後由某個人傾瀉而出。有些人成為這個想法的入門標誌、思想源泉、闡釋管道，因為他的想法超越既定行為和已有技術的單調乏味，不折不扣像是有翼聖人的真實存在。

如果讀者人數有任何意義，在這裡的創作就是史上最偉大的故事。

就在距離我和導遊僅一箭之遙的地方，產生了根植於猶太教、基督教和伊斯蘭教的起源故事。我們從《新約聖經》得知，在這裡，基督背著十字架赴死，而後安葬在聖墓教堂的舊址。光輝籠罩城市的金色聖殿被安上了岩石圓頂，它是穆斯林最神聖的聖地。穆罕默德在夢中騎著名叫布拉克的白色飛馬踏上「奠基石」，不只穆斯林把這塊石頭認定是地球的「基石」，猶太人與基督徒也是如此認為。就在這個草草開場中，就在這個迷人敘事中：我們人類的故事開始了。

岩石圓頂下方矗立著哭牆，遺址一如猶太－基督教故事中講的一般神聖。這堵牆直達天際，男男女女在前躬身行禮。哭牆在聖殿西側邊上，故事告訴我們，這個聖殿收藏了約櫃，但它已不知所蹤，最後一次出現是在幾千年前。

我環顧廣場，看到一個個不凡的創作。就如《聖經》，這座城市頂住時間的嚴酷考驗——似乎每處景像都印證著創造力的潛在力量，事實上，創造力定義人類經驗。

服裝、相機、Gucci包、North Face後背包、大量仿製品，身穿綠色迷彩服的以色列士兵扛著M4半自動步槍、排水格柵、各種形狀和大小的車輛，為了開在狹窄巷道出現了各種形狀大小的車子，它們載著小飾品，裝著一袋袋磨好的孜然與薑黃運往阿拉伯區。

我拿出iPhone，我手裡的這東西就是一個奇蹟：一個攝影功能幾乎和任何相機一樣強大的設備，還可以連接電腦，現在的電腦已能與幾十年前占滿整個房間的巨大處理器媲美（就像我們驚嘆的「超級電腦」，它們已可以和人類敵人真真正正地下一盤井字遊戲）。這部手機將成為我創作的推動者，幫我在數月後還能記住此時此地要寫的內容。像這樣的創造物是一種工具，增加我創作的底氣，當我一塊一塊建構我的創作時，它可幫我做出磚石，成就我即將產出的作品。在某種意義上，更強大的創作是思想文化，就如出現在耶路撒冷以及印度、中國、法國、德國等地的思想文化，事實上，精神文化的角色如宇宙般重要：它塑造了我們的現實。

這就是創造的力量，它形成並改變我們對世界的理解。在此意義上，創造力才是真正的世界第一奇蹟，甚至可說世間萬物皆誕生自創造力。

這使得創造力的地位如此高、難以捉摸，像是活在歷史古蹟裡的傳奇思想家才擁有的東西。但大希律王並沒有建起耶路撒冷，就像iPhone也不是賈伯斯自己造出來的，他們的創意展現和想法源自幾世紀以來靈感的逐漸累積，聽來並不特別有啟發性。然而，更讓人好奇的是為什麼會如此：創造力存在於我們每個人的內心，一點一滴地，是我們創造了這個世界。

正如很多人逐漸認知的，創作並不屬於少數人的領域，創作屬於少數人是另一個廣為流傳的誤解。事實上，創造是我們更原始的生理部分，它來自細胞層次，屬於我們最基本的生存機制。應該說，我們是創造機器。

魚首次爬上岸，牠並不是靠一次頓悟就忽然靈感大發往上爬，然後立刻適應，完成演化。當類鳥生物第一次起飛，牠也沒有像變魔術般立刻長出翅膀。相反地，這些能力建立在先前一個又一個的創造上，幾千年來身體結構的變化出自逐漸轉型奠定基礎，這些都是演化上的偶然。

隨機出現的基因突變一點一滴改變有機體的基因編碼。有些變異對有機體沒有特別影響，有些造成有機體死亡，因為新改變不見得適應環境。但也有一些突變讓生物體多了一點生存優勢，例如，突變可能改變代謝能量或增加生物體防禦危險的能力。

就這樣一點一滴地，小小變化慢慢累積，最後才可能演化到長出翅膀或腳蹼這種基本身體結構。在極少數情況下，有些突變影響深遠，這些突變會帶來明顯的生存優勢，而這種基因變化——或說創造——會接管並淘汰生物體之前的基因。這就是創造力，且是不經意、無意識、隨機的創造力。

然後，隨著演化，動物變得更進步複雜，某些動物以某種角度來看似乎與人類這個創造物有很大相似度。例如，鳥和猴子，甚至一些昆蟲，我們看著牠們展現創造力時是如此熟悉，例如唱歌，做工具或築巢。然後新突變出現，賦予生存優勢，然後站穩腳跟。大自然透過這般強大無情的機制規律性地持續創造，得以延續，但此過程並不經由意識導引。

而人類替此過程帶來近乎神一般的轉折。我們可以依照本意創造，我們的天性就是創造。

我們的大腦有如盛產想法的沃土，各種想法隨機連結，這與原始生物基因編碼出現突變的過程高度相似。想法具體化、相互吸引、連接、重整，就如由想像力構成的新基因。然後在大腦其他部分我們會仔細檢查這些想法，立刻判斷它的可行性。它們能在世上存活嗎？它們應該出現世間嗎？

簡而言之，想法冒出浮現、隨機連接、突變，有些大膽相應，但大多數注定要在無情現實中消亡。即使是最有創意的。

一位研究創造力的學者告訴我，愛因斯坦也曾被創意火花打敗。愛因斯坦一度確信自己已找到解釋一切物質存在的「統一場論」（unified field theory），他向同事透露想法，同事回答說：「很有趣，但根據這個理論，宇宙不可能存在。」

以下例子都可直接類比：魚爬上岸；爬行動物開始飛；愛因斯坦想出相對論後終需從錯誤中改正；現代天文學是怎麼從伽利略的大腦中產生的，或者華麗卻慵懶的音調是如何從爵士小號天才戴維斯三世（Miles Dewey Davis III）誇張的嘴唇放送。人人皆有的創造力工廠是掌管變化的機制，直接對應細胞內基因複製或突變的運作。

這意味著創造力不僅是習性，它與繁殖一樣自然，是想法的交配、結合與再結合。創造也與交配一樣，我們可以選擇。這是從自然天性出發的觀點，我們的發現並非完全偶然或隨機。

創造力是可以追求得到的，研究創作者如何創作已成為一門顯學，透過對創造力的研究——以創新科技為動力——我們可以更精準地為我們的創造力接上電力。

以下是我希望在本書闡明的提要：

- **神經學家的觀點**：神經學家開始利用成像技術來繪製創作者的大腦圖，想藉此了解我們產生想法的腦區和評估想法的腦區。我先破哏：這研究還有很長的路要走。
- **心理學家的觀點**：心理學對人格模型的闡釋越來越清楚，也以此探討創作者的普遍特徵，統整出創造的最核心理念：創造不需要特別高的智力。這對我們很多人來說是個好消息，平均智商就可以了！在某種程度上，根本天賦才是重要的。同樣重要的是，你必須培養某些特質，例如開放和好奇。

說到智力和創造力，我將這種關係歸結為：

聰明的人回答問題。

有創造力的人一開始先提出問題，然後再回答問題。

・**天文學家的想法**：我也從天文物理學家那裡學到了東西，他們把創造力比作新宇宙的誕生——讓人驚叫的驚喜時刻發生在「混亂的邊緣」（edge of chaos），在那塊穩定與混亂相互碰撞的地方。只有在那種情況，想法不會掉入無盡的失敗深淵，反而會成為人類經驗的新起點。

・**神學家的描述**：神學家將人類創造描述為神性的產出。值得注意的是，這些宗教觀念與在憲法中看到的創造力緊密相關；只要看看世界各地高等法院如何做裁決，當然這些法院也包括美國最高法院。新研究還表明，虔誠的宗教人士很難發揮創造力，因為他們屈服於全知上帝的智慧，以上帝之智推翻自己的想法。

・**洞見的來源**：對創造力的深刻洞見來自於眼界，所謂眼界就是字面上的意義；人類創造在很大程度上取決於他們所看到的。創作者從旅行、新經驗、新的情緒體驗，跨越日常舒適圈，進而增長自己的創作工作箱。人說創作者是將腦中各處靈感連結起來形成創作，因此要注意的是，他們只能把自己看到的、感受到的、經歷過的連結起來。

・**創作者特徵**：科學告訴我們，有創造力的人不僅會發現更多創作素材，而且與缺乏創造力的人相比，他們往往更願意參考其他各類相關訊息。換句話說，創作者不會因為訊息不符合現有認知，就很快將資訊視為不重要或不需要。有創造力的人會考慮更多的訊息，處理更多原始素材，連結更多的創意靈感。

人的創造力取決於輸入的資訊——看到的、感覺到的、聽到的、經驗過的；這觀點再重要也不過。我認為這就像創造力的香料架理論（這是我自創的廉價名詞）。一個豐沛心智加入生鮮味美的多種香料——快樂、痛苦、同理心、智慧、開放——盡可能的拌攪讓味道充分調和。但人們可能因為分心、恐懼和缺乏訓練而偏離軌道，而在後續你將讀到很多科學家的故事，他們已經開發出精簡策略，幫助人們覺察內在的香料架。

- **科學讓我們了解壓抑創造力的障礙**：有些障礙是我們在小時候就被教導的，但我們之所以會壓抑創造衝動；最基本的根源出自更原始的原因：新想法把我們嚇壞了。科學研究解釋了我們在潛意識裡就對創造力懷有偏見，這也說明了為什麼人不但壓抑自己的創造力，還阻止他們的孩子發揮創造力。創造力和創造者讓人們感到非常不舒服，培養創造力需要面對這種恐懼。某個規模雖小但不斷壯大的神經科學團體以具體步驟帶來希望，人們可透過這些具體步驟布置環境或培養心理狀態藉此激發創造力。
- **創造力研究學者發展出描述創新的專有名詞**：研究創造力的學者界定出「大C」

（The Big C）和「小C」（The Little C）。大C是改變世界的創造力，就如輪子、抗生素和疫苗接種、民主、原子彈、披頭四的專輯等等。比起大C，小C相對影響幅度較小。它具有實驗性，卻是進展的關鍵；它們也許是技術、科學或藝術等發展之路上的較小進展，但這些進程會成為沙粒，成為建起大C的支柱。

這些科學都在歷史的關鍵時期到來。

以前從沒有這麼多科技工具把我們連繫起來，創造力的發展空間因此變得廣大遼闊。無論耶路撒冷或矽谷、好萊塢或佛羅倫斯，只要指尖動一動盡在眼前。縱觀歷史，歷朝歷代都無法如今日一般做到跨時空的交流、學習、分享、書寫、繪畫、製作音樂、建立商業、出版、製造、行銷、銷售：在在都是創造力的各種實踐。執行靈感的力量如今已在大眾手上。

在現今時代，人們透過龐大的網路互動，不受國界束縛，自由汲取想法，讓外界想法與自我想法碰撞，然後創造。評估創造力的一個指標是授與專利的數量，而這數字一直在攀升：二〇一九年，美國專利商標局核發了391,103項專利，與五十年前、也就是一九六九年相比，當時核發了 71,230 項專利，可見創造力穩步上升。（美國在一七九〇年發出第一項專利，當時由喬治・華盛頓簽署，授予山繆・霍普金斯〔Samuel Hopkins〕做出的鉀肥。）

近年來，我們看到創作者從各個小角落崛起。我說的不只是在 YouTube 和 TikTok 爆紅的網紅，不是在說那些只靠譁眾取寵吸引他人目光的人，我談論的是更實質性的意見抒發。這種百花齊放的現象說明：幾乎零成本的個人意見，卻可能達到巨大效應。二〇一八年十二月，十五歲家住瑞典斯德哥爾摩的葛莉塔・童貝里（Greta Thunberg）以一篇氣候變遷的文章贏得當地報紙的徵文比賽；她將自己的想法發布到社交媒體上，很快就有一百萬人加入她的行列，與她一起應對氣候變遷。像童貝里這樣的意見領袖是最有力的實證，證明媒體型態引發的創造力讓人震驚：在媒體上失敗更容易，嘗試也更容易。值得注意的是，童貝里的這篇文章並不是政治聲明，本書也沒有意識形態或黨派傾向。創造力不屬於任何政黨或意識形態。

創作者當然可以是有意識形態的，甚至可引領出新的意識形態。但創造力本身？它蔑視黨派偏見。

特斯拉的創新者馬斯克在政治上是頑固的保守派，但他是他那一代偉大的創造者。在這本書後段，我將分享一個我聽過最有力的創意，也許可以讓美國警察和非裔青年建立聯繫：組團讓雙方一起參訪諾曼地海灘戰爭遺址。創意來自某位退休搖滾明星，這位明星具有保守主義傾向，對軍隊和警察工作深表感激，他從事社區工作，在療癒心碎者時發現了自己的天命。

說到搖滾明星，就要說說巴布．狄倫的故事。一九六〇年代初，巴布．狄倫曾應邀到國家緊急公民自由委員會發表演講，因為該協會認為狄倫應該贊同他們的進步主張。但在台上，狄倫公開斥責他們。

「對我來說問題不是左和右，」狄倫說：「對我來說只有上和下，而且這個下非常接近地面，而我正在努力往上爬，只要不受其他瑣事干擾，比如政治。」

創造力不同於名譽或財富，兩者天差地別。創造力對人類天性來說是本性，而名譽和財富轉瞬即逝，即使是傳奇也不過是短暫的幾日風光。

想起早先還在為這本書寫提案企畫時，我和十一歲的兒子在車道上打籃球，我告訴他我想為這本書採訪波諾（Bono）。

「誰？」

「一個非常有名樂團 U2 的主唱。」

「哦，」我兒子說：「波諾是他還是她？」

在這本書的後面，你會看到波諾對創造力的看法以及成就，他大膽提出理論，解釋U2如何成為史上商業操作最成功的樂團之一。波諾認為，答案不僅僅在於天賦或創作才能，而是時機。

所以，不是的，創造力不是意識形態，也不等同於成功。事實上，如果這本書說明了什麼，那就是創造力是一種自由與個人展現的獨特形式，而這是民主精神的本質。而與之關係密切的是，我認為菁英主義、膚淺的意識形態、物質成就造成的虛幻光環會阻礙人的真實自性，嚴重削弱創造能力。

還有另一個誤區：創造力是美好的。事實上，創造在本質上與好壞無關。雖然這個過程本身並不壞，但它「既無關道德也無關不道德」，一位創意領域的大思想家這樣寫道。創造力的道德基礎不是來自創造出來的作品，而是來自創造者的價值觀，更重要的是，在於如何使用這個創造物。

當我走到耶路撒冷城門，親眼見到這個教訓，很快明白了人類最偉大的創造物如何變得致命。

我招了一輛計程車，坐了進去。

計程車晃蕩向前。司機以極大熱情狂踩油門，我覺得好像穿越時空到了紐約市，來到世上最沒耐心司機的家。我們飛也似地出了城門口，司機向右急轉彎，繞過城牆邊緣。他不停變換車道、按喇叭，低聲咒罵。然後突然開始戳儀錶板上的iPhone，我想他也許在查地圖。他不是，他在滑照片，他在瀏覽一張張襯衫和夾克的照片，手機螢幕上附有小寫的阿拉伯文說明。

司機正在上網購物。

如果那一刻不是如此具有新聞性，我會要求他不要一面開車一面購物。他到底在做什麼？

「我很好奇，你在找什麼？」我問。

「我的朋友在賣衣服，他剛批到一批新貨，你覺得怎麼樣？」

嗯，我們可能會死。

計程車在混亂的交通中鑽來鑽去——突然加速，急速轉變方向，前面堵到就急踩剎車急停。車停了下來，司機解釋說，他的朋友在阿拉伯區外面賣衣服，他不想錯過最新優惠。我想他應該沒有把發生車禍的可能性考慮進去，如果他橫衝直撞把我們倆都給弄死了，無論他想買什麼東西都可能做不到了。

創作本身沒有好壞之分，事實上取決於人們怎麼用它。事實上，從汽車普及到大眾的那一刻起，人們就開始死於車禍。若按照受傷嚴重程度或死亡風險的高低來衡量，在今天，乘坐汽車是人類活動中最危險的項目之一。現在還加上手機，原本手機還當作「車用電話」來行銷。因為人們以前並不能在開車時打電話，就此意義而言，手機是強大的創造。但從安全的角度來看，這是個糟糕的提議，至少一面開車一面使用電話時很糟糕，讓司機注意力不集中，還分心上網購物。相當驚人的創作，對吧？只不過車輛的驚人處不是它在老城區交通壅塞時以時速五十公里穿來穿去的能耐。

創作者通常無法預測作品的使用方式和它們所處的利基市場。隨著世界系統變得越來越複雜，創造物會與另個創造物結合，就如資訊、武器、點子、科技，使一切變得更加不可預測。

我們開車繞過城市邊緣，我看到一幕違和的畫面：有個穿著老式長袿的哈西德派猶太人拿著電子菸深深吸氣。電子菸的發明者希望用電子菸取代香菸，但這種受人歡迎的發明在去年已經晉升為致命器具，因為創新者為了使產品更便宜添加了化學物質，讓某些人吸入有毒氣體致死。

從廣義上講，這就是創造力悖論（creativity paradox）。我們最偉大的創作可能會產生不好的副作用，而這些副作用反過來又會刺激出更強大的創作。

就像細胞突變一樣，創造的生成也是雜亂無章法的。大多數創造無法生根發芽，有些甚至有害：納粹主義、奴隸制度、毒氣。我們現在覺得它們很邪惡，但在某些時空還有人認為這些是好主意。

有些強大的創造到現在還不能說它們最終是有益的還是有害的，例如核武、石化產業、抗生素——這些創造的影響力如此大，以致無法蓋棺論定，只能留待後世檢驗。

一些卓越長久存在的發明物說明創造主要是為了讓世界更好，甚至拯救這個世界。有些發明也許會做到，有些只會改變你的家庭、你的社區，或某個地區。

以此形式，創造力定義我們的世界，占據最非凡的位置：創造是個人展現、自我滿足與社會意義和時代進步相遇的地方，它掌握著個人和集體救贖的鑰匙。在這世上總有許多目標讓我們在追尋時要求個人在自我理想和社會進步間做出選擇。然而，創造力使我們既能培養個人的創作火花，也能兼顧改變世界。

「預測未來的最好方法就是創造它。」為發明個人電腦做出貢獻的艾倫・凱（Alan Kay）這樣說。

將創造力視為社會的解藥雖不失為好角度，但這是更嚴重的誤解。

我們作為單獨個體，不是為了拯救世界才創造的，起碼一開始不是。

創造是很個人化的，它首先源於發想的快感。

有個俗語是這樣說的：需要是發明之母。當然，這並非完全錯誤，但只有部分正確。

事實上，創作的必要性隸屬於另個更廣泛的概念：真實自性。

個人的創作火花是人類創造的真正發源。創作者通常不是從解決問題的願望開始的，創作更像是從個人發想開始的，這過程就像細胞突變。一個念頭浮現腦海，啊哈！就像繆斯激發個人靈感，一個令人愉悅、興奮的新命題出現了。創造者也許更擅長解決問題，因為他投入大量精力研究這個議題與相關想法。但世上最具創造力的一些人在接受本書採訪時提出證明，開放心態會帶來更棒的點子，只是這些點子可能正好切題，也可能不契合主題。

發現和創造的過程可以是非常興奮和滿足的，原因非常自然。

原因之一：創造的過程是解放自己的過程。研究發現，人因創造而得到機會與世界分享自己，且分享自己的同時，不必分享他們認為可恥或非常私密的部分。研究還發現，當人們用「跳出既定框架」的態度思考和創造時，他們可以擺脫羞恥感，而不必揭露祕密的全部或祕密的真實面向。這項研究還表明，創造可以幫助創作者擺脫心理負擔，不讓它們妨礙自我努力和表現，甚至身體因此更健康。

與此論點相關的是，有時候，創意思考可以撫慰不安的靈魂，它可以讓大腦專注在某個活動——簡單來說，讓大腦有事做。我有位作家朋友，他是《紐約時報》有史以來最優秀的編輯之一，他曾向我描述他的大腦是「碎木機」，必須餵它吃東西，所以他定期設定企畫給大腦發想，這樣它就不會「把自己給碎了」。一般多認為創造可能會破壞自我世界，但也許結果正相反。

靈感若出自天性，靈感若是誠實的，創作可以讓創作者建立與他人的聯繫，如此也成為創作者自我解脫的方法。這可適用於藝術、商業、政策執行。事實上，總會看到創作者的誠實打動人心深處，即使這不是他原來的意圖。

古巴導彈危機期間，狄倫創作出震撼人心的歌曲："Hard Rain"。副歌斷言「一場大雨將至」，很多聽眾認為狄倫指的是一觸即發的核戰恐懼。傳奇記者斯特茲．特克爾（Studs Terkel）在電視上向狄倫詢問了這件事。

不是「原子雨」，狄倫說：「只是一場大雨。」

多年後，在疫情正要肆虐全球的當口，狄倫創作發行了另首震撼人心的新歌，"I Contain Multitudes"。

他唱道：「我對我的頭髮大驚小怪，我與血仇作戰。」就像每個人一樣，我自負、我好鬥，充滿相互矛盾的觀點，互補和衝突的風格。「我就像安妮．法蘭克，就像印第安納．瓊斯，還有他們，英國壞男孩：滾石樂團。」

這讓我想到關於創造的真相；一個如本質重要、圍繞不去、卻經常被忽視的核心真理。

創造不是來自某個特定所在、環境或情況，**創造者不是只有一種面向**。我們的內心包羅萬象，有各色各樣的、新奇的、有創造力的種子——歌曲、故事、壁畫、演講和政策、藥物、科技、食譜、詞彙。它們都屬於個人的獨特時刻，與生命一樣遼闊，與求生本能一樣自然。

我們內心有太多素材想法可以取用，創作者擁有它們就能創作自由。上天恩賜，我們每一個人都該拿到這張通行證，讓自己從多重面向的自性中汲取靈感，創造藝術與商業成就，發展源源不絕的新想法。但人們會鎖在身分上，因恐懼而變得狹隘。因為恐懼，我們自然的創造衝動遭干擾，我們自我發揮的能力受限制。在某些情況下，這是可以理解的；我們無法否認我們總想束縛限制自己。當我們感到周圍生活一團亂，簡單的回答可以淡化這紛亂。在二十一世紀的狂喜漩渦中，安全和僵化似乎提供了避難所。對於此，我有親身體驗。多年來我一直壓抑創作衝動，害怕內心複雜的我，抵制它們——這種反抗讓我在找到自己聲音前情緒崩潰。

因為寫書，也從採訪各個創作者的過程中，我了解到複雜內在的真正價值。其中，某位不凡人物的故事貫穿本書。

萊農・吉登斯（Rhiannon Giddens）是正在躍升的樂壇新星，她的嗓音有如惠妮・休斯頓，卻帶著民謠風情。她火紅的專輯《自由公路》（*Freedom Highway*）不但從希望中汲取靈感，還取材自絕望——那股從奴隸血脈裡烤成像口糧餅乾般的絕望。但她不只如此，她為一款西部動作冒險電玩遊戲《碧血狂殺》（*Red Dead Redemption*）創作了熱門插曲。她是世界上最著名的班鳩琴演奏家。

她與著名搖滾歌手艾維斯・卡斯提洛（Elvis Costello）合作一齣音樂劇，一邊還替自己創作的歌劇《歐瑪》（*Omar*）籌備首演，這齣歌劇是她取材自真實故事，內容描述一八〇七年某位非裔穆斯林被帶到美國查爾斯頓當奴隸的遭遇。她的伴侶是在海牙受教育的義大利爵士鋼琴家，兩人中間的交集證明是愛爾蘭，就是他們目前定居的地方。

當吉登斯在二〇一六年獲得葛萊美獎時，她在紅毯上停下來接受採訪。她解釋，她創作的部分目的是向所有女性前輩致敬：妮娜・西蒙（Nina Simone）、桃莉・芭頓（Dolly Parton）、羅塞塔・塔普姊妹（Sister Rosetta Tharpe）。福音、靈魂、鄉村，「我不想局限在一個流派中。」吉登斯這樣告訴電視採訪人員：「我認為，美國音樂不僅是流派，我創作歌曲是為了展現我對美國音樂的看法。」

吉登斯的母親是黑人，父親是白人；在法律允許黑白通婚後不久，這一對就在北卡羅萊納州結婚了。後來母親出櫃，兩人離婚。在吉登斯八歲之前，她和姊姊一直和外祖父母住在一起。外祖父母的世界觀仍是奴隸制度那一套，這份遺產在外祖父母身上留下的就是對孩子過度保護與關愛，有時甚至表現得狂烈暴力。但儘管如此，吉登斯認為，在她童年的種種經歷中，對她影響最大的是她和姊姊在外面玩的無盡時光。她們在外祖父母的院子「圍繞著那棵巨大的老橡樹」，總是時而無聊，時而想像力爆炸。

吉登斯的現實是一個接著一個的矛盾造成的——愛與憤怒、包容與紀律、清醒與成癮、城市與鄉村、犯罪猖獗的街道與菁英學校、黑人與白人、異性戀和同性戀。

所有這一切都在二〇二〇年 COVID-19 大流行時成為爆發的靈感，加上非裔美人死於警察之手，更是重複創傷。吉登斯開始為侄子的性命安全擔憂，她的姪子是藝術家，就住在抗議前線的北卡羅萊納州。就像我將呈現的，吉登斯受到時空環境啟發，以深刻方式發揮她包羅萬象的多重自我。吉登斯的故事告訴我們，真正的創造者是如何出現的，而這種出現又是如何讓人超越創作力與其惡名和金錢的束縛，走向自我接納和幸福之路。

當我與另一位了不起的天才、傳奇吉他手卡洛斯．桑塔納（Carlos Santana）談論創造力時，他努力讓我理解這種力量是他用來取得幸福、滿足和成功的關鍵。他說：「這個星球上的重大癌症是人們不相信自己的光。」他說的就是屬於你自己的創意火花：你的光。「我們正處於啟蒙時代，我們可以把這些廢話放在一邊。」桑塔納補充道：「通往這個國度的鑰匙來自你的想像力。」

創作者的語言聽來神祕，像是臨床醫學界的語言。我希望能做好兩者間的翻譯，我當過《紐約時報》記者，職業生涯採訪過科學家，同時我自己也是作家和音樂家。我理解什麼是被靈感淹沒，什麼是失敗和成功；我經歷天命的召喚，我受過惡名背叛，曾被公眾接受，經過一次又一次的體驗，才了解到一個簡單的真理：創造行為本身只為一個目的——提供更多喜樂，這比創作本身的結果如何更重要。

人類的壽命延長了，我們的物質需求得到無比的滿足。但幸福感並沒有同步上升，也許祕密不在我們創造的產品，而在過程本身。

「太多人堅信自己沒有創造力。」雪城大學管理學院助理教授琳恩·文森（Lynne Vincent）這樣說，根據她所說，越來越多學者正努力「揭開創造力的神祕面紗，發現什麼才是富有創造力。」

而重要的第一步是：「接受你是有創造力的人這一事實，並理解創造的意義。」

儘管耶路撒冷的計程車司機費盡全力一心二用，但他還是將我安全地送到我與家人預訂的 Airbnb，這是利用網路創造的另個奇蹟，說明網路的存在不只為邊開車邊網購的司機創造奇蹟。我和我的家人很快收拾行囊前往北方去過感恩節了。

在那裡，我遇到一位迷人的創作者，袋鼠人。

他是我放在本書的第一個故事，我為這本書寫了幾十個故事，有學者的故事，有吉登斯和波諾，寫了愛因斯坦；金州勇士隊教練史蒂夫·柯爾（Steve Kerr）；喜劇導演賈德·阿帕托（Judd Apatow）；我還寫了你從未聽過但你的孩子服氣信賴的社交媒體明星；還有靠靈感賺取數億美元的科技企業家；以及提出癌症治療新法的諾貝爾獎得主——這數十位創作者將會不斷出現用以證明這一切的運作方式。把這些故事加總起來後，就會形成「創造」——這個人類最基本特徵的全面性認識，這些事特別適合某個特定時空背景，就像：現在。

君不見，可怕的病毒從二〇一九年底開始在中國武漢傳播。第一，它殺死數百萬人；其次，它形成黑洞般的漩渦，把工作生計通通吸入。這是一段社會動盪不安的時期，種族不平等的對抗力量如波濤洶湧。

有毒的生物、糟糕的經濟、傷人的社會制度盤據成某種氛圍——一邊是隨機突變生出的病毒，一邊是植根於奴隸制度產生的系統性種族主義，兩者都要隨時爆炸。

我有提到野火嗎？二〇二〇年秋天，美國西部陷入大火，然後澳洲發生風暴——數百萬畝土地遭大火燒毀，自然界對我們創造的熱量做出反應，天空因火山灰和污染物變暗，外出成了危險的事。世上哪個地方科技最進步，哪個地區的空氣就最毒。

這並不是我們人類第一次面臨巨大挑戰，事實上，人類一次又一次地創造方法逃離威脅，不管這些威脅是日常小事還是危及生存的大禍。人類藉著創造取得極大進步——從藥物到公平概念，再到執行平等的法律。歷史透露好消息：我們將再次開闢出一條路。

在此歷史劇變前的平靜中，袋鼠人站在他創建的園地上，我看到這個成就滿滿的人，有個生動有力關於創新的故事。

2 奮力一搏

就像生命一樣，創造力總能找到出路，即使在某些條件欠缺、文化還待發展的地方也一樣。

感恩節後的隔天早上，我和家人到了以色列北方尼爾戴維（Nir David）的基布茲（kibbutz）[1]參觀，這處集體農莊位於耶路撒冷以北約兩小時車程的地方。在以色列剛建國時，我有幾位堂姊弟也搬來這附近的基布茲打拚。以色列是世界的創造物，部分原因是為了回應反猶太主義。之前生活在這片土地上的巴勒斯坦人並不歡迎它，一個人的創造就是另個人的破壞，甚至是毀滅。

這裡在一九三六年四月二十日遭遇巴基斯坦人襲擊，巴勒斯坦阿拉伯人對英國託管地的猶太人不斷增多感到憤怒，攻入當時仍在草創建設的尼爾戴維，衝入田地，燒毀莊稼。莊子的婦女和兒童躲進避難所；男人去打仗，打到就快屈服，還是撐到英軍到達。在接下來的幾十年，紛亂狀況不變，但這個基布茲仍然存在，或說幾乎就不在了。與其說集體務農，倒不如說集中一起才有能力勉強過活。除了生存所需之外，這裡並沒有給創造力留下太多空間。

1｜譯註：基布茲（kibbutz）是希伯來語「集體農莊」的意思，是以色列常見的社區型態，集體農莊由多戶人家組成，從事農業、工業，近來也做觀光民宿，他們以猶太教為中心，成員共同工作、財產共有，小孩集合起來共同扶養，是結合猶太復國主義與共產主義的社會實踐。

事實上，在那時，典型的基布茲仍帶有蘇聯國家的影響和特色。集體的基礎是社會主義，每個人的工資大致相等，居民在單調的食堂吃著同樣的食物，早餐是番茄黃瓜，其他食物主要是鷹嘴豆泥和皮塔餅。斯巴達式的集體住房蓋成農舍的樣子，有床和簡單的休息區，還有一間浴室。大家共同分擔，共同分享，即使是祖父母也很少會把糖果偷偷帶回家給孫子吃。說到工作狀況，每個人的工作是受指派的，可能去田裡、廚房、工廠、辦公室記帳。孩子以同樣模式教養，夜裡會和父母一起過夜，白天就去托兒所和學校一起受教成長，大家就像幾十個兄弟姊妹，由一群保姆帶大，然後到了晚上回到父母身邊睡覺。父母沒有時間打球或照顧孩子；他們下田工作的收入是共有的，抵禦外侮也是集體的。

將此社區視為意識型態的延伸未免過於簡化，就像我們總把搞垮共產主義想得過於簡單一樣。這裡的集體農莊略為不同，這是數十個家庭的共同需要。他們左邊要對抗飢餓，右邊要對付武裝襲擊。這些現實問題在大屠殺後愈演愈烈，當時一些基布茲的創始者還跑到波蘭尋找大難倖存者，讓他們回來加入社群；同時間還要面對阿拉伯國家和巴勒斯坦人越來越劇烈的敵對攻擊。世界在二戰後建立以色列國，阿拉伯各國和巴基斯坦人只有藉著攻擊才能宣洩他們的憤怒。

這是個貧脊的地方，對於鋼琴家、畫家、超越常規的企業家、無視生存法則的決策者來說，這裡不是沃土。似乎創作者不會出現在這種地方，這裡沒有理想的條件適合袋鼠人崛起。

他的名字叫耶胡達・蓋特（Yehuda Gat）。

「人們不相信我能做到。」他說。我在滿是袋鼠的圍籠外遇到他，不久後他就讓我們的孩子來摸袋鼠了。蓋特的眼睛閃閃發亮，我拿出 iPhone 記錄他的故事。「他們嘲笑我。」

他已經八十多歲了，在基布茲長大。多年來他生活在文化限制內，年輕時履行著上學、務農的職責，他在基布茲負責養火雞，然後服兵役，那是以色列人的國民義務，當兵時他加入傘兵部隊。他也在芝加哥度過一段時間，替政府做對外服務，希望召募有志移居以色列的美國人。在那裡他深深愛上芝加哥熊隊（Chicago Bears）。一九九〇年左右，蓋特回到基布茲，社區想為他指派下一份工作，後來給了他兩隻山羊和兩隻綿羊讓他養，好讓小孩來參觀。

當時他五十歲了，濃密鬍鬚開始花白。養山羊的想法對他沒有吸引力，卻引發了創意火花。蓋特不知怎麼地想到要成立一家小熊維尼主題公園和一家會吸引上千萬人來參觀的寵物動物園——「這和我以前做過的事不同，也和其他人做的事不同。而且想辦動物園，想將人與動物聯繫起來，不是靠籠子，而是透過教育。」他娓娓道來。

也許這主意聽起來一點也不瘋狂，甚至完全不新奇，但對當時時空背景來說，這想法肯定不尋常。

蓋特越想，就越無法將這個主意從腦海抹去。

「我什麼事都不關心，只想辦動物園。我瘋了，不是那種瘋，但你不能和我談論其他事情。」他說。

社區的人認為這個想法一定一下就被拋在腦後，「他有個瘋狂的點子，大家都說不久後就會消失了。」我的堂姊耶爾・齊夫（Yael Ziv）這樣說，她在附近的基布茲長大，而她的丈夫就是尼爾戴維人。

尼爾戴維社區一時間不知道該拿這個突然發瘋的人怎麼辦，只好安排他去上課，去上創業者培訓課程，也許上課之後蓋特的想法就會消失。蓋特告訴我，在參加六個月的研習後，「我的指導老師跟我說，不可能——你想開小熊維尼公園——**絕對不可能**。」

朋友向他提到，也許他可以將動物園的動物限制在澳洲的動物範圍內，例如袋鼠。袋鼠嗎？好，就袋鼠！

對，對，是的，是的。蓋特坐下來給八十多家歐洲動物園發了傳真，詢問他是否可以買一隻袋鼠。有一家回答，他們可以提供一隻袋鼠，一隻大袋鼠，但警告說牠的脾氣不太好。最後動物園送來了兩隻袋鼠，「牠們非常非常好鬥。」

蓋特不是笑柄，但還是有人笑了。有一段時間他還種桉樹，想說桉樹可以拿來餵無尾熊。「樹就種在田中央。」耶爾的丈夫奧隆・齊夫（Oron Ziv）告訴我，奧隆那時候從以色列軍隊的坦克指揮官退下來，之後就負責社區的農作事務，奧隆說：「這傢伙一定是真的瘋了。」他只是把大家心裡想的事說出來。

蓋特堅稱他會找到方法建立旅遊業，每年會吸引兩萬遊客到尼爾戴維來玩。他走進公共食堂，基布茲的所有成員都在那裡用餐，眼睛看到的一切首先發難。

「人也用兩隻腳跳上跳下。」他說。

什麼是創造力？

具有可能性的就是創造力。

「創造力是包含各種定義和理論觀點的總稱表述。」就像近期發表在《神經影像學期刊》（*Journal of Neuroimage*）的論文描述：創造可能性的指涉具有廣度，「它可以定義為一種產品、一段過程、一個身分或一種人格類型。」

就我所知，對於創造力最常使用的相關詞是：創造力具有全新、原創、新奇的特性。第二個廣為使用的描述是：創造性的發展具有「意義」，換句話說，創造帶來不同。

這就是為什麼一般要解釋什麼是創造力時，會將定義集中在新奇與價值這兩個重點上。根據《劍橋創造力與人格研究手冊》（*Cambridge Handbook of Creativity and*

Personality Research）的說法，價值很重要，「因為價值能區分什麼是具有創造性的思維和行為，什麼又僅是不合常軌或古怪的想法和行為。」

所以有創意，不能只是有新概念，這個概念應該意味著什麼，即使它是抽象的。

一些專家還加了第三個創意組成成分：surprise——驚喜！

所以創意是：新奇、價值、驚喜！

但也有些人說驚喜只是字尾加上驚嘆號的新奇。或者，正如某位備受推崇的創造力專家振振有詞的說法：「這個想法是胡說八道，驚奇不過是新奇事物的延伸。」

歡迎來到這片廣闊的創造力學研世界，它近年來蓬勃發展，變得更加精細，但正如你所看到的，這片廣闊園地仍然存在著不確定性，甚至意義不一致。倘若你更喜歡比上述說法更尖銳的版本，可以參考阿恩．迪特里希（Arne Dietrich）對創造力定義為何不一致所做的解釋：「基於流行心理學家和無師自通大師有待時間考驗的能力，讓他們無中生有做延伸，讓創造力這個詞已然成為無用的假掰、無關痛癢的毛絮，以及——借用哲學家哈利．法蘭克福（Harry Frankfurt）的藝術表達——屁話的溫床。」迪特里希在他的著作《大腦如何產生創造力》（*How Creativity Happens in the Brain*）中這樣寫道。（我們將在後面探索創造力和大腦的章節中聽到更多來自迪特里希的故事。）

因此，我從大眾最能接受的基本命題開始界定創造力的定義：創造力涉及新奇、價值或影響力。要說清楚的是，這個定義與它是否具有「正面」影響力毫不相干。例如：希特勒或赤化高棉的執行者波布（Pol Pot），他們的所作所為在某種狀況下的確可以讓我們在「是否具有新鮮感」和「是否具有價值」的方框上打勾。所以對這些創造的意義就會是：這些腦袋有病的狂人給社會帶來臨時結構或價值，影響規模創新高，不管在種族滅絕的深度和決心上，或在應用工具組合的新穎度來說，以及執行的策略上，絕對讓全人類感到驚訝。

這只是告訴我們，創造力的意義不應只從表面上、或單從好或壞來評定它。它只是一種程序，產生的結果是主觀的。

六〇年代的藝術家哈羅德．科恩（Harold Cohen）開發出電腦繪畫系統「AARON」，畫出的圖都是掛在畫廊的好東西。而他的女兒是畫家，名氣不大，畫的畫「大多數人都不願意花錢買」。根據倫敦皇家學會一篇詳盡討論創造力進化根源的文章，科恩認為「他女兒的創造力遠高於他的發明」。

這篇文章也指出真正創造力的意義在於改變程度，以致有些人認為這個想法應該「只對具有偉大歷史意義的偉大創造者才適用」。

不過，正如後續我會提到的，如果沒有之前的「小C」，就不會有電燈泡的出現、不會有天花疫苗、不會有馬丁路德．金恩，也不會出現癌症免疫療法，還有其他一切的一切。

簡言之，創造者也許能改變世界，但這不是必備條件，對於研究創造力的學者來說，某人是否具有創造力與他是否能改變世界無關。

對於創造力還有另個重要描述，一般認為：創造與創造出的產品本身關係不大，真正有關的是創作者的個人經驗。這個描述講的是個人的自性展現。研究創造力的學者認為，創造力往往從靈感中綻放，而靈感源自於創作者的真實經驗和情緒。這是有道理的。源自真性情的創作比起那些虛偽造假的作品，往往更能讓人產生共鳴——因此具有價值。

出自真性情的經驗可以是快樂的、誠實的、真實的。這表示，創造力往往與巨大的愉悅聯在一起。

愛因斯坦稱創造力是「帶來歡樂的智慧」，在他的名下發表了三百多篇論文，研究目標多半是解決宇宙運作的最大謎團，所以愛因斯坦知道他在說什麼。

他還說：「邏輯讓你從A走到B，而想像力會帶你去到任何地方。」這似乎表示，創造力包含的智力成分不如樂趣重要。

「想像力比知識更重要，」他說：「你永遠無法在創造問題的狀態上解決問題。」很明顯，愛因斯坦認為創造力是人類最重要的特徵之一。

接受我採訪的學者多半同意這一點，只要經過思考就能推演出創造力是人類存在的必備條件。意思是：創造力對於日常生活、語言、進步都是絕對必要的本質，如果沒有一般的、日常的進步，就不可能實現深刻的創造性飛躍。

因此，我在定義中加入這個特性：創造力絕對關鍵、極度重要。而且是新奇、有價值、驚喜；是真性情，也是樂趣。但不一定與善惡有關。在此範圍與創造力有關的想法和細微的出入都是可以認可的。

我講袋鼠人的故事有幾個原因，它展示了一個人如何變得有創造力，即使年歲老大，即使所處環境對原創展現並不友善。這個故事突顯創造力最重要的層面：要有用。一個想法或創新顯然不需撼動整個世界，不必改革宗教，不需治癒疾病。你會在本書中看到創作者的心聲，例如，諾貝爾獎得主的成果震撼人心，開發出癌症新療法的成就驚人，但對他來說，這件事也不過是某個實驗程序的副產品，它本身並不是目標。創造力的結果可能與預期不同，有時，正如袋鼠人故事所展現的，創造力很讓人吃驚。

說這個故事還有最後一個原因，也是最主要的原因，我要說明一個大家多不討論、也很少包括在創造力定義中的面向。但事實上，這個面向是了解創造力的第一步：感激，因為如果不感激創造的各層面，對創造的任何追求都無法向前推進。

這可能**很可怕**。

蓋特的故事提供強有力的例子，說明一個人如何透過創造力找到自我並改變他所處的世界角落，以及最後它的影響為何會大到難以衡量。

這故事介紹了創作者的創作過程，包括如何克服疑慮、擁抱真性、讓靈感戰勝內在和外在的障礙。它還透過實例和科學向我們表明，創造力會激發生命一開始就存在的無明恐懼，只有堅定地相信自己，一步一步克服它；但無情的言外之意是：有恐懼是合理的，因為你並不知道創造的路最後會走到哪裡。

袋鼠人努力應對一切挑戰，終於獲得回報。

蓋特被人嘲笑但並不懊惱或氣餒，他寫信給澳洲政府，然後說服基布茲當局讓他飛到那裡。他六次前往澳洲，參觀兩打以上的動物園，他學會如何照顧袋鼠、無尾熊、鴯鶓、袋熊。一九九六年，他坐在坎培拉政府大樓的六樓，與澳洲政府動物管理負責人隔著桌子面對面請託。他花了兩小時描述自己的願景。當他離開時，他被告知可以進口這些澳洲動物——讓他建造一座奇異動物的萬神殿，一個蓋在他基布茲故鄉的寵物動物園，這是位於澳洲以外的第一家澳洲動物園。蓋特回憶說，在他搭電梯下樓時，他的澳洲業師告訴他，他一定感動了上天。

「當你從母親身上出來時，天使加百列一定摸了你的頭。」蓋特引述他的話，也記得他的老朋友是個虔誠的基督徒。他又說道：「我不相信天使加百列，但我無法解釋為什麼澳洲政府會相信我。老實說，我不知道。」

蓋特補充說：「如果我是教徒還說得過去，但我不是，我想也許拉比幫了我，或者上帝幫了我。」

不久之後，澳洲以外的第一家袋鼠寵物動物園在尼爾戴維的基布茲開張了。它大受歡迎，因為園裡的動物鳥類種類繁多，在當地大紅特紅。在疫情流行前，動物園每年要接待來自全球各地的十四萬名遊客，比當初蓋特承諾的人數還要多幾倍。全面運營後，動物園每年可帶來六百萬謝克爾的收入，換算成美金大約是兩百萬美元，其中淨利占二十五%。

澳洲政府也開始珍惜蓋特，他們商議要送他三隻瀕臨絕種的袋鼠，是那種一輩子都住在樹上的稀有品種。更重要的是，蓋特的動物園成為世界其他動物園的袋鼠來源地，他們輸出袋鼠到拉托維亞、華沙、約旦、比利時、加拿大和中國。當澳洲森林大火肆虐，數百萬動物死亡，蓋特的動物園更加重要了。讓這些動物在故鄉之外還有一個家，在基布茲的家，那個曾把袋鼠人視為瘋子的地方。

現在蓋特是個受人歡迎的重要人物，他與他的夢想世界仍有一步距離。我在袋鼠區的木柵欄外與他聊天，他的右手提著一個桶子，裡面是蛇沒吃掉的死鳥，左手抓著死老鼠的屍體殘塊，因為那天蛇也覺得牠不好吃。在蓋特身後是袋鼠區，園裡迴盪著一車子阿拉伯兒童發出的歡鬧尖叫聲，他們來參觀動物園，來和這幾十隻遠從澳洲來的動物玩，來親手摸摸牠們或拿東西給牠們吃。

前基布茲農場負責人齊夫現在是蓋特的信徒，他說：「他有遠見，敢於與其他人對抗，他成功了。有時你就需要這樣的人來完成工作。」

我問蓋特有沒有祕訣，他停了一下，但隨後似乎對自己想定的事情很確定。「我覺得，我對自己要做的事情非常有信心。我是個養蜂人、養蜂愛好者，當我決定養蜂時，我就會養蜂。我在四年前決定我要用薩克風演奏爵士樂，現在的我會吹薩克斯風。」

然而，他到晚年才靈感爆發。每個人都可以做到這一點嗎？

不會，他堅持道。

「你必須是夢想家，但不能忘記腳踏實地。不是每個人都可以做到這點。」蓋特說：「他們的眼睛一定閃著光，覺得自己一定會到達目的。」

蓋特描述他的經驗：「我的人生時時刻刻都在冒險。」

他是對的嗎？創造者俱樂部有身分限定？

簡單回答：沒有。但要了解為什麼進入創造者俱樂部需要界定條件，因為他們面對的也是深沉的、言語無法形容的挑戰。

3 懷疑

所以你想成為創作者嗎？

你有了點子，你在睡覺前會想到它，在雞尾酒派對上對人說個不停，說給另一伴聽，說給創業夥伴和工程師同事聽，就連派對上彈吉他的人、上台表演脫口秀的人都聽你說著你的點子。你剛好遇到那個當編劇的親戚，你聽到自己不好意思地說：「我想到這個點子」或「你可以聽聽我的想法嗎？」然後你的聲音漸漸變小，逐漸消失。

說不定連你自己也不確定自己是否真的有個好點子，只是感覺到腦袋隱隱約約有一兩個新念頭。

但是你哪知道什麼創造力？你一定要追求大C、小C這種C字輩的學術名詞作目標嗎？創作這件事和你沾得上關係嗎？

我告訴你，你知道的比你想的要多，而且步驟比你想的要容易很多，但是在此之前，我必須先排解一下隱藏的障礙。我在這裡指的是D，大寫的D，Doubt——懷疑；然後是小寫的D，disgust——討厭。

是啊，如果你誠實的話，的確會覺得創造力讓你很討厭。太可怕了，有種想吐的感覺，像是毒藥。

讓我們查看科學說了什麼。

有個關於創造力的傑出研究出自傑克．貢卡洛（Jack Goncalo）的團隊，貢卡洛對創造力有高度的創新思考，他與其他兩位合作研究者提出一個問題：人們真的喜歡創造嗎？真的想作創作者嗎？

這似乎是無腦問題。真的嗎？人們真的喜歡創造力嗎？我們真的喜歡冰淇淋、小狗、彩虹嗎？

實際上，他們提出的問題非常棒。在新聞界，我們將這種問題稱為「聰明笨問題」（the smart-dumb question），它背後的邏輯是，提出一個我們自以為答案已經確定的問題，並詢問我們是否真的絕對確定？事實上他在問，我們是否把一個基本假設想得太理所當然了？

對我來說，貢卡洛是研究創造力的學者中最有趣一位，他不斷提出這樣的問題。他探索創作者創作的過程和心理，提出多元看法，發現隱藏其中的真知灼見。他任職伊利諾伊大學厄巴納－香檳分校商學院，任教期間將創造力和恐懼定為研究主題，之後派往康乃爾大學，與賓州大學華頓商學院及北卡羅萊納大學的研究者合作。有時需要非常聰明的人才能提出聰明笨問題。

他和合作的科學家團隊在二〇一〇年訂下研究主題，到了二〇一二年發表論文。論文的第一段說明主旨：「人們渴望創造性的想法嗎？大多數學者會用肯定的『是』來回答這個問題，斷言創造力是科學發現的引擎和積極變革的基本驅動力。此外，創造力被視為與聰明、才智和美德相關。」

然而問題仍在：人們真的渴望創造性的想法嗎？這篇研究告訴我們，公司、研究單位、領導者和其他人「經常拒絕創意」，而老師「不喜歡表現出好奇心和創意思維的學生」。

你也可能一樣。

這篇研究表示：「我們提供了一個新的視角來解釋這個謎題。」

我與貢卡洛第一次交流是在二〇二〇年一月十三日，那時「新冠病毒」開始傳播，大家雖有警覺，但很少歇斯底里。據《紐約時報》報導，二〇二〇年一月十五日，中國有兩人死亡，四十人染病。泰國和日本出現少數「不明的類肺炎新冠病毒」的感染病例。文章推測，這種疾病是從「武漢一家販賣鳥類和動物的海鮮市場」開始傳播的。

這個病毒可能演化了好一段時間，是未知時代的大自然創造物，而今在人類世界找到利基點。奇怪的是，它教給我們很多關於創造力運作和發展的知識。但在那時候，疾病似乎還很遙遠。即使知道疫情已經發生，就出現在某個地方，我們一家人還是從以色列搭機飛回美國；我覺得對我們安全威脅最大的是我們十一歲的兒子，他為了看免費電影連續二十小時不睡（是的，他確實做到了）。我們還在寒假期間往返丹佛，然後去科羅拉多州北部滑雪，我清楚記得在滑雪場與義大利遊客聊天，而他的國家很快受到傳播力超強的病毒感染成為重災區。

一直以來，某種生物一直潛伏著，最後一定會變成貢卡洛與我分享的內容，貢卡洛現在是伊利諾大學的商學院教授了，他告訴我：創造力是可怕的，因為我們會自欺欺人。

貢卡洛和同事進行兩個實驗。第一個實驗將參與者分成兩組，一組告知他們會得到額外獎金，但數額多少會以隨機抽獎的方式來分配，所以這組人雖拿到錢，但無法控制結果。而另一組參與者沒有額外獎金。

這安排讓拿獎金的小組產生不確定感。

然後，設定工具衡量每個小組對創造力的感受——不僅是他們在意識層面、說得出來的感受，還包括他們在潛意識裡的感受。這套方法可以用來發現人們的「隱形偏見」（implicit bias）。廣義上說，它與探討人們種族偏見所用的是同一套研究方法。人們對創造力說的是一回事，但在更深層上，卻感到矛盾。

研究人員先做問卷調查，確定實驗參與者都對創造力表達積極的感受，這是他們的「明確態度」，或說是以言語陳述的信仰體系。

然後研究者企圖發掘潛伏在表面下的感受。他們利用一套聰明的電腦程式，要求實驗對象對眼前資訊做出快速回應，以致他們沒有時間去「思考」，只是做反應。

這段特定研究程序要求實驗參與者對「新穎」、「原創」等想法，以及與創造力關聯較小的「實際」、「功能」等想法做出反應。

實驗中，電腦螢幕兩邊各秀出與上述兩類相關的圖像，某些圖像具有正面聯想，如彩虹、天堂和蛋糕；另一組圖像絕對是負面聯想，如嘔吐、地獄和毒藥。當這些實驗參與者不假思索地快速反應時，他們潛意識裡、隱藏的創造力觀點就出現了。

研究顯示，從本能角度看，創造力讓人感到有害。「實際上，人們會將創造力概念強烈聯繫到負面聯想，如嘔吐、毒藥和痛苦。」貢卡洛跟我說。

若比較實驗對象中的兩類，「不確定組」（也就是那組不知道自己會不會拿到錢的）比對照組對創造力更傾向產生負面聯想。

研究人員因此知道，人們說他們喜歡創造力，但他們也喜歡穩定性。因此，當事情變得不穩定或不確定時，他們更傾向拒絕創造力，因為創造意味著更大的混亂。

貢卡洛表示：「人們既想要創造力也想要穩定性。」

但兩者都要很困難。

創造力具有破壞性。創造力意味著會改變我們與世界的關係，這樣的改變延伸到日常生活，包括吃的、聽的、看的，甚至我們與他人的互動。創造力會改變我們長期以來已固定的行為、技術和基本社會契約，所以我們可能很難受。

一經思索，狀況似乎很明顯，這並不是我們告訴自己的答案。「好像你不想要創造力就像說你不喜歡有希望一樣。」貢卡洛觀察到這樣的態度。

在現在充滿變化和混亂的世界，更無法低估這個發現的重要性。平心而論，這一發現甚至可解釋為什麼有些國家會崛起更威權的政府或更專制的領導人，這是面對巨大和快速變化的反應。有些人口口聲聲說渴望進步和創新，很多人更天性如此，但創新渴望可能與其他人對穩定的渴望呈現競爭衝突的關係。

從生物學的角度來看，這種緊張根源自更深層的意涵：創造力就是死亡。

新創意具有生存滅絕的威脅，這可分為兩個方面看。這不是隱喻，這是生物學。詳細情形我會在後面介紹知名生物學家時說明，現在先簡單講。一種狀況是：新的生命形式和新想法幾乎注定要失敗。病毒或細菌偶然突變，在我們體內出現新的細胞組合，這些細胞多半是會死的，因為它們不像之前的生命形式能夠適應環境。很多創意也是如此，大多數沒有作用，只是死了。

還有另一個狀況：發生改變，但改變的結果相當於死亡。倘若新生命形式或新創意成功了，它們會取代之前的事物——扼殺過去。新創意會扼殺原有習慣、企業、權力結構和工作。

我在二十歲出頭時，在一家小報社找到工作，那時候年薪只有一萬六千美元。我為了賺生活費，早上六點去當時稱為「全方位服務站」的雪佛龍加油站工作。我給油箱加滿油、擦車窗，什麼都要做。隨後出現刷卡機和其他技術，加油站有些工作就消失了。之後網路崛起，許多報紙工作也消失了，包括我工作的第一家報社。

在生物世界，環境持續變化，當舊生命無法適應不斷改變的環境，新的生命形式則取代舊生命形式及其形成的一切樣貌。

你說的很對，創造力很可怕。

靈感的召喚一樣也很可怕。

事實上，創意靈感令人害怕，我最喜歡用《聖經》故事來說明這情形。故事地點就發生在離袋鼠人園地不遠的地方，正如《聖經》記載，一棵燃燒荊棘叢出現在摩西面前。

「而摩西說：『我要過去看看這大異象。』」《聖經》寫道。

如果你像我一樣喜歡比喻，荊棘叢可以視為靈感奇蹟的強大火焰。荊棘叢就像是現代「燈泡」的概念，燈泡亮了！一個主意出現了！解放奴隸。摩西轉身離開。

這不是故事結局。上帝告訴摩西他必須解放奴隸，「摩西對上帝說：『我是誰，竟能去見法老，領以色列人脫離奴役？』」

一位《聖經》學者告訴我，這段情境有點好笑，因為摩西是以一種非常謙卑的方式與上帝頂嘴。

真的嗎？我要成為解放奴隸的器皿嗎？我只是個什麼都不是的牧羊人！找別人吧！

上帝是有說服力的，摩西心軟了，最後奴隸獲得自由。

值得注意的是，「以色列」（Israel）這個名字的原意是「與上帝角力」。之後對這意義產生許多詮釋，其中之一是人們與創造者、創造物和終極力量的鬥爭。

人必須感受靈感的召喚，一代又一代的人需要聽到它，屈服它，與奴役鬥爭，不管這奴役來自自己或他人。到了二〇二〇年，這個議題又再次如火如荼地出現，美國又興起對系統性種族主義的抗爭，回應不久前自己種下的種族主義罪惡。

同時間，對於人們為何對創造力敬而遠之，貢卡洛還有更多發現。

基於前個實驗揭示了人們對創造力懷有潛意識的偏見，貢卡洛和團隊接著提出第二個問題：這是否表示當人們看到創造力時，可能無法確認那就是創造力？換句話說，如果人們將創造程序與嘔吐物聯想在一起，當創造力真正出現時，他們是否也將它視為噁心的東西？

這正是研究者在向兩組人展示一款新球鞋時發現的結果，在這兩組人中，一組人對不確定性有相當大的容忍度，另一組人對不確定性容忍度較低。

研究者告訴實驗對象，這款新球鞋使用奈米技術「調整織物厚度，冷卻足部並可減少腳底水泡」。

對不確定性容忍度較高的那組人較多認為鞋子具有創意，而另一組人較少這樣認為。這一發現雖不讓人吃驚，但這是把隱性偏見考慮進去的研究結果，更確定了對創造有利的生長條件和人物特性。對新創意來說，不確定和不穩定是它無法生長的土壤。

歷史上有很多這樣的例子，某個創作出現了，雖然它最後被認為極有創意，甚至精采絕妙，但一開始卻被認為很糟糕。

一八七二年，法國印象派畫家莫內推出一幅名為《印象・日出》的畫。描繪漁民划船出海，遠處升起一抹紅日，早晨的水面像是一片陰沉朦朧的漩渦。這副畫被藝評家批評得體無完膚。

「壁紙的草圖還比這幅海景更完整。」巴黎一位藝評家於一八七四年發表文章寫道，他還借用這幅畫的標題做譏刺，將繪畫風格命名為「印象派」（Impressionism），好像在說：莫內，你會畫真正的日出嗎？

現在這幅畫掛在世上最偉大的博物館之一、巴黎的瑪摩丹莫內美術館，這座博物館以莫內的名字命名，而莫內譽為最偉大的藝術創新者。如果這幅畫要賣，你大概要花一兆多美元才能買到這幅壁紙畫。

幾世紀前，伽利略被千夫所指眾人唾棄，他因為宣稱地球繞太陽旋轉而判為異端邪說。而此太陽在莫內的筆下是如此有創意，這也不用多說了。

還有其他案例，人們害怕創造力和靈感是可以理解的，因為創作會產生複雜和意想不到的結果。

為了說明這一點，我簡單回顧一下袋鼠人的故事。

二〇一〇年，袋鼠公園已經開門營運了一段時間，園裡養了五十多隻袋鼠，但這些動物開始感染一種叫「硬塊狀頜骨」（lumpy jaw）的病。細菌感染動物下顎，導致牙齒骨頭發炎，沒有辦法吃東西，最後動物不是自然死亡，就是不得不殺死以結束痛苦。野生動物不會得這種病，只會發生在圈養動物上，這個疾病長期困擾著澳洲人，因為沒有治癒方法。

蓋特和尼爾戴維的地方獸醫師聯繫了希伯來大學的科學家。其中之一是微生物學暨藥理學家多倫・斯坦伯格（Doron Steinberg），他的團隊在幾年前研發出一種新技術可預防人類牙齦疾病。他們用一種叫 PerioChip 的片狀物塞入牙齦，讓它釋放防腐劑防止細菌生長。斯坦伯格回憶說，當他與研究夥伴希伯來大學教授費德曼（Michael

Feldman）提出這個想法時，他興奮得無以名狀。

「感覺就像我們正取得世界性的突破。」斯坦伯格告訴我，他想用這項技術代替手術，減輕所有身體疼痛並節省金錢。他們沒有看錯，這項技術現已在世界廣泛銷售，並獲得美國食品藥物管理局（FDA）的批准。

當袋鼠生病時，團隊借用他們的想法與兩名獸醫師合作，開發出袋鼠適用的牙釉質，盡一切可能消除硬塊狀頜骨的致命影響。

當我聽到故事尾聲時，我若有所悟，袋鼠人的故事給了我三個啟發。

第一個啟發是：創意由集思廣益構成，需在合作、溝通、思想融合和腦力激盪的驅動下共同構建。斯坦伯格和他的合作者因為在電梯裡的一次快閃談話激發出PerioChip的想法。「只是一樓到另一樓，靈感來得太快了！」斯坦伯格告訴我。探討這種「頓悟時刻」已經成為熱門的研究主題，我將在書後內容進一步探討。

第二個啟發真的是一個提問：建立動物園真的是個好主意嗎？它為辛苦硬撐的集合農場提供收入，為來訪的家庭帶來歡樂，也治好了圈養動物的病，但一切的前提都在於把動物圈養起來作為代價。這裡當然不是辯論這個主題的好地方，而是趁機指出一個爭論——人類創作，包括動物園這個創作物，若以客觀角度看也總是有好有壞的。

最後一個啟發與創造力主題有關，就像我已說過的，很多人都認為大多數人並沒有創造力，包括一些很有創造力的人都這樣認為。

當我拿我問蓋特的問題也問了斯坦伯格時，這一點再次得到強化：任何人都可以有創造力嗎？

「不不不不！我不想聽起來自大，但你需要上帝的恩賜。」

「什麼意思？」我問。

「你的基因中需要一種思維模式，不害怕未知的事物。當人們說『你在做什麼？你瘋了！』時，你需要非常勇敢，不要害怕。」

他繼續說：「就算是我的同事，也會一聽到批評就馬上縮回自己的洞穴。」

我有幸認識幾位出色的創作者，當我從以色列回來時，想知道大家對這問題的想法，也詢問他們的意見。讓我印象深刻的是他們回應的激烈程度，其中一個回應來自世上最頂尖的暢銷作家，他正好是我此生有幸認識最好的、也最支持我的人。當我問他是否任何人都有創造力時，他的判斷迅速嚴厲，且警告我：「不要具名引述我的話。」

然後這位作家開始打開話匣子。

「九十九%的人不會跳出框架思考，他們做不到。他們接受別人的意見，以高效、美好的形式過著自己的人生，但在生活上卻沒有創造性的想法，」他告訴我：「我想，我不相信大多數人有創造力。」

在數次訪談中，我還發現，即使是我認為非常有創造力的人也不認為自己有創造力，他們也覺得自己無力追求創造。

我與一位了不起的記者兼作家就此問題進行數次令人難忘的交流，他是《紐約時報》資深財經專欄作家大衛・斯特菲爾德（David Streitfeld）。我們談論到寫書這議題時，我問他是否想過寫書，他似乎嚇壞了。

「為什麼要寫呢？所有偉大的事物都已經寫好了。」斯特菲爾德說。他身材高大，一頭捲髮，做人非常謙遜，談吐風趣又有智慧。我們從幾年前就開始討論這件事，我從未忘記它。在這本書的籌畫期間，我回去找他，跟他說我想聽聽他還是這樣想嗎？

「我對你為了這本書來採訪我，心裡感覺不太好，想必你是想拿我舉例，說明我是你認識的人中最沒有創造力的人，即便如此，我也不覺得為什麼有人會關心。」

看到他對這議題有發自內心的驚恐，我不禁大笑起來。面前這個人可是普立茲獎得獎團隊的一員啊。

斯特菲爾德對我說：「本質上，這應該是我感興趣的議題，因為我沒有這種能力，無論出於何種原因，我都缺乏那種特質，那種你擁有並在自己身上培養出來的特質，沒有它，寫什麼都是愚蠢的，而有了它，一切都是可能的。」

斯特菲爾德想太多了，站在合理角度，他的觀點要從兩個層面看。第一個層面可以歸納為一個問題：何必呢？如果某人沒有靈感，為什麼還要費心去創作呢？我認為會這樣想是非常合理的，一個靈感缺乏的人就算逼著他找也找不到。

不過，從第二個層面來看斯特菲爾德的觀點就更科學一些。意思是，某人感受到的阻力來自一種心態，但這心態並非固定不變，因為靈感湧現是可以學來的。

斯特菲爾德用了一個關鍵詞：他說他沒有「培養」創造力隨意湧現的特質。「培養」是個好詞，創造力是可以培養的。第一步，也是最重要的一步——你必須排除懷疑，包括自我懷疑和外界質疑，這些往往會阻礙創作衝動。

因為要說清楚的是：在這趟創造旅程，懷疑是天生固有的。必須將它排除，所以我們來探究懷疑是從何時開始的。

當然是起自童年。

4 懷疑的種子

科學家查出我們什麼時候開始產生懷疑心的：四年級。

一九五九年，在此領域的先行者，心理學家陶倫斯（E. Paul Torrance）想要測量三百五十名小學生的創造力，對這群小孩進行認知測試。他想藉著測量某些被視為創造力本質的指標能力作為判斷標準，例如思考的靈活度，所謂「變通性」（flexibly）；對概念的闡述分析能力，也就是「精進力」（elaboration），以及提出各種不同想法的能力，在創造力學術研究中，最後一類稱為「流暢力」（fluency）。

陶倫斯根據上述評量標準對學生的創造力進行排序，發現學生在低年級時，他們是創意機器。他們會一個接一個地拋出隨機想法，這些概念可能有邏輯，也可能很瘋狂。

然後陶倫斯好整以暇，觀察學生長大後的狀況。他每年一次給學生作同樣的測試，時間從一九五九年九月做到一九六四年五月。

在這段時期，他發現創造力指標急劇下降，尤其是在流暢力，也就是產生大量點子的能力上。下降時間發生在四年級。

「很多孩子在五年級的測驗得分比三年級的測驗得分還低。」陶倫斯在一九六八年發表在《天才兒童季刊》（*Gifted Child Quarterly*）的開創性論文中做了上述表示。學生的思想流暢力下降了五十二%，儘管他們在詳細闡述自己想法的能力上提高了二十一%。陶倫斯寫道：「總結來看，在增長趨勢上，精進力的增長趨勢最強，而流暢力的增長趨勢最弱。」

雖然孩子似乎更能詳細闡述一些想法，但產生的創意變少，創造力變得不敏捷。

陶倫斯研究中最流行不墜的是他發明的一句術語，給自己的發現貼上標籤：「四年級低谷」（Fourth Grade Slump）。這個術語就像擁有麥迪遜大道的行銷神力，也藉於此，陶倫斯本人也公認是創造力領域最具原創性和開創性的思想家之一，這項研究也冠上他的名字，增添學術分量。

「這個詞變得很流行，提到四年級低谷，彷彿它是普遍存在的，一定會出現。」馬克・朗科（Mark Runco）這樣表示。他是目前創造力領域的專家，是《創造力研究期刊》（*Creativity Research Journal*）的編輯，在南奧勒岡大學教授創造力，並開發出一套可以評估創造力的測試。

為什麼學生的創造力似乎越來越低？陶倫斯對此抱持強烈看法。

朗科解釋：「陶倫斯說問題出在教育。教育灌輸了一堆規矩：舉起你的手，坐在正確的座位上。他的觀點是，到了四年級，孩子們已經把傳統思維和遵守規則的必要都內化了，反倒抑制了獨創的思考能力。」

遵從思考框架的壓力不僅來自他們的老師，也來自同儕。二年級時看起來好玩、有趣、無害、天馬行空的想法到了現在會讓老師說：「真的嗎？拜託喔！」然後同學一陣哄笑。就這樣一點一滴累積內化，理論認為，孩子慢慢吸收外人的譴責或嘲笑的聲音，發展出自行刪減的過濾器。大腦可能出現某個想法，但想法在話到嘴邊或把它寫下前很快在大腦消散了。如果老師認為我是白痴怎麼辦？如果朋友覺得我聽起來很蠢怎麼辦？

一個更融入社會的思維因此生根發芽。

朗科舉了一個簡單例子來說明孩子的思維是如何隨著時間改變的。你要求低年級學生畫一棵樹，他們可能會毫不思索地把樹葉畫成圓點。「在高年級，不可能：樹有棕色樹皮和綠色葉子。」朗科說。

《聖經》的比喻在這裡也是有力的說明，它與善惡知識樹有關。園裡的男人和女人不准吃它，只要吃了它，就會喪失天真，意識到自己赤身裸體，生出羞愧心。這有點像小孩學習，在某個時候，他們學會羞恥心。（這個比喻很容易超出我的詮釋而各自解讀，所以謹請各位讀者就依照表面的意思來解釋。）

自從陶倫斯做出開創性研究以來，他的研究發現反覆被檢驗，不斷有研究者想確定思維模式是否真的在四年級發生改變。一些實驗經過複製後證實了他的說法，有些研究則反對他的結果。所以重點不在改變時間是否真在四年級，而是在孩子的成長期間的確會發生改變。

最近的學術研究也強化了這一點。

威廉瑪麗學院的教育心理學教授金慶熙（Kyung Hee Kim，音譯）獲得二〇一八年「陶倫斯創意獎」（E. Paul Torrance Award），這個獎是由全國天才學生協會頒發，目的在獎勵那些對傳播和促進創造力有功的人士，特別是對兒童的創造力。

得獎的前一年，也就是二〇一七年，金慶熙曾批評世界教育體系越來越敵視創意思考。金將問題歸咎於考試，認為「考試地獄」已構成問題，並表示從一九九〇年代初以來，這種問題在美國愈演愈烈，因為美國已採用他國的考試制度。金慶熙認為，這種考試制度放大了陶倫斯幾十年前就發現的、隱含在教育體制中以規則為基礎的制式思維，且讓這種思維變得更加確定。

金慶熙在到美國做研究成為教授之前，在韓國教了十年英語，她認為，儘管前幾代人定下潛規則，但在美國，大部分的教學仍特別重視培養好奇心和獨立思考的能力，這些工具在過去曾提出有趣的解決方案。她寫道，從廣義上講，這種氛圍「培養了學生的感性、同情心、自我反省、做白日夢、獨立自主、不墨守成規，沒有性別偏見，也沒有挑釁的態度。」

儘管金慶熙已有相當的學術地位，但我懷疑她說的有多大程度是真的，這個說法更可能會在學者間引起激烈的辯論。當然，學生是否學會自由思考，取決於他們就讀的是什麼學校。

廣義上講，金慶熙最具說服力的觀點是，基於考試制度，教育氣氛產生了根本的變化。她在二〇一一年發表題為《創造力危機》（The Creativity Crisis）的研究論文，到了二〇一七年提出更新版，在新版中，她認為考試似乎可以滿足不同族群：可以滿足政客，他們想要有客觀條件評量成功身分；可以滿足大學，他們想要有簡易區分學生程度的方法；可以滿足父母，他們希望有清晰明確的方法看出自己孩子的排名；更可滿足廣大社會期待，希望看到這個國家的年輕人趕上其他國家的考試成績。

金慶熙認為，在此過程中，有固定答案的測試會導致孩子失去好奇心和想像力，撲滅他們的熱情和冒險精神，最終屈服「順應他人的控制」。她寫道，這個系統「逐漸養成老師和學生的一致性，扼殺個性、獨特性和原創性」。她在接受採訪時告訴我：「如果你從一開始思考的就是正確答案而不是思考可能性，你的大腦就會失去變通能力。」

剛開始發展的神經影像學（neuroimaging）支持這一觀點。神經影像學研究表示，當人們一遍又一遍以相同對策回答問題時，他們大腦中與靈活思考相關的組織會萎縮。我將在談論神經科學部分時更深入探討這個想法。

而同時間，一篇探討智力與創造力關係的最傑出研究論文在期刊上發表了，這篇研究表明，在智力測驗表現出色的兒童不一定會在創造力上取得成就。

一九二一年，史丹佛大學心理學家路易斯・特曼（Lewis Terman）做了這項引人注目的研究。他找了大約一千五百名智商極高的年輕人來做這項實驗。現在先不管智商分數是否能準確衡量智力，請先接受如果把評判重點放在解決問題和進行抽象思考上，智商這個概念確實代表某種特定類型的既定智力。特曼找的學生智商平均一四七，這群人的智商在智商百分等級上高於其他百分之九十九的人。

特曼追蹤這些學生的一生，這項研究一直做到一九八六年。結果很明顯：智商高低並不能反映未來的創意成就。「總而言之，特曼研究的這群人在他們的職業生涯缺乏創造力。」這段總結引自二〇〇三年《性格研究期刊》（*Journal of Research in Personality*）一篇對智力與創造力關係的傑出分析，文中還寫道：「沒有主要的作家、藝術家或科學家從這群高智商的『天才』中出現。」結尾還有後續，兩個沒有達到一四〇智商臨界值的聰明孩子最後獲得了諾貝爾獎，其中之一是發明電晶體的威廉・蕭克利（William Shockley）。

這並不是說智力在成功中沒有作用，只是說明智力不等同於創造力……但是，考試卻逐漸成為決斷學生表現的評量標準。

考試興起的關鍵原因是電腦的出現和普及，這些設備使得統一測試人的能力變得更廣泛。

是的，有了電腦就能用以前沒有的能力推展考試這個創造物。這種推動考試文化的力量再一次證明，我們的偉大創造可能會產生出乎意料、最終與期待落差的副作用。

人類最後只能用新的想法反擊。

到頭來，近年對考試的強烈反抗似乎正扭轉這三十年來要求大家勾選正確方框的努力。難怪許多大思想家承認，為了面對複雜經濟的快速變化，對應現代需要更靈活的思考。

當然，學校的確有很多工具來培養創造力，但沒有輕鬆方法評量這些工具的效果。有個簡單技巧叫「如果怎樣……會怎樣？」（What-if），用說故事方法培養創造力。這雖是微不足道的例子但說明了更大的問題。

幾年前我寫了一本童書《逃跑的鼻屎》（*The Runaway Booger*），故事是關於一個很喜歡挖鼻孔的家庭，大家挖鼻屎挖到失控然後挖出一顆巨大的鼻屎。是的，太噁心了。

我寫完之後，學校和地區社團開始邀請我和孩子談談這本書和創造力。我做了一些研究，參考專家的智慧，想到這個「如果會怎樣」的遊戲。

我通常會在跟孩子講完書後開始玩這個遊戲，有個孩子問：「你為什麼要寫一個巨大的鼻屎？」

「嗯，」我說：「我只是想知道：如果你一直挖鼻孔，弄出一顆大鼻屎怎麼辦？」在那個當下，我就像幼兒園的孩子王（很可能我仍然屬於那裡）。

「換你說說看，」我建議：「你只要說：如果……會怎樣就可以了。」然後他們開始爭先恐後亂說一通，拼湊句子甚至說出一個完整故事。有個孩子脫口說出：「如果你沖馬桶，一沖就沖到外太空怎麼辦?!」

「然後，如果，」另一個學生說：「如果你又衝一次馬桶，然後又沖去別的地方怎麼辦?!」

學生的想法像撞球連續碰撞，撞進太空，撞進他們的想像世界。我沒有告訴他們馬桶是拉屎撒尿的地方，講這些不好，我沒有告訴他們，你不可能一沖馬桶就打破時間／空間連續體。但我真的告訴他們我「可能」把他們厲害的想法偷走。

然後發生一件了不起的事情。

有個學生說，一沖馬桶，就會把你沖回家。實際上，她是在給這個故事一個結局，或者回歸現實，在某些方面，這與傳統故事的敘事方式是一致的。我發現這一切讓人驚訝的是，即使學生讓自己的想像力一飛沖天，但也感知某些傳統敘事或講故事的基本規則。

這是值得注意的，因它強調了非常重要的觀點：支配世界的各種規則、各類形式——藝術、科學、技術——是自始至終就存在於這個世界上的，是人去吸收這些既存結構。隨著創作者對自己存在的世界越來越了解，藉著感知就能熟悉基本結構原則。因此，這或許可以讓父母、各年齡的孩子和教育工作者有更多發揮想像力的空間，因為知道就算他們讓想像力自由放飛一會也無妨，這並不會讓人完全偏離軌道。

我提到這個「如果怎樣會怎樣」的練習並不是秉著為人解惑的精神，想告訴你如何培養有創造力的孩子，這本書不是那種教養書。我的意思是在說明，有很多簡單步驟可以讓創造進行且鼓勵創造，把這些方法用在與年輕人交流時，這就是促進創造力和其他技能的途徑。

這類練習的目的在為完全開放的思考創造安全空間，由老師或家長分享的想像天地是快樂輕鬆的。這些練習無需取代考試或評量，但可以補充它們的不足。

外界講的種種，像把四年級低谷現象歸咎於學校，其實過於簡化，甚至非常不公平。學校反映了政治走向和創校者的意志，換句話說，也就是反映了我們、為人父母者的意志。

懷疑的種子也在家裡生長。

「不要摳鼻子。」

「不要跑到馬路上，不要吃掉地上的食物，不要大聲說話，不要聳肩，不要用蠟筆在牆上亂畫，不要那樣說話！」

養育小孩有很大比例在教規矩，劃定界線有利於生存，這是必要的。小孩不知道生存規則就會死。沒有得到清楚指示、不可衝進馬路的孩子若衝上馬路可能被車子輾過，因為這個禁止資訊傳遞得不夠清楚。要清清楚楚地說：「不－要－衝－進－馬路。」

但問題出在，如果父母擴大規矩的數量和性質，以致變得專橫時，就會有問題。如果處處是限制，孩子就會養成凡事先找規距來遵循的習慣，自己變成自動過濾器——不僅過濾危險的想法，還要過濾是否跨越某些界線，孩子會下意識地說「不」。

一九九〇年代後期，波士頓學院教育學教授約翰．達西（John Dacey，現為榮譽退休教授）決定將研究主題設定在教養家庭；特別是那些養出有創造力表現孩童的家庭。研究者找到一些被學校認證有創造力的孩子，他們不僅是秀出創造潛力，而是真正有作品產出。例如，有的在校刊寫專欄，有的製作廣播節目。

達西決定將這些孩子的家庭與那些沒有特殊創造力孩子的家庭進行比較，特別是比較兩邊的養育方式和氛圍。

研究者訪問了多個家庭，提出兩百個關於生活各層面的問題，發現有個特定領域對孩子有極大影響。兩邊家庭相比，孩子創造力較多的父母訂下的日常規矩比那些孩子創造力較少的父母定下的規矩要少很多。

達西告訴我，養出較多創造力孩子的家庭「很可能只有一條規矩，例如：做個mensch。」

Mensch是意第緒語，意思是：善良的人。

相比之下，研究人員發現，創造力較少的孩子家中平均有十條規則。例如，什麼時候上床，什麼時候回家，面對不同情況要怎麼做。「他們從不希望孩子惹上麻煩，或者犯錯。」達西表示，創造力較多孩子的家庭「總是在冒險，讓孩子練習犯錯。」

規則和文化的差異有時會體現在住家的樣子，創造力較少的孩子的家看來形式較為呆板統一，較有創造力孩子的家就沒有這種一致性。達西對一個調查對象的住家印象深刻，這棟房子從外面看來古色古香，屋內餐廳擺滿古董，每件古董看起來都有幾百年歷史，但他們的臥室卻擺滿現代家具。另外一家培養出特別有創造力的孩子，而他家的收藏品是四十七隻鳥。達西表示，奇怪的是，研究人員發現那些較有創造力孩子的家都有某種收藏品。他認為，這也許表示這些家庭的孩子不但會想出點子，而且還是個可適用在不同類別上的點子，這可看作大腦創意點子的連結模式。

達西從這項研究得出的結論是，許多父母為了保護孩子，訂下許多限制、規定、界線，藉著孩子把這些規矩內化，卻把孩子給「悶死了」。

這不是廢除所有規則的理由，相反地，是要我們認識規則在固著心智上的力量。

父母塑造孩子的神經網絡，在設定規則的同時，也應該夾雜著解釋和提問，放縱好奇心，讓孩子質疑並尋求自己看待規則的理由：為什麼有規則，什麼時候適用？什麼情況下要守？培養孩子的變通力。

父母可能沒有意識到他們會以語言抑制創造力，有些話語似好似壞很微妙，可能看起來不那麼糟糕，但它會阻礙開放性思考。下面的問話都是實例：「這不是我們做事的方式，是嗎？」「我們不會那樣說話，對嗎？」這些語句不僅會阻礙某種行為，還會阻礙獨立思考。重點是「我們」會做什麼和不做什麼，因此你就知道什麼是「正確的」。

說到「對吧？」這個詞，這是另一個低階但有效的修辭技巧，想把孩子放入乖乖盒用它最好了。這個詞用來確認某個特定前提，表明這裡沒有其他想法的餘地。好比：「這兩種顏色不相配，對吧？所以房子應該漆成黃色。」

父母這種在孩子背後下指導棋的心理可能比僅是擔心孩子不守規矩會受傷的心理要複雜許多。有時候，這些規則反映了父母自己的恐懼，怕被人看作不會帶小孩或把孩子教壞了。達西說，在網路時代，孩子的錯誤更容易「傳播開來」，這種恐懼會放大。大眾媒體文化也暗示著有更大的威脅風險，例如，小孩可能被綁架（新聞快報！本地青少年被綁架！請看十一點新聞！），雖然發生綁架的次數不多，但感覺很近。這提高了父母對風險的評估，所以更要孩子遵守公約，訂下嚴格的規則，要求孩子守規矩。

我在本章前面提到的學者朗科向我表示，隨著孩子年齡增長，父母對聽來違逆的想法變得越來越無法容忍，擔心這些想法會變得危險、惡毒或邪惡。好吧，準確地說，不是邪惡，儘管那是朗科用的詞。他說的「邪惡」意思泛指那些聽起來會覺得孩子變壞了，進而對父母產生不良影響的想法。

朗科說：「我經常與家長老師交換意見，我最常跟他們說的概念是：簡單一句話，他們能為創造力做的最好事情就是容忍，但事情沒你想的那麼容易。」

朗科說：「你最好有開放態度，認為孩子會想出好主意，但也會朝著相反的方向走，可能會朝向可怕、邪惡、卑鄙，甚至惡劣的那個方向。身為父母也許會說：那不是我的孩子，那不可能是我的孩子。」

孩子可能接收不到這些露骨訊息，但他們真的會去思考，思考那些想法是否真的會讓他們惹上糟糕、說不出口的風險，導致事情走向出乎他們意料之外。反過來說，考慮過後的想法就會限制他冒險的欲望。

如此引出我在本書想傳達的最重要觀點：創造力的頭號敵人是完美主義。

甚至沒有對手可以與它匹敵。

如果你不能犯錯，你就無法承受創意風險。因此，完美主義的反面是容許犯錯。它是培養創造力最重要的概念之一，也是完美主義的死敵。

這裡有個核心理念：不是為了不合群而不守規矩，而是允許想法有多一點的犯錯空間，偏離這個一刀切的世界，包括遠離可怕的假設前提：如果孩子的創意沒有獲得世俗的認可（或拿到全A），他就是失敗的孩子。

「如果你想要很有創意，就必須產生很多想法，然後挑出好的點子。」終身研究創意天才的學者迪恩．西蒙頓（Dean Simonton）表示：「重點是，這些點子是你在不知道它們是否會成功的情況下想到的。」

西蒙頓不斷在傑出創作者身上看到相同的模式：創意的數量超過質量，他們不擔心別人會如何看待，也不在乎這些點子最終會起什麼作用。他的研究告訴我們，愛迪生擁有一千零九十三項專利；畢卡索「創作了兩萬多幅油畫、素描和雕塑作品，而巴赫寫出了一千多首樂曲。」這並不是說高生產力和高影響力是同一回事，但它確實表示，如果你有創造衝動且願意冒險執行，也許就會做出別人認為有意義的東西，成功的機率就會增加。

「如果你想發揮創造力，你就不能保證一定會在事前找到解決方案，」西蒙頓告訴我：「看看每一個有創造力的天才，這點都是真的。你知道愛因斯坦經歷過多少死胡同嗎？是天文數字——有時你會犯下非常、非常可怕的錯誤。」

西蒙頓提出一個至關重要的衍生觀點：創作者會堅持下去，儘管不知道自己的追求是否會成功，他們仍會堅持。對於極富創造力的人來說，創造力本身就是終局之戰，因為創作過程的本質就是冒險，進入未知領域。

相比之下，只學習勾選正確格子的孩子，甚或害怕不能正確勾選正確格子的孩子，當他們之後要面對更加複雜的人生時，更可能變得迷惘不解。

當孩子將這種思維吸收內化後會發生什麼？孩子會更僵化，在之後的人生，難以處理需要靈活或創意思考的開放式情況。達西在退休成為名譽教授前，曾對主修教育的學生講授創造力。到了最後一項學期報告，達西表示：「我只要求你們做一個研究，這個研究要能秀出你學到很多東西。」

這項作業讓學生抓狂。「他們會說：『我們知道這裡沒有規則，但是拜託……**達西博士，請給我們一些方向！**』我的辦公室有更多學生哭著說：請給我們一些參數。」

隨著經濟變得更加多變開放，要安生立命更難了——裝配線工作越來越少，更多的是需要創意和合作的工作職缺。人需要想出解決方案而不是把預先注定好的東西裝配在一起。

這種分析像是在說，父母應該對孩子更自由更放縱。

我不會那麼簡單下結論。允許空間很重要，但規則也很重要。在做了一切研究後，身為父母，我想利用餐具的角度來考慮這種平衡，聽好了：以叉子為例，我希望我的孩子在吃飯時知道如何使用叉子，如果他們能自由想出其他十五種叉子使用法，我也很高興，例如可把叉子作為鏟子、抓背器、開鎖器。

但這並不表示我真的會讓他們用叉子去挖蟲子（在野餐時可能會，不是正式晚餐時或許也可能吧），但如果我的女兒開始以某種創意方式玩她的叉子，我也絕對不會說：「拜託喔，米拉貝兒，現在這時候我們不是這樣用叉子的，好嗎？」

但如果她用湯匙吃牛排，我可能會懷疑她是不是正在思考什麼事。

還有一件事：當孩子說出一些想法、觀察或莫名奇妙的好奇時，現在的我已經可以盡量不要想著那是因為我的緣故他們才做出這樣的反射。我看到一些父母在孩子說「錯話」時覺得很丟臉。當然，他們不該把阿珍姑媽叫做老蝙蝠，而老蝙蝠剛好又是老太婆的意思。不過，這也許是聯想的嘗試，儘管這些聯想在我看來很可能是錯的。他們隨機聯想並不表示我沒有正確教導他們，只是我容許他們串連自己的創意點子。

現實世界是很複雜的，我真的認為，要了解現實世界有多複雜的最好方法是見證某個世上真實發生的例子。下面我要說創作者如何成形現身的故事，他們的出現可能帶來一團混亂。

5 創作者現身

我在第一章介紹了在北卡羅萊納州長大的創作型歌手萊農・吉登斯，她對創作者如何形成有自己深入的見解。而事實真相經過大家傳送互相矛盾訊息後變得更複雜，對此，吉登斯也能提供她的分析。

吉登斯和姊姊拉倫賈（Lalenja Harrington）在充滿各種觀點和影響的世界長大：他們有白人父親和非洲裔母親，母親後來出櫃成了女同志。母親那邊的家族受到奴隸制度的深刻影響，導致家裡制定極為嚴格的規距，且似乎都有充分的理由。女孩的外祖父母擺脫不了奴隸制度和種族主義的遺毒，害怕女孩如果在外不順從——像是她們越界了——就可能面臨危險，甚至致命，更別提歧視，而外公外婆卻很風趣、溫柔，充滿愛意，待人熱情。

外祖父母住在北卡羅萊納州農村的獵槍小屋[2]，在此背景下，所謂「獵槍」具有字面意義。

拉倫賈七歲時，有一天她親眼目睹一場可怕的爭吵，外公不斷辱罵外婆。「他們的房子是七〇年代留下來的，牆壁都是一片片木板做的。」拉倫賈回憶道：

2｜譯註：獵槍小屋（shotgun house）是一種房型，正面寬度不超過四公尺的長方形住屋，進屋從前廳到各房間到後門，各房相連，一線直通，這是南方鄉下最常看到的貧戶住屋。

「透過木板我可以看到大廳後面外婆回到她的臥室，但是房間每個壁櫥都有槍，我記得我看到獵槍槍管穿過門的畫面。」女孩大聲警告，「外婆你醒醒啊！」外公逃掉了。「據我所知，那天我的尖叫救了外公。」

外公外婆都有酗酒問題，都有脾氣；兩個人都受過奴隸制度的傷，傷得又重又久，之後還受系統性種族主義折磨。這些傷口告訴外公外婆的是，想出頭的黑人男女都會被鞭打，甚或更糟，把你絞死。

例如，外婆還是少女時，只要不遵守家規，她的父親就會捆起她的胳臂把她吊在穀倉上的橫梁鞭打她。外婆的爸爸是第一代奴隸，有時他會坐在前廊，膝上放著獵槍，用來阻止黑人向他的女兒求愛。

當吉登斯和拉倫賈還是小女孩時，外婆在學校工作，她是唯一一位黑人老師。她告訴孫女，男孩如何將「KKK」刻在她們的手臂上，然後讓它結痂。「他們會抓著她，讓她秀出字，盯著她看。」吉登斯告訴我。

「如果你向不對的人說了什麼不對的話，你很可能被殺。」吉登斯說：「非裔美人的家庭紀律嚴明，都是創傷造成的直接影響。」

這些事，吉登斯要等到後來才明白；當然，孩子怎能理解這一切？當時，這感覺又正常又可怕，訊息很明確：你們兩個女孩，給我好好待在界線內。那時候，最讓外婆高興的事就是朋友來家裡打橋牌了，她會花好幾個小時準備，在朋友到之前，讓女孩們打扮得漂漂亮亮的，像獻寶似的。

所以對照那一次拉倫賈自作主張把自己頭髮剪短時，可想而知外婆有多不高興。「她一個月沒跟我說話。」拉倫賈當時才十一歲。

在吉登斯更小的時候，她犯了嚴重錯誤，她向外婆吐舌頭。一做完，外婆就叫吉登斯的姊姊去拿藤條，這比外公直接把腰帶抽出來要好多了。

並不是他們的外公外婆不愛他們，而是他們對許多行為都很嚴格，也誠實地遵守這些規則。

但如果這些是影響女孩人生的唯一因素，那就不清楚她們現在各自展現的創造力是從哪裡來的。（拉倫賈現在是極富創造力的學者，開發出一套教導智障兒童的教學技巧。）

讓女孩走出四年級低谷的原因很可能是他們的生活受到鼓勵可以自由思考的影響。

即使在外祖父母的獵槍小屋也有自由——想像的自由，來自家後面的圍牆外。在屋後，一棵巨大橡樹伸入天空，巨大的根從地面竄出，就像鼓出的靜脈或凸起的小島。姊妹倆玩著自己發明的遊戲，可以玩上好幾個小時。像是假裝這棵大樹周圍的地面是一片海洋，裡面充滿鯊魚。「外婆喊著：『滾出去，滾出房子。晚餐前你們不准回到屋子裡。』我們很無聊，用枯葉做了降落墊。就是這樣。我們就是那麼無聊——徹頭徹尾的無聊。」吉登斯說。

她和姊姊認為是無聊迫使她們發展出活潑生動的想像力。

他們也受到父母鼓勵要獨立思考。她們的父母，一個黑人女子和一個白人男子以自己的方式反叛，在危險時期勇敢相戀。

父親大衛因為和她們的母親結婚，自己的父親與他斷絕關係，可以從家族繼承的土地也丟了。那時大衛有個聲樂老師，是個德國人，直接叫他退學。

「我媽媽叫他老納粹，」吉登斯說：「我爸爸有一副極美的男中音，很有磁性的嗓音。」聲樂老師要他走，「傷了他的心」。

女孩的父母相信那時代的社會風氣，認為個人理念和世界進步可以一致，**必須**這樣。

「我的父母總是以這種方式處理事情——容許你、祝福你，這是很有價值的。」拉倫賈說：「我從父母那裡得到就是這種願意嘗試和冒險的鼓勵，即使不舒服，無論如何也要去做。」

母親與外婆不同，並沒有夢想自己的女兒成為社交名媛或姊妹會成員。

女孩們也從祖母那裡得到鼓勵。她是白人世界的白人女性，但她眼裡幾乎看不見顏色——「吉登斯奶奶，她就像你能想像的最貼心的女人。」吉登斯回憶道。祖母沒有拒絕兒子或孫女，無條件地愛著他們。吉登斯回憶說：「只靠她一人就改變了一個家庭。」

總而言之，這兩個女孩受到這種混雜的影響，有僵化和紀律，也有寬容和祝福，害怕變成他人，想要歸屬感。女孩的生活也在貧困邊緣，但同時在學業上表現出色，最後都進入好學校。她們在各個不同的環境進進出出。

「這就像語言轉換。」吉登斯說。

對她來說這樣的情況很多。她回憶說，讀小學時有一年，她有一半時間和白人女孩一起吃午飯，另外一半時間和黑人女孩一起吃午飯。比起和女孩一起玩，她更喜歡和男孩混在一起。她也經常獨處，她會在走廊一面走，一面閱讀科幻小說。她畫畫，可以一畫幾個小時，畫很多馬。她幻想成為迪士尼的動畫師，「直到今天我都能畫出有模有樣的馬。」她告訴我。

然後話題轉到中學，吉登斯突然哭了起來。

「我那時心情真的很低落，真是一段很難熬的日子。我只是不想回想那時候，僅此而已。」她說：「沒有發生什麼了不起的事，我的意思是，我的房子沒有燒毀，只是那段時間並不輕鬆。」吉登斯這樣說，她比姊姊小七歲，姊姊是吉登斯的守護天使，為她梳頭，給她擁抱，而她去上大學了。「她在很多方面都一直護著我，為此，我媽真的很生氣，快氣瘋了，也很沮喪。」

她的媽媽出櫃成了女同志，後來在戒毒團體當顧問，是失意的藝術家。她參加匿名戒酒會，但還是無法控制怒氣。吉登斯記得她把玻璃杯扔到後面的樹上。社區並不一定安全，有時酒鬼會在院子昏倒。後來，由於吉登斯的學術成績，她被一所將數學和科學列為教育重心的菁英寄宿學校錄取。她遇到像她一樣的書呆子，看到社會的另一面。

好多資訊。她是否知道這些不同經歷正在建構她的創造力，藉著開展她的人生，讓她看到世界的豐富肌理？

也沒那麼多輸入資訊。

她堅持閱讀和畫畫，思念著姊姊。

然而生活總能找到出路。各種經驗開展吉登斯的人生。一個是音樂，在升高三前，她參加合唱營隊，這是她第一次和一群愛樂者在一起。在那裡，她第一次獨唱。是的，她會唱歌，感覺很好。那時候的音樂只是工具，不是創造力，只是可以讓自己和他人覺得自在開心的聲音。

不久，她開始研究自己的歷史。她母親和外祖父母的經驗開始變得有道理了。他們之所以會那樣，不是古怪，而是可以解釋的，甚至是很常見的反應。這些都是她人生中扔不掉的養分素材，用來了解，可以汲取。

「我越開始研究自己的歷史，就越容易理解我的那些部分是從哪裡來的——也知道打破它需要勇氣。」她說：「我不再生我媽的氣，也不再期望有個不同的媽媽。另一方面，這表示我開始接受她給我的所有美好事物，以及接受屬於母親的智慧。」

對吉登斯來說，創作力開始成形的時候，是她開始接受內心自我的時候，它們包羅萬象。她越少與內心的多重自我對抗，它們越能形成有凝聚力的整體；讓她成為創造者。

在吉登斯高中畢業後的幾年裡，她靠著天生的音樂天賦過日子，她會器樂，還有好歌喉。她被奧柏林音樂學院錄取，這是一所菁英念的音樂學院。但她不知所措，部分原因是她不知道如何看譜。與那裡的人不同，她沒有受過正規音樂培訓。她也不確定自己想要什麼，只是被一股無名的驅力帶動。她逼迫自己，因為她覺得自己應該這樣做——任何與音樂相關的工作，她都願意去做，就算不確定性以各種方式背叛自己。有一次，她去試鏡，卻丟失一隻鞋。放學後她總是筋疲力盡地面對不確定的道路。

「我從來不覺得自己是真正有創造力的人。」她說。

多年後，她與馬友友成為朋友，馬友友是世上真正偉大的音樂家之一，他跟她說了一個他過去有類似處境的故事。

「他告訴我，他從小就拉大提琴，到了二十、三十歲的某個時間點，他覺得他必須做出**選擇**是否要當大提琴手。」她說：「但那就是他在做的——拉大提琴，他早就在做這件事了。從那時起，他的生活就快樂多了。」

不過，從一開始就是世界選擇了吉登斯，而不是由吉登斯做選擇。她組了一個樂團「Carolina Chocolate Drops」，首張專輯找到一家小音樂公司製作發行，收錄了十六首翻唱歌曲，包括民謠和踩踏舞、斑鳩琴和小提琴，引起不少關注。二〇一〇年發行第三張專輯《Genuine Negro Jig》，贏得當年葛萊美獎最佳傳統民謠專輯獎。二〇一二年，樂團發行《離開伊甸園》（Leaving Eden），由吉登斯擔任主唱，演奏小提琴、斑鳩琴和斑鳩提琴。

他們是職業樂手。任何事都不是理所當然的。以音樂家的身分謀生非常困難——「活在夢裡，很棒，是吧！」吉登斯說。

她很不開心——非常不開心。

「我三不五時就心情難受，是時候要巡演了，我只想哭。」她心想：「這是我擅長的，照理我就該這樣做。」又說，人們「周圍都是寵愛他們的人，這會帶來金錢，而你會陷入這個系統。」

她開始生病，字面意思是身心病，她得了腸躁症，整個人變得很沮喪。

「身體會告訴你一切。」她說。

身體在說的是，儘管在外表上她看起來像個藝術家，一個真正的創作者，但有很多創作並不是她按照真實自我出發的。為了樂團和商業願景，她覺得她埋葬了自己真正想說的故事。她覺得樂團正在做一些「重要」的事，但那些事越來越像是與她的藝術衝動不一致的責任。

她覺得自己當時是某個更大趨勢的象徵。

「我們的文化並沒有把自性當成寶，很多人都像行屍走肉一樣過一生，向外尋找我們需要向內找的東西。這就是娛樂事業做得如此大的原因，人沒有讓自己的心得到安寧，而是找別人的東西安撫自己的心。」

她也是安慰他人的人之一，利用那些看來、聽來都不錯的素材，製作似乎來自真實自心的創作。

「我意識到我這樣做是因為能夠賺錢。」

這是她故事的關鍵時刻，也是說明創作者出現的關鍵點。我一次又一次地從創作者本人和研究他們的科學家那裡聽到事實：擁有創作工具的人和發自真實天性的創作者間有很大的不同。每個人都可以製作東西，製作可以是有創意的。不過，這不是從真實自我出發的創作。從外面看，差異似乎很小，但並不是。尤其對於創作者自己來說。這也是某些隨波逐流的創作者常常不快樂、甚至覺得痛苦的原因。這樣的創作者或許會覺得自己只是模仿者，只求表面成績，只想尋求別人認可。然後一個更個人化的聲音出現了，逼得創作者做出選擇。你要的是外在認可還是自由，最後，吉登斯的故事，以及許多創作者的故事終究都是——關於幸福的。

對於吉登斯來說，深刻的個人動機已然形成。在樂團長途巡演中，吉登斯將她的聲音調到更飽滿的版本，練出一股屬於吉登斯個人創造的獨特嗓音。

在各種力量驅動下，她仍然保持閱讀習慣，了解女奴的故事。這些故事如此強大，特別是其中某個女奴的故事：在北軍快要接近農莊時，擁有她的女主人與她有一段對話：

「女主人說：『如果之後，當士兵來時，妳會把這個盤子藏在妳的小屋裡，說它是妳的嗎？』奴隸說：『妳賣掉我的四個孩子來買這個盤子，所以它不是謊言。』」

吉登斯讀了這個故事，「它不會消失，它怎麼可能消失。我想到歷史上有這麼多默默無名、我們根本不知道的黑人。」

她寫了《茉莉》這首歌，這首歌講述奴隸離開農莊的痛苦決定，以及她所知道的一切，當我看到影片、聽到歌聲時，那一刻就像吉登斯回到自己的本性，至少是一個接近真實自性的版本（她仍然不斷變化）。她的聲音和眼神充滿同情和反抗的強烈混合，我認為這些特質是她的真實自性。

對吉登斯來說，這首歌就像一場亮相派對。她聽到自己真實的聲音。「這是我第一次意識到，」她說：「我根本不認為自己是寫歌者。」她也沒有完全準備好擁抱自己，她繼續享受外在成功，這為她提供動力。

她在二〇一五年推出個人專輯《明天輪我上場》（Tomorrow Is My Turn），收錄多首翻唱歌曲，其中包括桃莉．芭頓的歌。《滾石》雜誌將這張專輯選為當年最佳五十強。她在費斯．希爾（Faith Hill）和提姆．麥克羅（Tim McGraw）夫妻倆的全球巡演擔任固定開場，她在影集《下一站，天后》（Nashville）演出固定角色。

二〇一六年美國鄉村音樂獎的頒獎典禮上，她與艾瑞克．裘奇（Eric Church）一起表演特別節目「為電視而生的鄉村搖滾時刻」。吉登斯正處於明星的高光時刻，只要再走幾步，她就是家喻戶曉的名字。

然而，這證明是一種矛盾，內心的聲音導引著不同選擇。「我實現了夢想，卻經常很痛苦。」

學會在外在噪音中聽到自己的聲音是很掙扎的。

而我想提供另一個觀點，一個與眾不同的創作者如何從童年魔繭中掙脫出來的故事。這個故事我非常熟悉，因為它是我的故事。

6 作者現形

本書不是回憶錄，我也不打算詳述我自己的經歷，但我會在某些篇章簡單提到一些，就從這裡開始說吧，因為我能以第一手報導的立場說明創作者現形的歷程。我一開始並不是創作者，我經歷了重大轉變，對自己的聲音從忽略、到聽見、到表達，寫這本書的部分目的是為了滿足自己對創造力的原始好奇心。

一位多次獲得葛萊美獎的好萊塢大導演問我：「創造力的目的是什麼？」我竭盡所能想為下面類似的問題找到答案。

爆發的靈感從何而來？

我們如何發揮這些靈感？

當我對爆發的靈感敞開自我後，我開始思索這些基本問題。這中間到底經歷什麼轉變？

就如我說，我只根據經驗說話，這過程並不太有趣。

我在科羅拉多州博爾德長大，在當時，這個相對較小的大學城大半住著中產階級，也沒什麼其他人。我的父親莫里是法學院教授，後來當上法官。他高大、精力充沛，是個知識分子，信奉偉大思想，愛看非小說類書籍，最喜歡那些寫歷史轉折點、偉大戰爭，或寫偉大思想家如邱吉爾、甘迺迪和甘地等人的書。他告訴我和妹妹，我們可以且應該成為我們想成為的人。但我錯失了那個訊息，我聽到的大部分訊息卻是：有一種方法可以成為結合甘迺迪和天才打擊手曼托（Mickey Mantle）兩人特質的神童，成為做大事的人，一個像我父親一樣不斷精益求精對社會有重大貢獻的人。

他在我心中還種下巨大的好奇心種子。他對教學非常有熱情，喜歡吸引人們在學習過程中探索自我，而且不喜歡用講課的方式帶領。在餐桌上，他會把他的法律案件拿來問我和妹妹有什麼看法，創造家庭版的蘇格拉底反詰法（Socratic Method），這是一種思考工具，在法學院和法律專業中，常用它來引導人們深入分析和思考。當我在學校遇到挑戰時，父親都會要求我思考自己的想法，而不是模仿他的。

就性格和環境而言，母親占據的空間就小很多。部分原因是她把溝通時間都讓給了我父親，但也可能是因為她自己的成長經歷，她父親在情感上虐待她。外祖父控制欲極強，死板到極點。或許是為了不想再受他的苛刻評判，她一直保持低調。除此之外，她還窮盡先天後天各種方法嚴格控制自己的身心表現。她覺得脆弱就是留給別人攻擊的弱點，或者這是我對她的觀察。所以小時候，我有個隱藏關愛的母親，而不是散發關愛的母親。我媽從來沒有對我和我妹說過「我愛你」這句話。後來，她告訴我，她覺得那些話聽起來很假。

同時，她想給我們某些她一直渴望的東西：自由，為自己做決定的自由。因此，在我的認知上，她就是個開放的人；她希望人們做自己，並盡可能地表達自己。這讓我們有一定的自由，但同時，也讓她不需投入太多感情與我們兄妹產生太多互動。結果是，我不確定她是不是關心我。我最能感受到她把注意力放在我身上的一次是……她笑了。她笑起來很美，那一次我逗她笑，我知道我得到媽媽的全部關注。

這一切加起來就是小時候的我只專注在兩件事情上：母親的愛和父親的願望。也許我應該像父親一樣，或者，也許我應該像同學和一起打球的夥伴一樣表現得自信陽光。但大部分時間我都在偽裝，一半是運動好手，一半愛開玩笑，但這個假硬漢多半時間是啞巴，尤其是當他要以真實想法、感受和觀察表達意見或大量吐露心情時。

這與吉登斯和她姊姊的經歷全然不同，不是奴隸制度的遺毒，在日常生活上也沒有看到種族主義的明顯創傷，以致讓傷害直接影響了自我表達和創造力。

另一方面，吉登斯的確從家族繼承了創造力。但我在自己身上看不到任何遺產。而我繼承的是，就像吉登斯，我繼承了懷疑的種子和創造力的種子，透過好奇和包容做我自己——但這些種子長久以來相互鬥爭，最終停滯不前。

總體而言，我的經歷不過是人人皆有的平常挑戰，不過是在書中分享如何實踐自我接納，因為它太平常了。而人若沒有受到明顯創傷，要他們如何聽得到自我發出的聲音。以致，我也聽不到我的。

於是我崩潰了。

一九九一年，我在一家小報社工作，那天我在林蔭道慢跑，一陣頭暈目眩。那是我受制某種不明疾病，多次發作暈眩的第一次，從此我開始接受多個療程的抗生素治療。但這又不是感染。由於無法確定身體哪裡出問題，我只能坐在心理醫師的沙發上，下意識地懷疑是我腦子出問題，或者還有什麼其他的。

兩年後，我強忍淚水，到處想法子解決我不快樂的關鍵。在這段過程，我的生活與焦土無異。我懇求心理醫生告訴我哪裡出了問題，自己就像個謎般，從胚胎起包了一層又一層，我什麼都不清楚。我是誰？我為什麼哭？

最後，我不再問了。我突然意識到，這個人怎麼會有答案呢？他對我不會比我對自己有更多答案。我的聲音不僅和他人說給我聽的一樣有效，而且應該必然成為我的最終指引。

也許我冒的風險是誇大經歷，也許是我已過了二十多歲的那段時光。不適感仁慈地結束了，最後我還健在，天翻地覆過後，還讓我留下一些基本的、本質上的情感。從那以後，我就看到創造者的真正組成部分。

一是感恩。這是最重要的，我非常感激我不再受苦了。反過來說，我不在受苦讓我對一切心存感激。我為大事感激，像是找到遮風避雨的住所和安家糊口的工作；也為小事感激，比如上街吃到好吃的炸玉米餅或睡了個好覺。我的朋友和家人也因此漸漸好起來了。一件事一件事輪番到來。我變得出奇地樂觀，因為我還活著，沒有腐爛，而人生再有什麼其他的都是上天恩賜的美味。

這與創造力直接相關，因為它讓我對失敗有了不同看法。如果我寫的東西沒有人喜歡，我仍然有路邊的炸玉米餅可吃，它們可好吃了呢！

我也以深深的謙卑從低谷走出。我見過可怕的心魔，懇求他人定義我、認可我，我卑微地向外求。而我現在知道，人永遠無法評判另一個人。認識自己的弱點讓我跳出意識形態；我開始明白，如果不真正傾聽，就無法了解另一個人或這個人的想法，就像我表面「成功」、內心卻一團糟時，其他人也不可能認識我一樣。

這也與創造力直接相關。我越少去評判，我越能去探索；免去從各方面來的威脅、資訊、輸入雜訊。相反地，我從各個角落都能找到相關線索和見解，我不再把那些訊息當成具有威脅的挑釁。

將經驗與創造力相連最重要的方式是，我不再苛刻地評判自己，也不再受制於他人的評判。我所說、所想、傾倒而出的，只具有簡單的價值，就是一個平凡老人的想法。我所做的決定更多是基於我覺得那是對的，而不是揣測外部標準後認為那可能是對的。

下面是簡單例子。

在小報社工作十年後，到了二〇〇〇年，《紐約時報》給了我一份工作。他們允許我留在舊金山做駐地記者。到了第二年，報社改變主意，要求我必須在二〇〇一年十月一日前搬去紐約。而那個時候，我正好遇到後來成為我妻子的女人，我開始感到靈感的種子——它們埋在我為報紙寫的文章中，埋在之後的各種創作中，包括漫畫、小說、歌曲。

在期限到期前的那個夏天，我飛到紐約與一位資深編輯坐下來談，向他提出應該讓我留在舊金山的理由。

「我很快樂。」我告訴他：「而且我認為你對我的工作也很滿意。」

「非常滿意。」這位編輯告訴我：「但這與快不快樂無關，這與每個人的職責有關。」

我告訴他我會考慮，但我已經聽到我需要聽的。我沒有去紐約，因為這不僅是快不快樂的問題，而是關於能不能做自己的問題，是關於相信自己的聲音。

到了十月一日，那時的我應該搬去紐約，但我仍然坐在舊金山家裡的工作室，等待老闆打電話解僱我。電話沒有打來，我仍然留駐舊金山。

這裡沒有英雄主義。我從深淵走出來，知道自由是什麼感覺。我大半人生一直四處奔忙，腎上腺素不停飆升，體內的戰鬥或逃跑反應不停翻攪，就好像我在躲避獅子一樣。但這頭獅子是我自己創造的，是我揣測外在評價後，從那些疑神疑鬼中召喚出來的，我了解我要害怕的只是恐懼本身。

我也感受到靈感的觸動，這份感覺不亞於狂喜。靈感一來，感覺就是對了，它們會占據我，我相信這些靈感，像是一股信念般相信它，這種態度倒讓我生命中的眾人有點頭痛。在被《紐約時報》全職聘用前不久，我跟父親說，我想改做連環漫畫了。他提醒我這點子聽起來有多瘋狂，直到今天我都不斷想起，但我很確定。因為我不會畫畫，我就去找了個插畫師合作，他也相信我的點子。到了二〇〇一年九月一日，也就是我該搬到紐約去的前一個月，根據《時代》雜誌的報導，我們的連環漫畫《魯迪公園》（*Rudy Park*）在全國各地報紙每天上檔，並在《連環漫畫發表聯盟》（United Media）刊載。聯漫媒體是世上最大的漫畫媒體集團之一，被他們刊載就像是被 HBO 挑中播出你的電視節目。

我每天都在寫漫畫故事，角色在腦海恣意流轉，常常有「對了、我抓到了」的這種感覺，這是正在創造重要美麗事物的感覺，不管那是不是真的。

大約就在這時候，我聽到一個故事，引發我對創造力這個主題的迷戀，開啟種種創作過程，最後才產生現在這本書。

故事是關於《史努比系列漫畫》（*Peanuts*，又稱《花生漫畫》）的創作者查爾斯·

舒茲（Charles Schulz）。因為做我漫畫的編輯艾美剛好也是舒茲的編輯，有一天聊起來，我問她有沒有舒茲的小故事說來聽聽，舒茲的朋友可都叫他「火花四射」的史巴基（Sparky）呢！於是，她告訴我舒茲跟她說的話。

史巴基每天早上醒來就開始構思漫畫，總有一個點子會打動他。被雷打到！他在心裡對自己說：「我想到了。這是完美漫畫的好點子！」然後他會一整天都在創作這則漫畫，為查理布朗、露西、史努比帶來生命，見證他早上的一切構思。第二天早上醒來，他會看看前一天的作品，也許覺得：「不太夠」。然後他會停下來再想，「啊，等等，等等！我懂了！今天，我有了完美漫畫的好點子！」

他的信念就是：為新創作付出一切心力。

我從各個不同創作者那裡聽到對這種感覺的描述：「這是快感，絕對是快感。」導演馬克・羅曼尼（Mark Romanek）這樣告訴我，他是世上最知名的音樂錄影帶導演之一；合作對象包括泰勒絲、Jay-Z、麥可・傑克森和珍娜・傑克森、九寸釘樂團（Nine Inch Nails）、強尼・凱許（Johnny Cash）等大音樂人；他贏了十幾個MTV音樂錄影帶大獎和多個葛萊美獎。巧合的是，他也是舒茲和史努比系列漫畫的忠實粉絲，在他的前臂上就刺了露西的弟弟奈勒斯。

當這股快感襲來，某個點子會霸占整個思緒。他的電影《不速之客》（One Hour Photo）就是這樣。「整整三幕一下湧入腦海，我記得這是一種身體上的感覺。」

親愛的讀者，這種感覺，這種確定性，這種完全占據身心近似快感的衝動，就是這股悸動讓我把自己打開。但那是什麼？它從哪兒來的？為什麼我經常聽到它？

我拒絕去紐約的時候，正是我努力堅持自己聲音的時候，更極力想找個讓它能開花結果的環境。要我搬去《紐約時報》總部，在那樣的環境，我沒有把握自己能受得住那裡必有的壓力以及它們對內在聲音的影響。如果去了，我不確定是否能再聽到自己的聲音。

一切要花更多心力。

我的寫作技巧也需要勤加鍛鍊，這也必須考慮進去，但若去紐約，需要磨練的專業知識甚至基本技藝就會與創作完全不同。

現在我了解，創作者必須與周遭雜音的挑戰角力，包括我們當中最成功的創作者都是如此。

我聽到的最強例證是泰勒絲，她在自傳紀錄片《美國小姐》（Miss Americana）描述了她如何被他人的評判所奴役，而這部片子本身就是一部了不起的作品。「這是一套完整而全方面的信仰體系，就是我從小深植的信念系統。」她在紀錄片說：「做正確的事，做好事。所以我主要在努力的事……就是當個好女孩。」

她繼續說：「我被訓練成只有得到很多讚美時才高興。」她說：「那些對我的輕輕拍頭就是我活著的全部。」

這並不是說她沒有創作。十六歲時，她已創作了一百五十首歌，包括她首張專輯中榮登排行榜冠軍的每一首單曲。她創作，且創作來自內在自我。但她並不相信它，導致她生命中一段破碎時期。

「當你只為陌生人的認可而活時，當你把所有快樂滿足都建立在他人認可時，一件壞事就可能讓一切崩潰。」

這部電影探討了崩潰是如何發生以及何時發生在她身上的——飲食失調，完全退出事業，在大眾面前消失——泰勒絲做了反省，「我必須解構整個信念體系，才能保持個人的理智。」

這部紀錄片其實要告訴我們，野心和觀眾可以與創造力共存——我們是包羅萬象、有各種面向的——但總有一種創造力既和平又純潔，是由個人擁抱自我聲音而驅動的。這聲音會嘮叨不停直到受到尊重，若忽視它，就容易對內對外產生懷疑，削弱任何外在成功的價值，直到它向創作者提出一個問題：如果覺得這份工作不合適，那它又有什麼重要的呢？

泰勒絲是最罕見的組合——天生就有說故事的能力，把它譜成音樂，用極細微的差別和天賜的聲音來表達它。看著她陳述一路走來的過程，對我來說最印象深刻的是她克服雜音的方式。她坐在鋼琴前，發想點子，引導它們，立即抓住又扔掉，然後被一種想大叫的必需性抓住、敲打、緊握：對了，對了就是這個、這個、這個！

二〇二〇年初新冠疫情瘋狂大流行開始時，泰勒絲悄悄地、沒有大張旗鼓地、基本上是祕密地錄製了她的第八張專輯《美麗傳說》（Folklore）。歌曲中對親密感的探索和曲調與她之前的作品不同。正是這樣的作品鼓動人們說藝術家「再次重塑自我」。「重塑！」這真是個可怕詞彙，我鼓勵大家從創造力的詞彙中將它抹去，因為這個字表示泰勒絲第一步想著手改變的是重新包裝自己。完全不是。她只是讓自己去傾聽那一部分的自己，更讓自己的那一部分在那個時間點、以那樣的方式表達出來。

關於創作者要學習傾聽自己聲音，我還可以貢獻一個我第一手採訪得到的偉大故事。創作《霹靂警探》（Hill Street Blues）系列影集的製作人大衛・米契（David Milch）之後又替 HBO 製作《化外國度》（Deadwood）一劇，這部西部片以南達科他州為背景，節奏流暢，敘事勁爆，挑戰道德底線，對白粗鄙直接，它像在電視放了一把火把大夥全炸開。我會不斷暫停、倒帶、暫停、倒帶，聽了一遍又一遍，才捨得換到下一幕，這舉動讓我太太氣到不行。我就像我兒子在 YouTube 看滑板運動員的影片或看柯瑞打籃球一樣，想搞清楚：這個人是怎麼做到的？這是多偉大的創作！

根據《紐約客》雜誌的介紹，米契得到超過一億美元的豐厚報酬。但文章也指出，他也因為好賭賠到傾家盪產——大約賠掉兩千五百萬美元，他很沉迷賭博，也吸毒成癮。他有很多點子，但並非所有想法在商業上都奏效。他也寫了一些並不成功的劇本，如《他鄉來客》（John from Cincinnati），一個發生在衝浪小鎮的故事，劇情圍繞著某個天真、如彌賽亞般的人物展開——但這部影集基本上失敗了。

然後米契得到阿茲海默症。二〇一九年夏天，他仍在病中，我和他通了幾次電話，談創造力。即使失智越來越嚴重，他仍然極力保持清醒，我必須注意他的精力有限，不可以利用他精神漸漸虛弱時問他一些……例如，那些引導性問題。在我們第二次談話，我覺得我得到世界頂尖說書人口中既精簡又原創的創造力守則，他說了一個關於他早年如何學會傾聽並相信自己聲音的故事。

「我有一個非常好的朋友，我們叫他小法官賈吉——因為他祖父是我們那州最高法院的大法官。」米契緩緩說道：「賈吉是個酒鬼，我們總在一起喝酒喝到爽。」

米契說話已有些結巴，而他的妻子麗塔在旁邊一起聽我們通話，在米契找到自己故事時一直鼓勵他繼續說——「迷失在回憶的叢林中。」他說。

「就在我們談話時，」米契告訴我：「我忽然想起我朋友的樣子了，裘蒂是我五十五年來見過最純粹的醉漢了。」——這時的他溝通毫無障礙。我們都是十四歲，就在賈吉家的地下室喝酒。

「我喝著蘇格蘭威士忌，而他隨手拿到什麼就喝什麼。」

米契的思緒匯流起來，發出想法了——至少感覺上是這樣——但這些想法也形成我無法辨認的形狀。他這些念頭是要通往哪兒去？

「我了解到說謊的技巧就是編故事。」他說：「這恰好跟喝酒有關。」

然後這兩孩子開始天南地北唬爛，男生不都這樣。聊天過程中，大衛覺得他的壓抑感下降了，就像他們喝茫了的時候一樣。

「它會帶給你一種秩序感，給你意義和存在感，就是這樣讓你覺得滿足。」他說。「在這裡我想用的詞是 relielf ——紓解，你與聽者建立了一種關係，在此原則下，你會感到紓解。這就是所謂的醉漢悖論（drunker paradox）[3]，在此原則下你與聽眾建立了關係——但事實上可能與你們之間真正的聯繫狀況完全不一樣。」

兩個男孩你一言我一語，天馬行空，有時那些事根本就是瞎掰的，但米契感到紓解。他說：「如果你覺得那個和你在一起的人是朋友，且兩人的交流對彼此都是慰藉、秩序和快樂的泉源，那就差不多對了。」

米契說著說著，我聽得出來他內心的敘述者正建構出一個結論，他就快要說出來了。他告訴我，時間過去，他學到創造力就像他在和賈吉喝酒瞎扯淡時學會的那種無拘無束的表達。

「你不知道你接下來會說什麼，但你相信自己無論如何就是會說出個什麼。這是友誼的構成要素，靈感也是這樣的。當你把這些全兜在一起，你就贏了。」

靈感的核心要素值得再說一遍：你不知道接下來會說什麼，但你相信自己無論如

3｜譯註：此句引自邏輯推理中的「飲酒者悖論」（drinker paradox），此命題是，若說酒吧裡有人喝酒，可以推論酒吧裡的人都有可能喝酒。作者意思是，若我喝醉了，大家都可能跟著我一起醉。

何都會說出個什麼。

這是最根本的形式，就是聲音。你的聲音。

最重要的是，我所指的聲音並不是某種單純的形式，不一定是科學家、說故事人、音樂家、企業家、政治家、老師。我所謂深刻的、個人化的聲音純粹只是大腦吐出來的想法，然後這想法可以不加評判地被你聽到。它們多半不是完整的想法，而是突然冒出的訊息、感覺、字詞和語句，不太可能是完整句子，更不用說一些段落或完整想法了。它們是種子，是你的種子：他們就是你。

就像史普林斯汀（Bruce Springsteen），我從沒聽過有人像他一樣能如此自由自在地擁抱自我與捕捉自我的啟示：他是具有真實自性且充滿原始情感力量的桂冠詩人。

他的紐約百老匯現場秀一演數年，在演出時他談到一個特定的時刻，一個「一如往常的星期天晚上」，就是這時刻幫助他踏上聆聽自己聲音的道路。他引用《聖經》的話語、帶著他的謙遜和幽默感，開始說出他創造力湧現的故事。

「一開始，水面上是巨大黑暗，」他在小劇場對觀眾說：「日子是毫無生氣吸走一切的黑洞——做功課、上教會、上學；然後做功課、上教會、上學校、吃青豆、吃青豆，吃他媽該死的青豆。」然後，他說，出現了「一道耀眼的神聖光芒……然後，出現一個如此新穎獨特的新人類將世界一分為二。」史普林斯汀還是新澤西州小小一屁孩時，他曾在「艾德蘇利文秀」見過貓王。「突然間，新世界誕生了。」史普林斯汀停了一下，「對腰帶以下的那個」，又停頓了一下，「還有在你心上的那個。」

他繼續說：「一種更自由的存在在美國各地毫無準備的家庭中爆發，就在一個普通的星期天晚上，世界他媽的一下變了，你要做的就是去嘗試做真實的自己。」

這就是你的創意香料架，是你獨一無二的部分——它看起來並不太難親近。如果某人打從一開始就受到鼓舞，使用這些調味料會更容易。請不要誤解史普林斯汀故事的真意。他也必須為聽到自己聲音而奮鬥，正如他在獨白中滔滔不絕地描述了他是如何與父親的譴責聲量搏鬥的。他在接受《浮華世界》採訪時，被問到他的父親是否曾對他說過他愛他。「沒有。」史普林斯汀回答。但只要史普林斯汀跟他說：「愛你喔，老爸。」他也就會應個：「嗯，一樣啦。」

史普林斯汀學會擁抱自己的聲音，也學會辨認他內心包羅萬象的自己。「無論你是誰，無論你去過哪裡，它永遠不會離開你。」他接受《浮華世界》的採訪時這樣說：「我總是把它想像成一輛車，每個自我都在裡面，新的自我上車了，但舊的自我永遠不會下來。重要的是，在那個時間點是誰把手放在方向盤上？」

他作品的豐富內涵說明創作者的樣貌，他會是：一個學會傾聽內在不同自我，也知道在不同時間該讓那些自我發揮作用的人。

這些都是了不起的創作家，透過他們的話語，還有我自己不足道的經歷，這些在在說明，掙扎是讓自我破繭而出終究得到創造力的重要一步。平心而論，在一個要求跟隨大眾聲音的世界，要聽到自己的聲音需要付出努力。

我還要提醒，無論是不是創作者，每個人都在掙扎，而創作者只是更能大聲地描述旅程的一切。因此，反正都要受苦，不妨從中得到一點好處——把你自己的調味架好好誠實地算一算。

但還有一個更基本的問題：人真的需要這般掙扎才能聽到內心的聲音嗎？要去創造力的目的地，必先穿過痛苦之城？這樣的假設是對的嗎？

答案簡單明瞭：「不」。

一些創作者幾乎不需要經歷痛苦就能找到自己的聲音。不需要拚死拚活地戰鬥，不需要與靈魂攤牌凝視自己的恐懼，也不需要患上飲食失調症，更不意味人生必須分崩離析。

那是因為他們通常沒有遇到獅子。

7 聲音響起

危機四伏。我迎向前去——死亡、逝去的愛、失去的機會，酷刑似的物質困頓，還有疫情大流行和系統性的種族主義。但它們是不同的，有些威脅對我們的生存具有真實明確的危害，它們與那些被我們想像出來、召喚出來、吹噓出來的較小威脅兩者間存在很大差異。而這些小威脅就是傳聞中的獅子，是我們想像出來追著我們跑的恐怖；是束縛我們、讓我們生活在恐懼中的原因。它們會干擾創造力。

但只有它們出現時，許多創作者才會學習去聽，也才聽得到自我的聲音和衝動，不帶批判，也不擔心想像出的威脅大於真實。在這一章，我想帶你了解如何毫無畏懼地去傾聽。

為了了解這過程，我求助於這領域的世界級專家，心理學家艾瑪・賽佩拉（Emma Seppälä）。我翻看日曆，查到我們從二〇二〇年一月下旬開始進行訪談，那時正是新冠疫情的威脅隱然可見卻仍然遙遠的時候。到了二月初，《刺胳針》（*The Lancet*）出現一篇論文，描述有四十一個人送往武漢的一家醫院，然後《美國新聞與世界報導》以頭條新聞報導：**新冠病毒出現人傳人的可能性風險：中國官方消息**。

即使如此，當我與賽佩拉在冬季末進行訪談時，談到的真正威脅少，更多的是傳聞中的獅子。它們困擾想像力，進而干擾創造力。這是她在研究波灣戰爭退役軍人後所支持的論點，但奇怪的是，她研究的對象都是患有創傷後壓力症候群的退伍軍人，賽佩拉卻可依照與他們合作的經驗，提出一套完美方法解釋人在創作者現形、開始聽到自我聲音，繆思出現時的情緒及生理反應。

賽佩拉一開始就跟我講了一個故事。

她說，幾年前她訪談過一位打過阿富汗戰爭的老兵。打仗時他在情報部門服役，做的就是逼供，從戰俘身上挖消息。

「我很行，」他跟賽佩拉說：「被我拷問的人直接拉在褲子上。」

也許他做的事都是必要之惡，但遇到生病時，必要不是重點。這位軍人回家後和許多服過役的人一樣，他的經歷讓他處於無窮無盡的恐懼。大家都說他做得好，但他感到非常困惑，他自殺了，被之前自認必要但完全不人道的行動壓垮了。

「我晚上睡不著覺，只是躺在沙發上等天亮。」他告訴賽佩拉：「我吃安眠藥，但它只會讓事情變得更糟。」

他找對人了，賽佩拉在史丹福和耶魯大學工作，對治療退伍軍人的壓力後創傷是專家。她在這領域獲得的經驗已讓她得以與世上最大的公司合作——Google、Apple、

Facebook、安永會計等。她幫助人們找到內心平靜，提高生產力，最終變得更有創造力。而超越錯置的恐懼和變得有創造力這兩個想法是緊密相關的，賽佩拉藉由真實故事和大腦科學展示這一點。

以曾在阿富汗服役的情報員為例，賽佩拉觀察到他學會了呼吸。我的意思是，他當然知道如何呼吸——我們都知道——但他不知道如何以賽佩拉研究出來的方法呼吸，這種方法具有極大力量能改變大腦處理訊息的方式。

賽佩拉教給研究對象的呼吸方法是有特定重複週期的韻律式呼吸，呼吸的影響可使大腦快速進入冥想狀態。不經幾次訓練之後，這名退伍軍人開始產生顯著變化，他開始以新方式體驗他的記憶。具體來說，他的記憶並沒有觸發體內稱之為「交感神經反應」的特殊反應。

交感神經反應是當人們面臨危險威脅或**感知**到危險威脅時，身體激起的原始反應。但很明顯地，真有威脅與感知到威脅是兩件截然不同的事情：某位士兵在阿富汗街頭檢查路邊炸彈時受到炸飛的威脅，和這位士兵與從阿富汗回家、坐在客廳、聽到外面汽車喇叭聲，就生出炸彈爆炸的恐懼，鑽到桌子下躲避是不一樣的。

思考這種狀態的另一種方向是一句非常古老的術語，它適用於我們所有人，而不只是那些經歷急性創傷、就如戰爭的人，這說法非常適當地將威脅與獅子進行類比。

在過去，如果人類祖先受到獅子威脅，會引發身體強烈的「戰鬥或逃跑反應」（fight-or-flight reaction），也就是交感神經反應。若直接用生物學的術語來說，就是身體大量釋放可提供短期能量的賀爾蒙：腎上腺素增加，注意力增強，心跳率和血壓升高。在緊要關頭，這些都是好東西。但就像你想的，這些爆發式的好處如果持續下去可能很危險，甚至會致命。這些化學物質使人難以入睡，抑制免疫系統，並把所有關注焦點都放在外部威脅或假想威脅上。

當你面對一頭真正的獅子，這個反應是很必要的妥協。但當威脅不是真實的，只是你感知到的，或當身體的原始反應超過了威脅的嚴重性時，狀況就不是如此了。例如，老闆打電話來，你甚至在不知道電話內容是什麼前，就經歷荷爾蒙的強烈震盪，以致把這段談話感知為比實際情況更大的威脅，戰鬥或逃跑反應變得更加激烈。同樣的狀況可能發生在你與配偶的爭吵上，或是你看到孩子成績平平，你有幾天生病沒去上班，或只是開車超速被攔下。

這些威脅或許有嚴重後果，但通常的情形是我們過度解讀，把威脅看得比實際嚴重。狀況是沒有獅子，甚至連小獅仔都沒有，但身體的古老系統仍然啟動作用。部分是因為就算威脅的性質發生改變，我們古老的身體機制仍基本保持不變。身體的演化時間還沒有久到讓我們面對可能無傷的低級威脅時，身體作用還能保持在恆定的中間地帶。人們因為擔心而變得過度緊張，強化了與實際威脅不成比例的交感神經系統反應。

這導致無法拿捏輕重，喪失分寸感。意思是：經歷交感神經反應的人會把真實威脅看得比實際狀況更嚴重，對於那些可能根本不存在的威脅，他們也能感知到。

賽佩拉和其他研究者提出一個假設。他們問道：當這個強大的原始系統開始反應不良時，要如何讓它短路？換句話說，他們想把對威脅的感知和交感神經反應區分開來。如果退伍軍人聽到的只是喇叭聲而不是炸彈身體會怎樣？因為沒有獅子、也沒有炸彈，只是喇叭，有沒有可能不要觸發遇到獅子會發作的身體反應？

這就是賽佩拉和其他研究者利用呼吸及其他正念技巧展示給我們看的。

只不過進行簡單的呼吸練習幾週，退伍軍人開始改變生理反應以及對威脅的感知。交感神經反應被干擾了，特定的方式呼吸減緩了荷爾蒙釋放，從而阻止戰鬥或逃跑反應的作用。

然後，受創傷的軍人就有時間評估實際情況，並且對實際威脅進行校正。突然響起的汽車警報聲或砰一聲的關門聲不會激起他的交感神經反應，身體會無視這種情況，且能看出外部威脅的本質：那是無害的噪音。

研究指出，這種策略會因為練習時間增多而積累，到最後即使軍人沒有進行呼吸練習，身心也會平靜下來。但這並不表示退伍軍人抹去了困擾他們的可怕記憶。而是他們已能將過去和現在分開。

曾因逼供而受創的退伍軍人告訴賽佩拉：「我記得一切，但我可以繼續前進。」他也開始睡覺了。「我可以不吃藥就睡著，甚至在想起要吃藥前就睡著了！」他興奮地說。賽佩拉表示她和同事的研究對任何人都適用。

這些概念與創造力密切相關。

「如果你想創新，你需要心理安全。」她表示：「無論是在工作還是在家裡，你都需要有安全感。」

安全？這是什麼意思？

安全意味著這個人就算身處各種狀況也不會感到來自外界的威脅。對獅子、配偶、老闆不會有如此大的恐懼，也不會那麼害怕外界對你的評判。這一切的盡頭都指向這一點。雖然我們大多數人都幸運地沒有經歷過戰爭創傷，但我們都經歷過被評價的創傷。這件事從很小就開始了，甚至對一些人來說這種現實是青少年時期的本質，而我們大腦的反應恰恰是退伍軍人大腦的反應：本能出現戰鬥或逃跑反應——甚至當自我想法發出聲音時，我們的身體也出現如此本能。

嘿，你這樣……

很笨。

嘿，你那樣……

好愚蠢。

我想寫一本書……

看來大家都會討厭這本書。

我有個做生意的點子。

在它讓你看來像個白痴前收手吧。

當你提出的想法越自我，交感神經的反應就會更明顯。這在藝術、科學或商業範疇中都一體適用——某個暴露**你的**期待、渴望、恐懼、愛、熱情的想法可能是最可怕的，因為對這個想法的評價就像是對**你**的評價。

然而，這就是讓這個想法特別、獨一無二、強大的原因，它是屬於個人的，沒有外界雜音的聲音。

「你必須擺脫束縛。」金慶熙這樣說，她是我在前一章介紹過的威廉瑪麗學院教育心理學教授。

她對這個主題也做了極有創意的研究，但我必須承認我不太確定她為什麼會得出這結論，儘管她提出強有力的陳述：創造力與性之間有相關性。

金慶熙根據收集的資料表示，諾貝爾獎得主與性態度具有相關性，他們更能接受性自由與性實驗。以色列、瑞士和美國等國家的諾貝爾得獎者比例很高，同時，這些國家對性實驗和同性戀者也表現出更大的接受度和包容性。我不太願意評論她的研究，只是想說，至少，她的觀察與我介紹的其他研究在結果上是一致的，都贊成解開束縛，顯示創造力與創造快感是建立在接受和擁抱自然天性的基礎之上。

既然談到性和壓抑的話題，我不妨簡單提一下藥物在創造力爆發上的角色。許多人聲稱嗑藥能幫助自己聽到自我聲音並發揮想像力。它真的有助益？

還有誰能比我在前言提到的桑塔納更適合討論這個話題，他不但是音樂界的傳奇，也是嗑藥圈的傳奇。是呀，他創立自己的大麻品牌。我在二〇二〇年一月和他討論這件事，一樣，那時正是新冠危機伺機待發的時候。當時，他和我談到大麻擴展思維的力量，以及這個想法對他以及同時代的創作者，如披頭四、克萊普頓（Eric Clapton）、漢崔克斯（Jimi Hendrix）等人來說有多麼重要。

他表示：「用藥有助於打開感知之窗，讓想像力的信念通往未來的大門。」就他而言，用藥幫助他轉變為相信自己的人。「有一種聲音是：『我好弱小，我只是受害者，我能做什麼？』它讓你遠離這種聲音，我當時抽大麻，它讓我意識到我可以靠我寫的音樂維生。」

但當我追問桑塔納，他承認他在一九七二年到一九八二年間已經完全停止吸用大麻，那段時間他仍然非常有創造力。他說他找到不同策略：冥想。「冥想讓我比用世上任何毒品更嗨。」他說：「它讓你清清楚楚地進入你的內在。」

之後他又回到定期使用大麻的日子，但他說，那對他來說是通往冥想「狀態」的捷徑。

這是他個人的看法。

對於這個問題，科學界並不支持用藥與創造力具有相關性的論點。二〇一六年，《國際心理健康與成癮期刊》發表一篇綜合研究報告，論文主題在討論毒品對創造力的影響，文中研究了之前的各項報告及主要著作的論述。這篇文章得出結論：「這些研究無法顯示用藥可直接促進創造力的增長或促進有創意的藝術過程。」

對於想創作的人來說，甚至性壓抑的情形也是，用藥只是不合規制、缺乏從眾的一些安慰。但它從未被證明是通往潛在心理與生理機制的大門，無法藉此養成創意思維。

同時，賽佩拉的研究指出，安全感可以激發創造力，而它來自消除被日常創傷激起的本能反應——也就是消除因外在評價產生的隱性恐懼。這就是為什麼點子總在淋浴時或開車時想到，當一個人解除武裝、沒有威脅、感到放鬆時，就會出現點子。賽佩拉表示，早期的神經學研究支持這樣的觀點，偉大想法誕生於「清醒但超級放鬆且心念天馬行空的時候」，這也是大腦產生 α 波的時後——這是介於清醒與睡眠間的狀態。在那裡我們不怕外界批評，不會武裝自己。

「創新、創造力、直覺——這一切都來自超越理智的地方。」賽佩拉表示：「一旦你出現創意點子，智識才會有用。它們才可以幫助你把創意表達出來。」但首先「你的大腦必須準備好產生想法。」

還記得四年級低谷的說法嗎？

啟動大腦的方法是剝除它在長成期間形成的死板教條和外部雜音。然後，隨著年齡增長，培養各個領域的專業知識；無論這些知識關乎個人嗜好還是工作。知識工具的真正力量會用在創作；創作那些真正自靈感而生的作品，盡可能讓它維持原貌。依照賽佩拉的想法，啟動大腦，就是給它 α 波——創造睡眠和清醒之間那一刻，像是淋浴的時候——給它一個靈感爆發的機會！

約有幾十種技巧可以讓你完成這項任務。但這本書不是我先前提到的那種自我成長書，所以我不會深入討論細節。

但有一些方向，如某些 app 可以提供冥想指導，還有一些 app 提供下雨的聲音，有些人則專注呼吸。這些練習都是我慣常在做的，當我吸氣時，我會專心想著「吸入平靜」，而當我呼氣時，我會想著「呼出壓力」或「呼出恐懼」。

或者在呼吸時我會計數，一般我會數到四，然後又從一開始。若我心思特別混亂，想法像萬馬奔騰似的，我會數息呼吸二十次。若我覺得我腦海的雜思已經凌駕我數息的數字，讓我無法專心時，我就會從一開始再數一次。一段時間後，通常不需要太久，我就能呼吸時專注數息。

這些小技巧不會讓人麻木或變笨，不會讓你遠離自己，也不會削減你的感受。它們會幫助人去感覺、去經驗，讓想法和靈感間建立聯繫，而不會覺得受到威脅，變得麻木。

採行這些小技巧還有另個重要原因，它們會讓感知變慢，讓創造者藉此機會評估資訊是否有價值。

人們總說：「日子過得真快。」不免語帶感嘆。但事實上，我不確定是否每個人都這麼介意。時間流轉得越快，我們越是奔波茫然，越是容易忽視真實自性的感受、情緒、糾結，或者那些可能造成短期傷害的想法和對假想獅子鋒利爪牙的恐懼。我在這裡提出的假設並不是瞎說的，對於資訊混亂以致感知無法正確取得的問題，我曾寫過相關報導，更以此主題寫過一本書，所以我知道當混亂資訊在瞬間迅速出現在移動裝置時，它會占據你的心神，甚至讓腦子一片空白。

沒有獅子，只有寧靜，只有那份因寧靜而生的巨大價值，讓人們聽到真實感受和情緒，不用擔心那份真實說了什麼。

放慢腳步，傾聽自己聲音，這關乎各種藝術表現形式，是藝術的原始情感與組成元素。但不僅如此，它也適用於科學、邏輯，甚至戰爭。

心思放緩時，創作者就能獲得更純粹的資訊，汲取元素後，用來提出更貼近真實自性、更具體、新穎、有趣、有創意的解決方案。讓輸入資訊維持一定比例，不僅利於創造；也能讓創作與他人產生共鳴。

為什麼？

因為當作品按照現實世界的輸入比例創作出來時，這樣的作品才會與我們有最深層的聯繫。這通用於商業、藝術、公共政策，甚至連作戰都是如此。

我從陸軍中將皮亞特（Walter Piatt）那裡得知這些技巧的強大，皮亞特將軍任職美國五角大廈，為現任陸軍參謀部主任。他是獲頒勳章的退役軍官，曾是駐伊拉克聯軍的指揮官，領導陸軍向來自傲的第十山地師。這些頭銜無法完整定義他，他不受社會成規約束，還是詩人，也是作家。

「最近有人問我，士兵是否叫我『月光將軍』。」我之前為《紐約時報》寫專欄時採訪過他，那時他這樣說。那篇文章寫的是：軍中正推廣深呼吸、冥想和其他正念

（mindfulness）技巧。「人們對這些技巧有成見，認為它們會讓人變得軟弱。不是的，這些技巧會讓你變強。」

那篇文章發表於二〇一九年四月。不到一年後，就在新冠病毒即將攻擊全球之前，我再次聯繫了皮亞特將軍，告訴他我正在寫一本關於創造力的書，想請教他是否認為正念和創造力之間有關係。

「有很大的關係。」他說：「正念讓你看清事情的真實面目，而不是讓你看到那些教你一定要相信的東西。」他說：「我在五角大廈總有如此體會。」他說在五角大廈工作的人都是非常聰明的人，但明顯帶著被既定觀念約制的想法或恐懼。「有人籌畫出最棒的計畫，但讓所有人都失望。」他說，要有創造力，「你必須思想開放。」

這本書寫到現在，我已經描述了在各領域不同的創意思想家。我試圖展現創作者面臨的障礙，以及他們如何學會聽見真實天性發出的聲音，以及如何擁抱內心包羅萬象的自己。

但總有人天生就有這本事。他們被自信和謙遜這種罕見的品格組合教養成人，以致相信自己而不傲慢，皮亞特將軍給我的印象就是這樣的人。但即便是他，也要學習利用增強創造力的技巧，一方面增加自己的創意功力，傾聽自己的聲音，更能不顧外界批判，連接各面向的創意點子。他在戰爭迷霧中做到這一點，他傾聽想法和靈感，就像他對手下士兵說的那樣，「在不殺一人的情況下，贏得這場戰爭。」

他告訴士兵，他的觀點是，創意會使他們「透過解決衝突的根源，找到獲勝的方法」。

他告訴我：「戰爭，是人類最糟糕的創造。如果你築起包住情感的盾牌，就會迷失自我。」

我要來說一說他的故事，因為這個故事不但可驗證我之前陳述的科學，還可以涵蓋我書中沒寫到的知識，適用於還沒開始創造、仍在醞釀和已經開花結果的創作者。

皮亞特於一九六一年出生在賓州匹茲堡，「因為我想跳傘，所以就去從軍了。」到了二〇〇三年，他派駐阿富汗擔任軍隊營長，當時他曾與手下的中士進行談話。那時他們剛剛經歷「艱苦戰鬥」才拿下一個村莊，但這位士兵很痛苦。他開始吐露心聲。

「他感到仇恨，對敵人不人性。」皮亞特告訴我：「這位中士是好士兵，是個好人，也是基督徒，是上帝忠實的信徒」。但他卻說：『除了恨，我什麼都感受不到。』」

「我那時準備好一堆大道理想開導他。」皮亞特告訴我：「但在我開口之前，他說了：『但你喜歡他們，不是嗎？』」

「這真的讓我情緒和想法一下子湧上心頭，因為一部分的我確實如此。我可以看到人性的一面。或許我的恨不夠深，不足以讓我帶領士兵，下令殺死我的敵人。」

皮亞特寫下他的想法。他說他盡量不加批判。「我切切實實地感受到一切。但我沒有錯亂，我沒有試圖解釋它們，只是接受。」

他寫隨軍日記，作為他戰鬥的一部分，堅持不築起情感盾牌。他擔心這副盔甲會讓他喪失對生活的深深感激，即使衝突是全面的。

創意行動隨之而來。

不久之後，皮亞特和幾名士兵在行車途中被一名衝來的小男孩丟了一枚手榴彈。全員平安無事，男孩逃了。軍方命令當地村民把人找出來負責，村民將男孩和他的父親帶來軍隊，告訴皮亞特：「男孩太小了，我們把他爸爸交給你。」

「我在那個男人身上看到我自己父親的樣子。」皮亞特說，他沒有下令把他抓起來懲罰，而是要這男孩去見見那位被他手榴彈直接瞄準的士兵。士兵和男孩家人開始對話，真相大白，那男孩扔手榴彈的原因是極端份子告訴村裡的小孩，如果他們不加入戰鬥，就要把他們從家人身邊帶走，送進宗教學校去。

之後軍隊換防，皮亞特和他的連隊進駐更遠的地方，基地位置靠近敵方陣營的一個村落。為了與那個村落保持安全距離，他們把營地用鐵絲網圍起來。有人來報：鐵絲網圍籬把一隻吃草的羊給纏住了。按照標準作業程序，外面守衛扣留了牧羊人男孩。指揮官皮亞特得到報告上前探問。

「我們抓了那個小鼓手，」這位前作戰指揮官告訴我：「那男孩嚇死了，羊被鐵絲網給拴住了。」

一個更大的問題浮出檯面。那片草地是村民放羊的地方，但交戰規則禁止他們靠近。皮亞特指揮官讓他的心念神遊片刻，把問題裡裡外外想得通透，突然想到一個主意：他讓軍隊買了羊、驢和駱駝，把牠們放在距離鐵絲網旁最近的土地上吃草，並與當地人商量，請他們去比較遠的地方放牧。這位將軍說，阿富汗人尊重軍隊把這片土地拿來放牧「最終一定會留給他們」的動物，靠著這種簡單方法，和平誕生了。

一直以來，皮亞特都在寫故事和詩，創作不輟。他的創造力發揮在紙上也在戰場上，搏鬥的對象都是複雜的想法。然後他發現了一個小技巧，他相信這種技巧可大大增強他的功力，讓他能更清楚地聽見自己，也聽到別人的聲音。

二〇一〇年，科學家向皮亞特介紹「正念」的概念，因為他們想研究這個技巧是否可以用來幫助士兵。如果軍人學會了正念，他們會不會在生死關頭更能看清楚事況？應該開槍嗎？應該做出反應嗎？還是應該克制自己？

皮亞特天生就有愛嘗試新事物、願意讓創意發揮的特質，他表示，他找到了改變人生的技巧。「它讓你不被評判束縛、專注在什麼是真實的和當下的。」

他每天練習呼吸，每天呼吸八分半鐘，在這樣的規律練習後，他看到了成效。舉例來說，他想起他在伊拉克當指揮官時發生的事。當時他預定與當地某位掌握權勢的部落領袖會面，他早就知道那是一場要小心應對的會面。在他坐直升機去開會前，坐在棕櫚樹下進行深呼吸練習，就是賽佩拉說的呼吸法。他說，這段過程讓他清除心中預想和外界的聲音，讓他能夠不帶成見地傾聽。

會面時，他感受到他以自性應答問題，也感受到部落領袖對他們的賞識。

他說：「我沒有記筆記，但我記得她說的每一句話。我並沒有急著回應，只是傾聽。」當部落領袖說完後，「我才回應她說的每個細節，有些也不得不讓步。我記得她臉上的表情：這是我們可以合作的人。」

僅在幾年後，皮亞特就進入五角大廈，身居要職擔任美國陸軍參謀部主任。他在社會騷亂、人民入侵首府時擔任這個職位。對於那段時間的挑戰，皮亞特準備寫首偉大的詩作為紀錄。

藉著皮亞特的故事，我想強調的觀點釐清了：創造者需要時間養成，無法一蹴可幾。就算有些人已經準備好了，可以擁抱真實天性，可以立基於內在自我的多重面向，就算對他們來說，還是有些技巧和情況可以放大加速他們的創作功力。這位將軍還強調了一個重點：聽到自我聲音的方法是讓周圍的白噪音安靜下來。那些從網路傳來的尖叫聲、先入為主的僵化觀念、那些教條以及根深蒂固的觀念，要知道想法和感受是不受限制的。呼吸、清空大腦的雜音可以讓自我的聲音穿透，讓你內在包羅萬象的自我一起合作突破。

這不是唯一的技巧，也不是旅程的終點。自我聲音和想法往往不是一回事，想法會飄來盪去。發現它們的方法——或更確切地說，發現你內心深處的方法是「心智漫遊」（mind wandering），但這並不像聽起來那麼容易。

8 心智漫遊

在我突破自己開始聽到靈感的多年後，我回顧了我的童年，發現我一直在寫故事。很多讀者可能也是這樣，它通常發生在床上睡著前。

人們會想東想西，開始說故事給自己聽。例如，在我十歲左右，我經常躺在床上幻想自己站在體育用品店，手裡拿著五百美元。在幻想世界，我必須在一小時內花光這些錢，我推著手推車沿著走道狂拿東西；拿了球、手套、籃球架和其他我家人買不起而必須放棄的東西。

後來到了青少年時期，我有幾年經常假想戰爭爆發。我會躲在小屋裡，全副武裝，在牆上精心挖了一個射擊孔，試圖隔著它幹掉大批敵人，貢獻一己之力救國救民。

我發現在某種特定情況下，人會開始接收大腦深處隨機傳來的輸出。想法是從那兒傳來的吧，如果這些輸出可以在不受批判、沒有恐懼的情況下出現，那就是想法的來源吧。如此，我放鬆，讓自己達到半睡半醒的程度，根據定義，這個狀態的我應該就是未經過濾的我吧。

我提這些事的原因，是讓讀者把它與睡前大腦的神遊聯想在一起。我指的不是睡

4｜譯註：目前科學顯示大腦在不執行專注性任務時，腦部活動會回歸「預設模式網絡」DMN（Default Mode Network）。也就是放空時，DMN 會自然啟動。在此模式下腦部各區自由聯繫，此時的心智活動稱作「mind wandering」（心智漫遊，也作心智

前煩惱現前的情況，而是心念自由流動，感覺更像乘著魔毯，自由自主行動。

這類的心理體驗或練習建築在我前一章所描述的頭腦清空練習之上，不帶評判、在冥想放空階段出現的「心智漫遊」[4]。

這對創造力有好處，科學是這樣告訴我們的。

二〇一七年有一篇突破性研究顯示，只要簡單做到「心智漫遊」就能產生創意。這項研究選了兩組人做實驗，一組是五十三名專業作家，另一組是四十五名物理學家。每個實驗對象都要做一份電子郵件問卷調查，內容是調查這些富有創造力的思考者什麼時候創意最豐富？這些創作者每天晚上都要把這份問卷調查寄回去，描述他們當天最有創意的想法，然後回答幾個追蹤問題。

「當你想到這點子時，你在想什麼？」選項是：「我那時在想一些與我通常在想的事物或問題無關的內容」或「我那時正全神貫注想我通常在想的事物或問題」。

第二個問題進一步探討：「當你想到這個點子時，你在**做**什麼？」（為了強調和釐清，我把「做」標成黑體字）。答案包括「努力做工作」，或「努力追求另一個與工作相關的問題、企畫或點子」，或「做一些與工作無關的事（例如，支付帳單）」。

這份研究還要求參與者對創意靈感的性質做評分：這是令你大叫的驚喜時刻嗎？可回答「是」或「否」。同時也要評估點子的重要性，從「低」到「極重要」，由一到

游移），意指「漫遊的活動心智」。人會覺得腦中思緒紛飛，出現各種感覺、記憶、各類訊息互相連結。研究顯示藉由冥想靜坐等「正念」（mindfulness）方法，較能清楚感受 DMN 出現的念頭，甚至可理出邏輯，一般認為此系統與創造力正向相關。

七來給分。也要評判這個點子的創意程度，從「略有創意」到「極有創意」，一樣按七等分排序。

直接說重點：大約二十％的創意點子是在心智漫遊的時候產生的，且是調查對象沒有做手邊工作的時候。值得注意的是，心智漫遊時出現的點子品質較高，有二十六％的點子為受試者認定的「僵局」提供了有創意的解決方案。

「這些發現提供第一手直接證據，說明有相當部分的創作者在進行特定形式的心智漫遊期間會產生好點子，也就是在無關工作、不刻意去想的心智漫遊時。」

此外，研究人員歸納表示：「對於這些在心智漫遊時出現的靈感，受試者會用「更強烈的『啊哈』驚喜時刻來描述。」

當然，這也表示有很大一部分的想法是調查對象專注於目前工作時產生的——大約有八十％的點子都是透過這種有針對性的努力而產生。這篇研究報告的作者之一是強納森．斯庫勒（Jonathan Schooler），他是研究心智漫遊與創造力間有何關係的重要科學家。即便如此，他仍然對這個結論感到驚奇。

人們在「不積極努力思考時是有創造力的，如在淋浴時、做園藝時或付帳時。這些時段和工作時一樣富有創造力，這非常令人吃驚。」他說：「居然有很多事情是你不努力刻意做，卻能做得一樣好的？」

我問斯庫勒，他是否可以提供具體例子說明心智漫遊現象和創新解決方案間的關係。他說：「典型的例子就是舌尖現象（tip-of-the-tongue）。」當你明明記得某人的名字卻一下說不出來，你越努力，就越焦慮難受。「只要你放空，這個記憶就會來找你。」

還有人喜歡聽偉大發明家的軼事，斯庫勒為他們講了達利和愛迪生的故事，他們在尋找創意時都「偶然使用了類似的」技巧。這兩位大創意家手裡都習慣拿著東西，達利拿的是湯匙（還能有什麼！），而愛迪生拿了小鐵球，手上抓了東西才去睡。當他們打起瞌睡就要進入夢鄉時，手上東西會掉到地上吵醒他們，此時「兩人都想到了好點子。」

斯庫勒把這段時期稱為「迷離狀態」（hypnagogic state），一種介於睡著和清醒間的精神狀態，並將這段時間定義為「介於有意識和無意識之間的空間」。

這就是心智漫遊的場域，或者換成一句大白話：做白日夢。在醒著和睡著間，在有意識和無意識間。

聽聽當代天才展示現實世界的現象是很有趣的。

普立茲獎得主特魯多（Garry Trudeau）是連環漫畫《杜恩斯伯里》（*Doonesbury*，以及其他偉大作品）的作者，他就跟我說過，放空的頭腦對他的創作有多大的價值。她的妻子簡保利（Jane Pauley）也這樣認為，她是電視台當家主持人，更是極有創意的作家。

「我的創意發想會在起床後立刻去淋浴時最強大。曾經有過只洗一次澡就把一整週的漫畫情節全想好的狀況，所以我總是把便利貼放在身邊。幾乎不費吹灰之力，故事情節和對話就跳進我的腦海，但我想這情況應該不太常見。大多數需要固定產出的作家似乎更喜歡早晨。當簡保利寫書時，會在醒來那刻直衝到電腦前『看看我的手指知道什麼』。她曾經用鞋匠做比喻——花了一整天剪裁皮革，第二天早上醒來卻發現精靈留下了成品。你可能知道科學研究對夜間睡眠作用的解釋，但看起來大腦並沒有在休息，而是在上夜班，乒乒乓乓把體驗碎片沿著大腦送來送去，以幽默的情況和意想不到的方式將訊息聯繫在一起。幽默的支撐點是驚喜——沒什麼比已經知道結局的笑話更令人失望的了——也沒有什麼比讓你大吃一驚的笑話更令人愉快的。我最喜歡的例子是脫口秀演員莎拉．席佛曼（Sarah Silverman）說的：「在這個故事裡，我最好的朋友是Black……」因此，對我來說，夜晚可重置我的大腦，更容易識別不協調的地方，並將這些不協調融入個性。」

特魯多也沒有忽視壓力對創造力的價值。但我個人必須承認的是，截止日的壓力會讓某些人的思想凍結。我一點也不喜歡這種經驗，覺得腎上腺素氾濫只會減少真實自我，出現急就章的點子；考慮到我們這個世界仍有截稿日的現實，只好推出那些暫時行得通且不得不的點子。我認為在截稿日前產生的想法最多只能達到B^+的成績，我向特魯多提到了這一點。

腎上腺素對我來說是創造的促進劑，它迫使我集中注意力，組織思想。當我在畫每日連載的連環漫畫時，一天天接近截稿日，每天都像是某個明確的日期，讓我知道我還有多久時間，要捱多久。在早期，壓力很大，因為我還在念研究所。但後來，我卻挺喜歡這種狀態的——它讓我的一天變得有意義。正如你說，壓力可能與品質管控有關，創意在當下接受壓力測試。由於我傾向在失序狀態中創作漫畫，所以很複雜。如果我知道故事情節的走向，有什麼想法冒出來我就會先把它們抓住，這會需要我重新思考之前的內容。如果先來的是星期四的點子，我會接受它，因為沒時間放棄一個好主意，之後再去擔心星期三該怎麼走。

飛到哪裡，做到哪裡，且戰且走一直是戲劇圈常做的事，像電影《選情告急》（Tanner [ʻ88]）的劇本就是即時編寫的，有時我會在拍攝前一天晚上才將隔天的劇本傳給現場製作人；而《宿舍保衛戰》（Alpha House）腳本僅在製作前的一兩個禮拜才交出去。畫連載漫畫的經驗讓我為壓力做好準備，一段時間過去，演員和工作人員就相信我一定能趕完。不管對不對，我都相信這些點子會奏效。我很少修改或重寫，回頭也不見得會把東西改得更好。這種特殊做法來自我多年畫漫畫的體悟，知道你不可能把每天的稿件抽回來改，你只有一次機會。我的朋友羅森布拉特（Roger Rosenblatt）把這種受截稿日驅策的工作目標定為穩定產出佳作。但對我來說，這種標準比實際狀況來說要求太高；大多數狀況我只能趕鴨子上架，做到不錯的程度。

所以事情就這麼簡單，對吧？

很不幸的，並不是。

研究心智活動的科學表示，人們不喜歡讓思緒在大腦無邊無際地亂飛。原因是恐懼，這是在創造力故事中出現一次又一次的相同主題，而且，再一次，它有科學依據。

二〇一〇年，哈佛大學有兩名研究者想探索人們對「分心」（mindwandering）[5]的感受和體驗。為此，他們從手機資料庫中尋找調查對象，每日不定時調查他們的作息狀態，然後收到二千二百二十五名成年人的回覆。

他們以簡訊詢問一連串問題，其中一個問題是：「你現在在做什麼？」參與者可回答從一到二十二任一數字，每個數字代表一種日常活動，包括——散步、工作、打扮／自我護理、做家事、照顧孩子、做愛。（我先釐清一下，這不是笑話，對很多人來說，做愛並不是每日活動。但不管如何，這本書並不是那種自我成長書。）但值得注意的是，迄今為止，做愛這項活動是研究對象最不可能分心的時段。正如他們所說的，他們有事要做。

5｜譯註；目前腦神經學對「分心」（mindwandering）的描述是人在從事主動性活動時，心思飄移到別處的現象。此時腦神經運作的區域恰與大腦預設模式（DMN）運作的區域類似，目前認為分心活動可以增加 DMN 腦區活性（甚至有一派鼓勵多分

但對於許多其他活動而言，情況就不是如此了。這個研究有個關鍵是，在統計結果中人們有極高程度、平均有四十七%的時間在分心想東想西，至少在做愛之外的活動都是如此。

研究發現：「研究對象在真實世界分心的頻率遠比他們在實驗室做出的結果頻率要高得多。」「令人驚訝的是，從事活動的性質對人們是否想東想西的關係不大。」

心智漫遊是一種自然活動，是連接思想的一部分，有時好像在做「時間旅行」。這種心智活動讓人們重構過去的事，並想像未來的事，這是一種人類深層的行為，據我們所知，這種行為不會發生在進化程度較低的動物身上。

研究還發現，這種活動無論多麼自然，都會讓人非常不開心。

這就是轉折點。

哈佛研究者提出的第一個問題並不針對分心而是情緒。他的問題是：「你現在感覺如何？」參與者可以用百分制回答，零分表示「非常糟糕」，一百分表示「太棒了！」。

然後接下去再詢問研究對象在做什麼以及他們那時候是否在想東想西，然後再問他們在想什麼主題內容。他們的心思是否飄向一個「令人愉快」的主題、或「中性」主題，還是「不愉快」的主題？

心藉此活化 DMN 腦區）。但一般認為，越努力操控越無法啟動 DMN。或說，若人在做主動性活動時若分心嚴重，嚴重到恍神、甚至到放空的境地時，則會啟動 DMN。至於是否可清楚觀察到 DMN 中「漫遊的活動心智」，則要看此人當時的狀態。

研究人員發現，分心時大約只有一半時間人們心思會跑到愉快的話題上，調查對象會說自己心思飄走時沒有比較快樂或更不快樂。換句話說，一個做愉快白日夢的人不一定是更快樂的人。

同時，調查對象表示，他們另一半時間（平均而言）的想法多徘徊在某個中性或不愉快的主題上。所以無論哪種情況，這些人都不開心。

研究人員寫道：「總而言之，人一定會分心，而這種心思飄移到別處的心智活動是不快樂的狀態。思考未來是一種認知成就，但需要賠上情緒作為代價。」

重點是：人們不僅在想東想西，他們還在憂心。當他們反思檢討自己時，心思就會飄到別處去。

斯庫勒在二〇一四年做過一項「迷人」的研究強化了這一觀點——在此脈絡下，「迷人」一詞可與「痛苦」一詞互換。這份研究的目的是想了解人們在獨自思考時的舒適程度，答案是：不舒服。事實上人們太難受了，以致寧願讓自己被電擊也不願意在房間靜坐十五分鐘。在這項實驗中，受試者獨自留在房間，裡面有個可以電擊自己的按鈕。這項特殊測試屬於一連串進階實驗的一部分，目的在探索人們在獨處只能思考時的舒適度，且實驗前發過問卷調查，受試者都表示他們寧願付錢也不願意被電擊。但是實驗顯示，六十七%的男性和二十五%的女性寧願電擊自己，也不願意靜坐十五分鐘。

有一種不那麼痛苦的方法避免人們想東想西，我們找東西娛樂自己。我們會播放節目或來回發送訊息，創造持續的刺激，讓我們的注意力略高於自我意識和發現的基線區域，但這可能是創造力的命脈。

這表示什麼？

有創造力的人學會不偏不倚全然接收漫遊的心智，讓想法從心靈深處湧現，有時候這些進入意識的念頭會變成種子成為有創意的解決方案。他們必須除去恐懼去創造，不然創意就會變成擔憂的源頭。在創造力的範疇中，恐懼不是創作者的朋友。

這是我一直在強化的想法。它有一個漏洞，我會在下一章描述。它恰如其分地命名為：恐懼。

有時，恐懼是創造力的重要促進劑，幾乎是獨一無二的發明放大器。

9 恐懼

寫到此處，我想解釋創造者出現的必要條件：無所畏懼地相信自己的想法和情感。但有時，恐懼是創造者最好的朋友。

有時，有獅子在比較好。

我在本章想要將兩種恐懼畫出明確的分野，一種是對自我表達及對外界評價的恐懼，這會使人軟弱；另一種是對真正威脅的恐懼。這些恐懼是人類之所以創造的最強動力。

例如，你必須把天花當成邪惡的、兇殘的、令人討厭的自然創造物。這是一股力量，幫助你做出更有效的創意反應。

僅在二十世紀，天花就奪去了三億人的性命，之前傷害的更是難以計數。它潛伏在人與人之間的每一次互動，咳嗽一下、打個噴嚏，每一次談話，在生活中的各個轉折點，它都讓人因恐懼而瘋狂。

幾個世紀以來，企圖阻止這種疾病傳播的想法有如離離原上草，春風吹又生，就連啤酒花和大麥都派上用場。根據歷史記載，十八世紀曾有醫生試圖讓病人在二十四小時內喝下十二瓶啤酒作為治療天花的祕方。其他方法包括小C的簡單應用，如窗戶一直打開避免傳播。最厲害的小C是「種人痘」，是讓沒有生病、沒有染上天花的人接觸成熟膿皰，感染少量疾病後，讓身體建立防禦能力。

種人痘並不一定有效，但它有個很好的理由：我們現在知道，若要疫苗有效，種下的必須是被弱化的病毒。利用施種疫苗，可以增強人的防禦能力而不會被擊垮。

我們從愛德華・詹納（Edward Jenner）醫生的大C創作中摸索到部分，當時他觀察到擠奶女工在接觸牛痘（cowpox）後就沒有感染天花了。研究到最後發現，牛痘與天花有足夠的相似度卻完全不同，可以成為疫苗給人接種。世上第一支疫苗就此誕生，這是受到恐懼的啟發。

然而，與靈感同樣重要的是體驗靈感的人——這個人必須具備某種特性，而我們現在知道這個特性對創造力至關重要。

詹納對任何事物都很好奇。他製作氫氣球、寫詩、愛音樂，在俱樂部演奏小提琴，研究布穀鳥且成果具有開創性價值，當庫克船長一行人從遠洋帶回大批動物標本時，詹納也去幫忙「分類」（上述關於詹納的小故事要歸功於來自麻省波士頓的里德〔Stefan Riedel〕博士，他收集醫學期刊上有關詹納的零散報導，整理出詹納小傳）。

詹納在五歲時成了孤兒。有研究指出，這種童年創傷（我之後會詳細說明）會讓他們思考事情與看待世界的方式超越同齡者。

在那個時代，重點是，當天花來襲，詹納怕的是人死去，但他不害怕嘗試。他進行觀察，傾聽自己聲音，想出新穎、有價值和令人驚訝的東西：來自牛的藥。

到了二〇二〇年疫情大流行，建立在詹納這巨人肩膀上的疫苗種類已倍數增長。人類可以對抗水痘、白喉、痲疹和腮腺炎、流感和小兒痲痺症以及其他。詹納的動機是恐懼死亡，他為之後奠定基礎，新冠爆發後，全球各地實驗室皆以創紀錄的時間將疫苗做出來，因為有他才有如此的創意爆發。

面對真實危險的恐懼並不會抑制創造力。問題出在一種特定形式的恐懼：害怕表達想法，尤其是那些自然出現的想法。這是恐懼和懷疑之間的關鍵區別。

懷疑會扼殺創造力，至少會抑制它。相比之下，創造力卻可以被恐懼激發——對想要的恐懼、對失去機會的恐懼、對即將發生或終究發生的恐懼、對安全的恐懼、對孩子的恐懼，這些是真正的恐懼。這些不是對自我表達的恐懼、不是對自我探索的恐懼，也不是讓你變得安靜沉默的恐懼，它們是有區別的。

「當你無法進入狀況時，恐懼可成為最初的動力。」這句意義遠大的話是備受尊崇的創造力學者貴格利．費斯特（Gregory Feist）慷慨激昂地對我說的。

這就是我對「需要是發明之母」這句諺語不表認同的原因了。這句話的言下之意是，創造力或創新的靈感起源於某種極大的需求或極度的渴望。但事實上，很多人就算面臨悲慘絕境，也不會踏上創造之路。有能力踏上創作之路的是那些能夠聽到自我想法並有能力追求自我想法的人。對此，恐懼的確扮有一定角色，但倒不如說它是創造趨力的加速器或放大器，給那些聽到自心願意投身創造的人一股更強大的驅策力，給他們一個理由和藉口。

我們可以說，要這些聽到自心的人真的投身創作，給他們所有理由不如讓他們恐懼。事實上，如果有個特性能讓我們與祖先、與其他動物、甚或與我們共享同一世界的細胞、有機體等緊緊聯繫在一起，那也只有恐懼了。我並不是說細胞可以感受到恐懼，（所以請千萬不要寄出憤怒的讀者回函，我很擔心。）我的意思是說，滅絕的威脅——這是最原始的恐懼——它會讓那些有創造潛力的人創造改變。

創作者將這種恐懼視為香料架上的一種成分，是創作的必要組成之一。他們把恐懼當作一種情緒、一種必然存在的背景、一種需要被承認、挖掘、澆灌、照料、汲取營養的東西。

關於利用恐懼進而創造的主題，我聽過最棒的例子是ＧＥ奇異電氣的工程師道格．迪茲（Doug Dietz）的故事。

迪茲有個新任務，他要重新設計核磁共振儀（ＭＲＩ），好讓孩子也願意進去接受掃描。問題在於核磁共振儀就像個巨大的白色管子，人必須滑進去，關在一個密不透風的空間，讓無線電波穿過身體才能測知身題內部情況。這機器對於想要找到病根或傷處的人來說，是一項了不起的創新，但它的副作用是，管內的人可能會產生幽閉恐懼症，甚至感到極度驚慌焦躁。對孩子們來說，進去儀器接受掃描的另一個怕人的地方是：機器會發出轟隆轟隆、匡噹匡噹的撞擊聲。

當奇異電氣的工程師迪茲描述他的任務時，他哭了起來。「我記得那個孩子，她可能患有癌症或身體真有問題，她嚇到不行。」他在自述經歷的影片中說：「這件事對孩子來說，真的很困難，對她的家人來說也是艱難的事。」

迪茲提出解決方案，這裡沒有重做核磁共振儀的選項，機器只能在這個狹窄可怕的密閉空間才能起作用。因此迪茲苦苦思索，到底能改變什麼呢？是了，改變對儀器的感知：恐懼。

他決定想法子改變人在做掃描的體驗，也許可以讓它變得有趣？

有趣。

是的，有趣！

迪茲做到了，他根本沒有改造儀器，機器仍是一根單管。但感覺不一樣了，因為迪茲改變了整個體驗，他把控制感交給孩子。當他們來做核磁共振時可以選擇體驗。他們想扮演海盜、公主還是潛艇船長的角色呢？他們穿著裝扮進入掃描室，掃描室則裝潢成迪斯尼才想得出來的樣子。可是機器有砰砰聲、咻咻聲吔？為什麼？當然啊！每個海盜都要經歷需要勇氣才能完成的挑戰啊！

「他們不需要新機器，」創意圈的權威顧問這樣說：「他們只需要新故事。」

當談到恐懼時，創意產業是特別迷人的圈子，因為許多企業家生性樂觀，卻能理解恐懼並加以利用。

看來似乎商人與科學家利用恐懼的方式與藝術家面對恐懼的態度有所不同，對此，學者區分了兩者的差異。

一般來說，藝術家將情感內化，透過作品與它們代表的意義進行搏鬥，我前面提到的學者費斯特如此表示。相比之下，科學家和企業家仍可能感到恐懼，但更加冷靜，他說：「他們處理的問題都不是自身的事。」這些團體的共同點是「對自己的觀點近乎非理性地有信心」。即使他們聽到，「你是白痴啊，這太愚蠢了，這太愚蠢了！」即便如此，科學家與企業家也能繼續前進。順帶一提，懷疑者往往都是對的，很多創意都失敗了。

「有創造力的人就是這點不一樣。」費斯特表示：「失誤並不會真的讓他們困擾。」

有個有趣例子可以說明恐懼的力量可作為創作動機但並不會壓垮創作者。那是實業家麥可．蒙斯基（Michael Monsky）的故事，世上有很多創作者雖不是家喻戶曉，但他的創作卻影響數百萬人的生活，蒙斯基就是這樣的創作者。

幾年前，蒙斯基對某件事物感到強烈不安，就是人拿在手上的最髒物品：旅館房間的電視遙控器。他決定為此做點什麼。

蒙斯基在紐澤西州長大，父親是愛看報紙的新聞迷，每天都會買《紐約時報》回家。蒙斯基從小就讀報紙，關注新聞成了他的愛好。到了要就業的時候，因為他精通電子產品，最後到了某家修理遙控器的公司工作。雖然這並不是多讓人興奮的事業，但也是門規規矩矩的生意和不錯的營生。世上電視機有數百萬台，遙控器的型號多半都是特定的，如果這個小工具壞了，就需要修理或更換。「我已經不記得做遙控器這行多久了。」蒙斯基告訴我：「那時候還沒有網路。」

然後網路出現了，朋友幫蒙斯基做了網頁——「我看到的第一個網頁就是我自己的，是單頁廣告，介紹我們有原廠遙控器，請大家打電話來。就是這樣，他們真的打電話來了。」

一旦發現自己可以操控這艘船，他就開始想自己可以把它帶去哪。新聞激發了他的靈感。就在世紀交接時有篇報導刺激他的想像力，他注意到有一段時間大家都在報導某種令人討厭的新細菌，世上的細菌已經進化到可以對抗生素產生抗藥性了。你可以公平地說，細菌為了生存發揮了創造力。

「我看這些報導時就想，這就像第四大死亡原因，這比車禍和乳癌更可怕，我記得那時在想：『在衛生保健上有人做了什麼準備嗎？那時我才驚覺我沒有辦法清潔遙控器。』他說。在醫院、醫生辦公室或旅館都是如此。「這讓我開始思考。」

「剛好有件事情讓我非常生氣，我兒子把花生醬沾到遙控器上，而我卻無法把卡在遙控器的花生醬清出來。」

那時是二〇〇五年，當時他們全家搬到坦帕，蒙斯基看到兒子把遙控器弄得黏糊糊的，忽然想起有抗藥性的細菌。靈感來了，一道閃電。

「這兩個想法霎時就結合在一起了。」

花生醬和抗藥性細菌！（不是花生醬和巧克力。）他開始研發「防污抗菌遙控器」，成立品牌 Clean Remote。他花了將近兩年的時間研發，「我不敢相信花了這麼久時間才做出原型。」二〇〇七年，抗菌遙控器被他做出來了，外殼是塑料的，易於清潔，有個套子把按鍵罩在下方。只需輕輕一擦，花生醬和其他黏稠物，連同上個遙控器使用者留下的任何抗藥性細菌一起消失。

蒙斯基碰巧與家用清潔大廠高樂氏（Clorox）有密切關係，高樂氏靠投資創新、研發清除環境中讓我們害怕的細菌賺了數十億美元。蒙斯基在加州奧克蘭高樂氏總部與當時的公司執行長談了一小時。

「樣品做出一週後我們就去那裡洽談。」蒙斯基說：「他們愛上它了。」

蒙斯基的創作得到世上最大家用品公司之一的支持，這就像音樂家與最大唱片公司簽了約，或某位編劇和 Netflix 簽定兩季的合作計畫，或是某位電腦工程師說服通用汽車或 BMW 支持他寫的自動駕駛系統軟體。有了高樂氏的支持，蒙斯基可以打通任何一家大公司，如能合作，有機會讓名氣立即打開，銷售額暴增。

「然後那位執行長心臟病發。」蒙斯基說。「他離開公司了。」

新上任的執行長並沒有看到與 Clean Remote 合作的價值。蒙斯基的創造力並不比以前遜色，但突然間，全世界都不再了解他的作品。公司確實成功地向醫院銷售了相當數量的抗菌遙控器，但改變是可怕的，且代價昂貴，飯店旅館業者就不想更換現有設備。抗菌遙控器的生意並沒有起飛，蒙斯基自家員工拜託他不要再繼續了，因為非常明顯，一個無孔洞、被薄膜包住、易於清潔的遙控器，它的市場並不大。

「你為什麼要在這東西上浪費我們的時間和金錢？」他記得員工這樣問。

蒙斯基沒有被嚇倒，創作者之路就是受到啟發、繼續進行，是條孤獨的探索之路。他發現遙控器上不僅有抗藥菌和食物及其他，「旅館房間最糟糕的東西就是遙控器，三十%的旅館房間遙控器都沾有精液。」這是亞利桑納大學的環境病毒學家格巴（Charles Gerba）說的，這位教授為了實踐自己的創作之路，對旅館細菌進行各種研究，知道它們如何定居，如何從一個房間傳播到另一個房間。

每次蒙斯基進行推銷時，他都會用精液統計數據跟人說明——老天，這太噁了，甚至是醫院久經考驗的護士都覺得噁心——他會和人討論超級細菌MRSA、抗藥性細菌感染，以及其他各種各樣的細菌。「每隔一段時間，我都會對我的團隊說：『也許我們真的救了一些人的命。』又說：『我認為這個產品有厲害的地方，我們的時代一定會來的。』」

就如我下面要說的，它的時代的確要來了——蒙斯基即將被大量訂單淹沒，他有堅持下去的創意本能。新冠大流行期間，世界各地最大的連鎖酒店和醫療保健系統的訂單大量湧入，堅持終究得到回報。

就在撰寫本書的同時，我發現了另一個有關企業家被恐懼激勵的精采故事。這個故事來自矽谷，矽谷企業家最厲害的地方是：探察人們的情感需求，立刻開發出應用科技。

有時，這些創作者會中大獎。這就是麥克．李（Michael Lee）身上發生的事，當他經歷一種所有人都共同害怕的恐懼後，開始了長達十年的創作熱潮：他害怕穿上結婚禮服的他顯得更胖。

故事開始於二〇〇三年，還有幾個月他就要與愛情長跑的妻子艾美結婚。李是個大塊頭，身高一八八公分，體重一〇四公斤。他怎麼看都覺得自己太胖了，所以和未婚妻艾美參加舊金山市中心一家二十四小時開放的健身中心。

教練給了兩人一本小冊子，上面列出三千種食物的卡路里。建議兩人應該記錄飲食並算出吃下多少熱量。

「我是個科技人，當時就想：『算這些東西還用上紙和筆？』我不認為這種老土方法出了健身房還會有人用。」

直接扔進垃圾桶。

李簡短的生平小傳聽來很熟悉，完全符合創造者的素描。他於一九七〇年出生在羅德島普羅維登斯市，是韓裔移民第二代，他出生的時候，父親還在那裡的布朗大學攻讀冶金材料學博士，之後到奇異電器公司工作，搬到紐約北部城市斯克內塔迪——那裡就是典型的一公司一城市，極富創造力的地方。「在我長大的地方都有很多博士和諾貝爾獎得主，這當然是完全碰運氣的事。」李說：「但我以為每個人都有博士學位。」

家中好友來自世界各地，學校都是外地人，來自像立陶宛這種聽來充滿異國情調的地方。學校還有很多奇異電器捐的電腦。李很快就用這些電腦學會寫程式，朋友相伴耳濡目染培養出好奇心，並得到父母的許可追求他的熱情。

二〇〇四年，李搬到舊金山，結婚了，也比以前瘦了。他在手機製造廠 Palm 工作，但也沒有放棄追求自己的想法。當我聽了他的故事，我覺得他當時還沒有意識到他已經在構思卡路里計算器。他只覺得這個想法算是興趣，卻給他帶來源源不斷的靈感。好比，他發現現今市面上的卡路里計算工具都要求用戶每天搜索他們吃的食物，即便他們吃的東西都一樣，還是要再次輸入。他打從心裡對這種體驗有想法：我懶得這麼做。

「我不是唯一覺得這樣做很痛苦的人。」他笑著說：「人們一再地吃一樣的食物。毫不誇張地說，人們每天吃的早餐都一樣，記錄下來應該要很簡單。」

他想了很多，思考人類會採取怎樣的行為，而不是他們「應該」怎麼做。

「減肥太難了。當然難啊。你必須改變所有習慣，閱讀一堆資訊，最討厭的是，幫你減肥的工具竟然還這麼難用。」他告訴我。

二〇〇五年，李推出健康管理網站「MyFitnessPal」，他把裡面一切能簡化的東西全簡化了。他告訴艾美，艾美這時已變成負責賺錢養家的一家之主了，也許「它可以變成居家副業」，他可以在家監控網站，處理客戶來信，還可以兼著照顧孩子。但是李一直投入，一直做。每個新的挑戰都成為學習和解決的新靈感。擔心在婚禮上看來很胖的恐懼消失了，以前總覺得卡路里計算器老套到讓人懶得用，而今這種認知也消失了，事情發展就像火箭推進器飛入軌道一樣。

「艾美總跟我開玩笑：『你大概這輩子從來沒這麼努力過。這不是居家副業嗎？』」

使用人數開始變多了，也幫助腰圍縮小了一些。他會得到這些數據。**正如你所知，我自己就減了十四公斤。**

李也不確定現在的狀況是否表示他創業了，一點都不確定。他一直把這件事當成嗜好，他深知企業想要成功有多難。關於能不能創出一番新事業，有件事絕對沒說錯，如果評判它是否成功的標準是變有錢，那麼它很可能會失敗。這對於那些想寫書的作家來說也一樣。書這麼多，它們大多數不為人知，甚至也沒人買。對於懷抱熱情做研究的科學家也是如此，多數研究不會改變世界，也不會贏得諾貝爾獎。

李推出網站的那一年是二〇〇五年，根據美國勞工統計局調查的企業存活率（Businesses' survival），那一年的創業數據很一般並不特別：在那一年創業的六十七萬九千家企業中，在第一年就陷入困境的有二十%，有一半在五年內陣亡。人之所以會創業，都是基於靈感、創造力、勇氣和自由。從數字來看，這些人都失敗了。

李最終還是創業了，成立自己的公司，和弟弟艾柏一起合作，艾柏天生就是網路高手。**iPhone** 問世後，「我們的用戶不斷要求我們應該做個 app。」所以他們也做了一個，兩人生意越做越大。

到了二〇一三年初，《消費者報告》（*Consumer Reports*）將此 app 評為「DIY飲食計畫類」領先品牌。這個品牌從李當作興趣來經營，直到目前已經有四千萬人使用這項科技。同年，兄弟倆把公司部分股權賣給兩個最有名的風險投資集團 **Kleiner Perkins** 和 **Accel Partners**。這兩家公司在二〇一三年投資了一千八百萬美元。除了這些投入資金外，李和兄弟還得到兩千萬美元的利潤。

「艾柏和我把錢分了。」李談到弟弟時說道。「我記得他們把錢存入我們銀行帳戶時。我去ATM查看帳戶餘額。我想：這太瘋狂了。」

但還有更瘋狂的事。

二〇一五年二月四日，運動品牌Under Armour宣布收購MyFitnessPal，對外宣稱這是「全球最大健康暨身材管理線上社群」。現在這個平台擁有八千萬用戶，並能計算五百萬種食物及食物組合的卡路里。

購買價格為四．七五億美元。

因為我了解李，我可以向你保證，當他開始創業時，從未想像過會有這樣的回報。我想關鍵是，他雖害怕自己在婚禮上看來太胖，但也不想太努力減重。

恐懼刺激他，但這份恐懼很快就被靈感取代。

相比之下，恐懼也激發出許多偉大的藝術。但以藝術而言，它的創作過程和作品對恐懼感的刻畫更深入。這是因為藝術家對這種情感更深入、更內化，只有把恐懼放在心裡才能更與它角力。

〈恐懼〉（Fear）是《土生子》（*Native Son*）的第一章，這本書是美國有史以來探討種族議題最偉大的著作之一，由理察．賴特（Richard Wright）所寫，一九四〇年出版。內容描述二十歲、住在芝加哥南區的非裔青年比格．湯瑪斯的故事，他的人生被身為黑人的恐懼界定。這份恐懼就像嚴密的圍牆一樣把他困住，在裡面他必須採取某種態度才活得下來——他必須眼光垂得低低地對白人說「是的，先生」和「是的，太太」——但即便如此，就算眼光再低、態度再卑微，也無法把他的家人從老鼠出沒的單人公寓拉出來。仇恨白人嗎？仇恨白人會有後果，而這個後果他承擔不起，所以恨白人又有什麼意義？一開始他把氣轉向家人和朋友，把刀子架在自己好友脖子上，逼他舔刀子羞辱他。之後他不小心意外殺死一名白人婦女。他只能告訴自己這不是意外，因為他知道他已找到自由。新的他誕生了，他告訴自己他不再像周圍的黑人那樣盲目，他能看到真相，能夠自由地做他想做的事，去看世界，反正白人看到他基本上是視而不見的。對於這本書，崇尚社會主義的文學評論家歐文．豪（Irving Howe）有一句話經常引用：「美國文化從土生子出現那一天就永遠改變了。」

這本小說開始做的並不止於此，它試圖改變世界。賴特寫道，故事始於個人真實故事，而他的經歷太過深刻，以致書中情節跟真人故事比起來「基本上可說是失敗的」。「我花了很多年時間來了解比格，了解他的成因以及他的意義。」

相比之下，賴特出版的第一本書《湯姆叔叔的孩子》（*Uncle Tom's Children*）更加注重結局，收錄帶有理想主義傾向的短篇故事，其中一篇的結局是白人和黑人聯合起來遊行反對種族主義。

這些故事表現賴特極出色的寫作天賦，但在商業上卻不受人青睞。

之後賴特以《土生子》呈現血淋淋的事實。

正如他們所說，《土生子》的情節並不美善，但它很快賣出二十五萬冊。這個故事在某種程度上細膩地描述作為美國黑人的經歷，不過，它的結尾超越種族，我發現在創造力的背景下，這個結局特別迷人。比格的經歷——他極度恐懼人對環境現實的無能為力及視而不見——這樣的情緒抓緊了眾人，不是只吸引某一群體。「實際上可能有數百萬個比格，遍布各地。」賴特寫道。

這就是這本書引起大眾共鳴的原因，至少對我來說。比格的感受在我骨頭裡震動，就像一首偉大的歌，或懺悔，或像悲傷的傾訴。要說這個故事還有什麼缺點，一些評論家認為它不夠文學，也有些人說它對女性頗有敵意。無論如何，它讀來就像看著原始情感重新組合成清晰的情節，以一種新的生命形式聯繫起來。

在二〇二〇年前，吉登斯就已經對種族不平等問題發表過基本態度。那時候，她的動機純粹是恐懼。

二〇一七年，吉登斯與友人開車去紐奧良參加齊德科舞大會。她坐在本田汽車的副駕駛座，腳踩在儀表板上，就這麼和朋友聊天，這時候她忽然想到一首歌。這首歌

是關於她外甥賈斯汀，她擔心他會被殺。

賈斯汀・哈林頓（Justin Harrington）是她姊姊拉倫賈的兒子，住在格林斯伯勒，才二十歲，有藝術靈魂，渴望成為演員，想往創作和音樂表演的路走。這孩子在反省和自我表達方面遠超出他的年齡。當他還是青少年的時候，基本上就和一般的青少年一樣，但身為非裔，總不免遇過人生小插曲，就像他十五歲那年，午夜過後只是和朋友一起走在街上，就有警察開始跟蹤他們。他告訴我：「我的白人朋友史賓塞告訴我繼續走。」

但是另一個朋友害怕了，開始往前跑。警察攔住了這群男孩。

「你喝酒了嗎？毒品在哪裡？」一名警察問男孩。

他們沒有喝酒，他們沒有毒品，晚上的計畫是走到八公里外的麥當勞吃附贈玩具的快樂兒童餐。警察把男孩們放了。

在紐奧良的溫暖夜裡，吉登斯坐在車裡，與她的朋友就這麼即興演奏起來，她的思緒自由奔騰，曲調突然蹦出腦海，這是一首關於他外甥的歌，講述身為黑皮膚年輕人所面臨的風險。

你最好第一次就做對。

這句話在她腦海揮之不去，以此為基礎創作了同名歌曲。你沒有一點犯錯的空間，她認為，當你的膚色已在某些人心中刻上不良印象時，你不但沒有犯錯餘地，**最**

好第一次就做對。

在她首張個人專輯《明天輪我上場》大獲好評後，兩年前，全國公共廣播電台（NPR）同一位樂評家表示，這張專輯「重新定義了鄉村、靈魂、福音、藍調的標準。吉登斯的音樂影響力是多面向的，但都在面對難忍的悲傷，她就像許多被迫離開熟悉領域的旅行者一樣，創作基於普遍性。」

她已經做好當明星的準備，可以過著電視劇《下一站，天后》裡的生活、簽下有更高利潤的唱片合約，展開與大明星並列合影的日子，只要她想要就做得到。但吉登斯總覺得有些不對勁，這些讚譽更像是一種負擔、一種分心。她對祖先故事的感動越來越強烈，那首奴隸之歌《茉莉》「已經陪伴我一段時間」，這時出現了這首《最好第一次就做對》，這些故事不會讓她成為明星，但都是她內心傾瀉而出的作品。

吉登斯寫歌時，歌詞基本上同時出現，韻律來自傳統技巧，例如呼應、對句、合唱。一開始靈感湧現，之後就沒有太多要再修改的。「有時我靈機一動，然後它就消失了，有時候我帶著敬畏的心看著它。」她沒有說結果是好還是壞，而是指創作從內心深處湧現的情形。「這就是魔法。」

這就是她寫下《最好第一次就做對》時所發生的事。

年輕人是個好人

去學校上課
年輕人是個好人
從不胡鬧
年輕人是個好人
從沒惹過事

年輕人是個好人
一直照顧媽媽
年輕人是個好人
和朋友一起
年輕人是個好人
不知道他已經做出選擇
年輕人是個好人
只是做了兩次
年輕人是個好人
就已經付出代價
你最好第一次就做對

最好第一次就做對
最好第一次就做對
最好第一次就做對

紙上的呈現完全不及歌曲，歌的力量來自吉登斯的編曲、她的歌聲，以及同情、希望、哀傷、反抗各種情緒同時間朝你襲來的那種讓人打心底顫抖的能力。她的聲音就像昭示的命運，探索著情感冒險的邊緣和舒適的界線。當我聽著她的歌，總嘆息是何種非凡的力量才能創造出如此強大、美麗、純淨的聲音。

這首歌收錄在專輯《自由公路》，全美傳統音樂獎將它提名為年度最佳專輯。「吉登斯已經成為樂壇無與倫比的聲音」，一位樂評家對這張唱片如此評價。

聽起來不錯，對吧？但這樣的讚譽與獲得鄉村音樂獎的流行歌曲和故事有點不同。吉登斯正破繭而出，從外在評價中掙脫。她聽到自己的聲音，為什麼？她發生了什麼事？

答案部分來自理解這種原始靈感最初的起源，以及它的目的是什麼。我們從何處獲得這種神聖力量讓我們創造新事物？它從何而來？

繆思的起源是什麼？

希臘神話告訴我們繆思的故事，繆思女神出生在奧林帕斯山，她們觸動人類心靈並激勵他們創造。古代詩人對於繆斯女神的數量有著分歧，但是，說不定，也許古代詩人在創造神話時被不同的繆斯女神所感動。（這我們就不評論了。）

在神話中，不同的繆斯女神啟發不同類型的創作者進行不同類型的創作：藝術、喜劇、天文學等。

但這並不是繆斯的真正起源。

事實上，創造力來自於我們的原始生物學。

這就是我下一部要介紹的主題：自然法則。

它與新冠病毒來自同一個地方，就是那個準備要引發大流行的病毒，以及克服這些挑戰的力量。這一切都來自於自然。

Part 2

LAWS OF NATURE

自然法則

推動創造者的崛起，一切有更深層的原則，
演化生物學家、物理學家、神學家、
病毒學家和搖滾明星向我們訴說其中真理。

10 從微生物的角度

如果創意讓你感覺自己渺小，你該看看安德里斯．華格納（Andreas Wagner）在做什麼，他觀察微生物的創造。這就是演化，就發生在此時此刻，它可以告訴我們很多有關創造力的祕密。

他位於蘇黎世大學實驗室的各類儀器正咻咻地響著，有培養箱和俗稱PCR機的聚合酶連鎖反應儀，這台機器可放大DNA；還放了溫度可達零下八十度的冰箱和製冰機（別問為什麼，反正寒冷可以防止細胞在修改DNA時分裂太快）。這是讓人腦袋大風吹的標準微生物學知識。

但真正的作用發生在燒瓶中。

「這就是我們做演化實驗的地方。」華格納解釋：「這是立即的創造過程。」研究者在燒瓶裡放入細菌，再添加細菌愛吃的單醣。然後微生物就開始，進食、成長、繁殖。

然後將地獄之火如雨澆下。

研究者在燒瓶中加入抗生素。不用說，抗生素可以殺死細菌，尤其是放入燒瓶的抗生素。死神從天而降！

細菌能創造出方法拯救自己的生命嗎？

大多數的細菌都做不到，多數都死得很快，還有細菌在死前盡可能繁殖下一代。大量死亡的部分原因是因為細菌繁殖速度太快了——每二十分鐘左右就會繁殖一次，然後大多數新生細菌都會死亡。

但在某些情況下，細菌繁殖會發生錯誤：從上一代到下一代某些基因錯誤複製。顯然，這是突變，就是一場意外，且往往結局很糟。突變的基因模式也會導致細菌死亡，例如，控制重要生存功能的基因在發生突變後變得不再作用，細菌就會死。

但每隔一段時間，這種突變就會賦予細胞不可思議的全新生存能力，像是戰勝抗生素的能力。

華格納和同事發現了兩種不同類型的突變可達到這樣的結果。

一種較典型的突變與細菌內部負責吸排的構造有關，這個蛋白質稱為「輸出幫浦」（efflux pump，或稱「外排幫浦」），負責將物質吸入細胞或將物質排出細胞。華格納解釋說，幫浦的突變可能會讓吸排「變得過度活躍」，這可以拯救細胞。

「當抗生素進入時，會立即將它排出。」他說。

所以，微生物還活著！

另一種相對常見的情況是：細菌內部控制化學物質的酶基因突變了。通常這些酶的作用是切割或「裂解」其他分子，這樣做的目的是利用這些分子獲取能量。

然而，基因可能隨機發生突變，以致酶的編碼改變了，變成可以裂解青黴素。這些突變不是抗生素第一次進入燒瓶時基因就可做到的任務，只有在突變後發現有少數能夠切入青黴素，殺死它，突然間，這些細菌就成為少數倖存下來的幸運兒。

「演化發現了中和抗生素的機制。」華格納表示：「這就是創造力的一種形式。」

華格納以他半生職涯證明創造力可以在最基本的分子水平上表現，在那裡顯現的是整個創造力的路線圖。

所謂「創造」，他引用某個廣被接受的定義：「是原創且針對問題的適當解決方案」。

他說，這件事，他每天都在實驗室看到。

「請想一想，地球上生物的演化史就是解決問題的歷史。每當有機體進化出一種新能力──如，飛行、用眼睛觀察、光合作用──都是針對問題產生的創造性解決方案。你可以將每個物種視為一連串的創造或創新的終點。」

生命是一場生存遊戲。倖存者一方面要保持夠穩定的狀態以承受現有條件，但也要夠靈活才能應對新威脅甚至超越威脅，這是遊走兩邊的權衡。

而這種權衡也能界定人類的創造力。我希望在本書第二部的內容捕捉到生物創造與人類創造間的相似處，目的在於想聽聽那些專業不在創造力學科的智者說法，透過他們的眼睛來看創造力。這些領域包括生物學、物理學、數學及神學。這些偉大的思想家多半是重量級人物，包括世上最重要的演化生物學家理查．道金斯（Richard Dawkins）。

道金斯著有《自私的基因》（*Selfish Gene*），說明基因力量如何引出最基本的生物行為，是具有強大影響力說明創造力的論述。道金斯是牛津大學科學教育講座教授，地位尊崇。他擁有世界級的天賦才智，讓人們了解最細緻的科學觀點。

基於科學教育的精神，道金斯向我描述了工程師在構想飛行器（如飛機）時的提案過程與細胞複製產生基因突變時的驚人相似處。就細胞而言，突變來自增生繁殖，大多數會死亡，少數會茁壯成長；就人類創作者而言，靈感會噴發，但最終大部分會扔進垃圾桶。

想像一下某位工程師在設計新飛行器。「我有個主意！」趕快！在靈感彈回去前，趕緊寫下來。然後他又想出另一個，然後又來一遍。他的廢紙簍裡裝滿廢棄的潦草速記。最後他得到一個值得發展成原型的模型，在風洞中測試它，然後進行調整，每一步都是選擇性過程，引領出大突變和許多較小的突變。然後也許這位工程師真的造出了一個可以飛的物理模型，但不幸墜毀了，然後他再進行調整。這就是一種達爾文的過程。

道金斯告訴我，他相信人類的創意衝動就像基因突變，最初並不會區分什麼有效，什麼無效。換句話說，基因隨機突變，道金斯認為創意衝動也是類似過程，至少在最初是這樣的。「某個絕妙創意在一定程度上是突然出現在腦海中的隨機事件——然後再次隨機，只是它不是出於為了改進的意義。」

就好像隨機噴發的靈感來自黑暗與潛意識的深處。

但人類有個重要區別。「我們人類有能力在腦海進行模擬，說不定其他動物也行。」

創造力與物種演化有高度近似，這個觀點在我陳述創造力的心理學研究時早已得到驗證。我在之前提到的科學家迪恩．西蒙頓寫道：「創造過程本質上是達爾文式的。」

我問道金斯，他是否同意達爾文的生存原則也可用在藝術，例如寫作和音樂上。

是的，絕對，他說。帶著不容懷疑的態度，他開始講述一個鳴禽和性的故事。你可能對此有些了解，但讓我們先放輕鬆，就算聽個故事。

很多人都把麻雀鳴聲當成研究主題，對它的熱衷程度絕對是目前研究範疇裡最受青睞的鳥類叫聲。美國一地的雄性麻雀從父親那裡學習鳴叫曲調，唱出完全一模一樣的曲式。但對某些鳥來說，這套鳴叫模板成為「嘗試錯誤再編新曲」的起點，道金斯解釋道。「年輕的雄鳥隨機嘗試不同鳴叫和咕嚕聲，當它唱出一首自己也覺得不錯的樂曲時，它就會不斷重複它。」

「在我看來，這就是一種創造力。」他表示，並以此類推，「貝多芬很愛散步，一走就是很久，有時會想到好的樂曲片段，他就會把它寫在筆記上。如果你看過貝多芬的筆記本，就會知道他一開始寫下的旋律相當沉悶，然後他會修改它們，這個過程看起來就非常像那些鳥的做法。」

我在這裡先很快打個岔，先從青春期鳥類習性課程中離開一下，我想簡短提醒一下我之前曾經提過且之後還會不斷提醒的觀點：創造力不需靠天才的爆發開始。麻雀和貝多芬都從錯誤開始嘗試，玩玩各種想法，放棄一些想法，以某些想法為基礎再建立一些想法。創作者的基本屬性不是他們初期靈感的品質，而是突變的絕對數量。

就鳥類而言，有大量證據認為這種「藝術表達」與生存和性的選擇有關。在實驗中，雌鳥只要給予睪固酮（testosterone）最後也會學會唱歌，而牠們原本不會鳴唱，再次說明了鳴唱與性別之間的關係。道金斯在他《地球上最偉大的表演》（*The Greatest Show on Earth*）一書中解釋道，某些雌鳥聽到同種雄鳥發出「好聽的」鳴唱時，牠們的卵巢就會生長，就如金絲雀和巴巴里斑鳩。

「藝術創造力與性選擇有關。」道金斯這樣說。

心理學教授羅伯・比爾德（Robert Bilder）進一步證實了上述觀念，比爾德任職於加州大學洛杉磯分校，對創造力做了開創性的研究。

比爾德向我解釋年輕的雄性斑胸草雀會模仿老鳥的鳴唱曲調，然後「把新東西放入老歌裡」。

雄鳥唱的新歌新奇迷人，讓比爾德著迷的是為什麼雌鳥會被會唱新歌的雄鳥吸引，為什麼再創新歌是生存優勢的標誌？

先不管這是為了藝術還是新鮮感，比爾德站在更根本的定義來回答問題，更根本的問題是雄鳥做了什麼？牠們在溝通。

所以比爾德問，溝通的價值是什麼？為什麼特定鳴聲的某種新穎曲調具有價值？這是很棒的基本問題，源於真實天性的好奇心，讓比爾德願意擺脫顧慮去問一個如此基本的問題。

比爾德的理論是，溝通的最初價值可能圍繞著團結群體的企圖，也許是為了圍繞某個共同目標進行協調，例如——「去殺掉野豬吃了！」或警告群體——「快跑！野豬來吃我們了！」

因此，若鳴唱中出現了新的聲音，溝通的部分價值可能在於：新聲音可以展現激勵行動的某種力量。如果你想保護後代，這可能會派上用場。

比爾德表示，最原始的原因可能更簡單，雄鳥藉新聲音昭告自己的存在——「目的是讓雌鳥知道附近有一隻雄鳥，就這樣。」從一群沉默雄鳥中脫穎而出，關鍵是這隻鳥要與眾不同，但是弔詭的是：雄鳥的歌聲也不能太過與眾不同，不能特殊到聽來怪異、瘋狂、走調、脫節。

「雄鳥在鳴唱中加入新的樂音，讓它有點不同，但又不會太不同。」比爾德說。這個想法有時稱為「混亂的邊緣」（edge of chaos），一處與秩序沒那麼有關係卻又保持關係的地方。

在比爾德二〇一四年發表的論文中，他和合著者寫道：「在混亂的邊緣具有最大程度的新穎性，卻仍然同時與有序狀態維持一定的關係，因此這是最可能體現新穎性和實用性的結合，這就是創造力的標誌。」這原則適用於基因改變，甚至是宇宙的變化。就如宇宙的形成，其中新物質形成後注定在短期（相對而言的短期）內維持穩定，而不是為了混亂。

在鳴禽身上發生的事，應用在人類身上也一樣。華格納表示，廣義而言，我們該了解的是「人類創造力與我們在生物演化上看到的真相存在驚人的相似處。它涉及兩種思維模式，聚斂性思考（convergent thinking）和發散性思考（divergent thinking）。」

這兩種思考模式是創造力世界的關鍵概念。

聚斂性思考圍繞著一致的想法。這個專有名詞走到最極致就是要求給出「正確」答案。

相比之下，發散性思考則視為「非線性的」。答案可能不是兩點之間最直的那條線，或者根本沒有連接兩點的線。就此意義上說，它可能標記為「不正確」的。

誰不想要正確的答案呢？

細菌不想，面對青黴素大軍、死神就在門前的細菌不想。如果它們連面對抗生素也產生既定的反應，它們就死了。只有突變，以突變偏離最初的基因設定，它們才能生存下來。

如果這時你心中浮現懷疑，「等等，細菌又不會思考。」你是對的。我不是在耍嘴皮子，這只是類比。發散性和聚斂性的「思維模式」可能根本不涉及思考，根本不是在說思考事情的方式。

當人們創作時，創作過程通常涉及潛意識隨機產生想法，所謂「發想」。在某方面，這種過程既類似基因的隨機突變，也類似有意識的思考分析。這個類比的意義還在於：對於細菌來說，聚斂模式是安全的，而發散模式不僅有風險，還需要資源。

請回想細菌內部的輸出幫浦。如果它按照原定設計運作，這個幫浦設計就是有效的功能，把分子吸入再排出，這種運作方式被演化磨練到完美。如果吸排速度太快，細胞就會浪費寶貴的資源。此時創造新法是沒有意義的，至少在抗生素出現之前是這樣的。所以若要另創新路——所謂創意的實踐——不僅需要更有效率，而且攸關存活！

要死於聚斂模式還是發散模式？想死於守舊還是死於變異？這無疑活在剃刀邊緣，對於寧願不要選擇的讀者來說，演化論教我們要活在創造力的中間地帶。

「中性」這個詞在突變來說，是指「從表面上看來對此生物生存不會產生重大影響的突變」，所謂「中性突變」。但華格納表示，事實上只有四十%左右的基因突變會對物種的生存能力產生直接影響。不在此範圍中的基因突變，不會對生存產生明顯影響。

例如，細菌輸出幫浦的基因表現（gene expression）可能會發生變化，但這些變化似乎對吸排功能沒有影響。細菌持續生長，蓬勃發展，然後有一天，當抗生素加入環境時，影響幫浦的基因才會發生另一種突變。最後證明，因為有第一個改變，第二個改變才會啟動。後面的變異是建立在前項變異的基礎上的。

「如果你觀察人類的發明，就會發現有很多例子。」華格納告訴我。

例如愛迪生發明燈泡，燈泡需要有效的燈絲且在真空狀態燈絲才不會燒毀。這兩個發現對燈泡的出現並沒有直接確定的影響。華格納表示：「但是在使用燈絲前必須先把燈泡抽成真空，否則燈絲就毫無用處。這就是我對中性突變也有影響的看法。」

發明燈絲！

或想想心律調節器，它中間需要多少進程，包括縮小電池和零件的尺寸；或者這台機器放在桌面上時運作妥當，但那不是放在身體裡實際幹活的狀況。

要創造一個更小的東西！

想到某些歷久不衰的創作，也就是一般稱為「大C」的發明，華格納提出另一個警告：生物學告訴我們，大C發明不僅有可能，而是非常有可能超出人類的控制範圍。有時候，創造需要更多的運氣和時機。抗生素的發現就是如此，它是人類史上最重要的發現之一，但它的出現是偶然的。

蘇格蘭人弗萊明（Dr. Alexander Fleming）一戰期間在軍中醫療隊服役。在那裡，他親眼目睹大批士兵因感染而死亡。粗略估計，在一戰中有數十萬人死於感染。

戰後，弗萊明把細菌當成研究主題，想了解那些把他戰友生吞活剝的細菌。下面是大家都知道的故事，有一天，他走進實驗室，發現他培養細菌的培養皿因為蓋子沒蓋上就放在窗戶下，樣本暴露在空氣中已經被污染了，黴菌占領了細菌的地盤。沒蓋蓋子，被污染了，這個樣本屬於垃圾桶，是吧？

大多數人都會認為這實驗失敗了應該把樣本丟了，但弗萊明沒有。相反地，他忽然想通了。他可以看到這件意外的力量，青黴素可說是世上最重要的藥物成果。

弗萊明的發現拯救數百萬人的性命，他獲得諾貝爾獎，甚至有先見之明地在諾貝爾獎獲獎感言中提出警告，如果我們過度使用抗生素，細菌就會學會反擊。如今，抗藥性細菌成了最大的公衛威脅之一，演化生物學家華格納在瑞士實驗室的燒瓶中培養的正是這種細菌。

弗萊明的發現讓我們學到兩堂關於創造力的課。首先，發現來自偶然，確實如此，就像生物學本身一樣。弗萊明博士並沒有要研究窗下的培養皿，也沒有預定為此現象提出特定假設，只是發生了他沒有預料的生物事件。他後來說：「我沒有發明青黴素。大自然才是發明者，我只是偶然發現了它。」

不過，他的確幫忙促成了突變發生的條件。他在這個空間即興發揮，就像有人對著鋼琴敲敲打打；或在餐巾紙上隨手亂畫試做商業計畫一樣，這些幾乎是大腦突觸的隨機發射。因此，弗萊明證明了生物學給我們的第一堂創造課：偉大的創造來自隨機事件。不管它是真的隨機或看似隨機，這樣突發事件變成信號、傳輸、訊息。

你有空聽到這些訊息嗎？

第二堂課是弗萊明博士收到了訊息，他拿起大自然放下的東西。他意識到這起意外並不是為了製造另一個垃圾。這是他教給我們創造力的重要內涵：自然引起或人類帶來的偶然一直出現，但只有當我們認出偶然的意義時，它們才能成為發明的素材。

弗萊明寫道：「一九二八年九月二十八日黎明，當我醒來時，我並沒有打算顛覆醫學，沒想過要做世上第一個發現抗生素的人，也不知道會成為細菌殺手，徹底改變醫界。但我想，這正是我在做的事。」

對其他領域的人來說，創造力有一部分是在關注他人可能忽略的線索。意外出現了，它們有價值嗎？

這個世界向你發送信號，這些信號隨機產生。只有偉大的創造者可以看見突變的真實樣貌，看清楚突變的可能方向。

如此，發散性思考並不一定表示違反自然法則，而是看到事物的本來面目、它的潛力或既定方向。

也就是說，弗萊明的發現最初被科學界淡化，甚至很大程度上被科學界忽視，這有什麼奇怪的嗎？青黴素大概花了十一年才進入規模生產，然後才成為第二次世界大戰中萬民稱頌威力強大的救命仙丹。然後再過五年諾貝爾獎才來敲門。

最後，這個故事有一個奇怪的結尾，說明評估作品的客觀價值有多困難。從表面上看，抗生素的發現似乎對人類來說是純然的恩典，讓世人享有更長、更健康的生活。的確，我們如此廣泛地使用抗生素，以致它們現在已經成為某種健康風險。之所以發生這情況，是因為我們用抗生素用得越多，我們創造的環境就越有利於抗藥性細菌的生存。有些微生物無法被抗生素殺死，它們稱為「抗藥性微生物」（antibiotic-resistant microbes），它們的出現是因為自然界的創造性過程。事情是，當細菌或真菌經過繁殖發生突變，突變導致抗生素無法殺死微生物。在過去沒有抗生素的年代，這個生物在突變過後可能就死了，因為突變出的新形式並沒有特定用途；不會帶來生存優勢。

然而，在一個充滿抗生素的世界，這種新創造突然成為唯一活下來的微生物，並開始繁殖、再繁殖。這是說明新創造特殊之處的完美例子：一個偶然出現非常適合環境的變異。對微生物有利，但對不想死於感染的人不利。

一項由英國政府資助的研究預測，到了二〇五〇年，地球上死於抗藥性微生物的人數將超越同年死於癌症的人數。當年弗萊明的發現並沒有直接造成這結果，而是我們過度使用抗生素造成這結果——為了促進生長，就算我們不需要用它來替人類或牲畜治病都還在使用它——我們一手創造了適合更危險細菌繁殖的環境。

為了首尾呼應，我回到本章的開頭——瓦格納在瑞士的實驗室和細菌本身的創造精神——我想指出，目前擺在眼前的是一場軍備競賽，人類與細菌的創造力比賽誰是贏家。求生存是天性，細菌被如此設定，我們也是。結果就是創造力不斷升級，走上更完善的路。

簡單地說，創意衝動在本質上是生物性的。這種生物本能就在我們身上。創作的成功不僅取決於它們的新穎程度，甚至在於它們的「客觀」價值，更取決於它們所處的環境有多好客？

生物學原理經常在現實世界發揮作用。下一章我將提供一個例子，一個史上最受歡迎搖滾樂團的故事。

11 搖滾明星的寓言

二〇〇一年二月二十一日，搖滾天團 U2 憑藉歌曲《美麗的一天》（Beautiful Day）贏得葛萊美獎。隔天早上，主唱波諾和樂團指標吉他手艾吉（Edge）走進摩根史丹利位於洛杉磯的辦公室參加會議，他們來見羅傑・麥克納米（Roger McName）。

麥克納米有個本事，他非常了解網路生態的應用，也是 Facebook 的早期投資者。而在當時，他與 U2 成員約好會面，準備商量把 U2 的事業和公共服務業務轉移到網路上。

「恭喜你贏得巨大勝利。」麥克納米回憶道，波諾和艾吉一走進房間，他恭賀他們得獎。

但是波諾的反應讓麥克納米措手不及。

「在樂壇我們是流行明星，自認是宇宙的中心，而我們的歌迷就像衛星，繞著我們轉啊轉，然後一切都繞著我們轉啊轉啊轉。」麥克納米說波諾告訴他：「那都是屁。」

波諾接下來所說的話具有試錯精神且看準絕佳時機，反應狀況就與瑞士培養皿的細菌救星無異，原來世間萬物在創造力的表現沒有差別，包括搖滾樂。

麥克納米真的很震驚，波諾也看得出來。

波諾解釋說，音樂流行是「基於硬體的」。「先有高音質 Hi-Fi 出現，披頭四靠了這個技術才紅起來的，然後是 78s 轉向 LPs，有立體聲，那就是平克・弗洛伊德（Pink Floyd）的時代了。然後出現汽車音響，就來到專輯搖滾時代了，你必須喜歡整張專輯。」麥克納米說波諾告訴他，你無法輕易地從一首歌跳到另一首歌。這位搖滾明星宣稱，這就是 U2 的時代。然後「我們經歷了一段很長的枯水期。就在這時，超低音來了，超低音喇叭！哎，我們應該看到它的。那些搞嘻哈的看到了，我們錯過了。波諾在談到《美麗的一天》時說，這首歌「讓我們重回軌道，用上現有最極致的技術。」

對於那些不太熟悉這項技術的人來說，超低音喇叭將音樂重點從旋律轉移到了節拍上。

當波諾做出這一觀察時，麥克納米說：「我真的摀住了自己的臉。」「這個洞察力太驚人了。」麥克納米說：「那時我想，這傢伙也太聰明了。他的聰明不僅表現在音樂創作上，而是用在思考他身處的世界上。」

麥克納米對創造力並不陌生。他可說是堅持不懈的發散性思想家，是指好的那一面。他是 Facebook 的早期投資者，最後卻跳出來指責 Facebook 已成為散布假消息的平台，還寫了暢銷書《祖克柏搞砸了：自臉書災難中覺醒》（*Zucked: Waking Up to the Facebook Catastrophe*）。他本人就是硬底子的音樂家，組了搖滾樂團 Moonalice 到處參加巡演，合作對象都是大家想都想不到的音樂人，包括《死之華》（Grateful Dead）。到了二〇〇四年，也就是麥克納米和U2見面的三年後，他和波諾還共同成立了一家矽谷投資公司。

重點是，麥克納米了解創造力，靠創造力過活，既遊走科技圈的創造力，又伸手音樂圈的創造力。但在二〇〇一年U2來找他的時候，正是他忙於網路科技 dot.com 風潮的時候，他說：「我連U2的歌名都說不出來。」

還有另一個原因讓麥克納米在幾年前沒聽到太多人提及U2，原因是U2在前幾年經歷了一段創作枯水期，直到他們做出獲得葛萊美獎的《美麗的一天》。

「他們用《美麗的一天》堅持自己的立場，知道自己永遠不會成為超低音喇叭的主宰，轉而嘗試用別的方法切入人們喜愛的聲音。」麥克納米這樣說。

波諾對麥克納米下了個結論：「所以，至少我們沒有被幹掉。」

如果波諾是一種簡單的細菌或病毒，而超低音喇叭是一種抗生素或抗病毒藥物，那麼創造者就找到了存活的方法，且活得更加繁盛。

聽完故事總結一下有何領悟？演化、活下來、「無意識」的創造形式，這些是低等生命形式提供的具體教訓。開宗明義第一課就在教我們不要低估環境的作用——不是人是否具有創造力（這是非常容易實現的），而是這種創造力是否能經得起環境的淬鍊而成為大C。對於放在燒瓶中做實驗的細菌來說，放入抗生素帶來的挑戰是一種反常的機會，只有突變才能活下來。或說環境讓這些細菌創造力大爆發，才能變成「大C」。而波諾認為，U2的巨大成功不僅歸功於樂團的能力，還歸功於他們所處的環境，至少從他的說明看來是如此的。

投資奇才兼音樂家麥克納米很快對我說：「天殺的運氣才是最重要，怎麼強調都不過分。」

麥克納米公認是極有創意的科技業投資者。我去過他的豪宅演奏音樂，我可以證明他在科技公司的投資起碼讓他賺了快十億美元。但他相信天時地利多過相信自己的創造力。「我的職業生涯開始於一九八二年牛市的第一天。」他說：「那時我恰好在關鍵時刻負責科技業務。」

這並不是說時機好壞決定一切。產品本身也很重要，包括突變或新觀念。但在評斷這件作品是否廣被世人接受前，比產品本身更關鍵的是作品與環境間的關係。創作者只能控制這層關係的一部分，就像微生物負責突變，但無法控制創意轉折發生的時間和地點一樣。

這是從演化生物學和搖滾樂得到的體悟，另一組重要見解來自數學和物理界，來自一位偉大的思想家，他發現了似乎能主宰創新的自然法則。

12 物理學家上場

二〇〇六年，傑弗里·魏斯特（Geoffrey West）是入選《時代》雜誌全球百大人物的重磅科學家，但把時間拉回很久很久以前，他還只是個愛坐雲霄飛車的倫敦好奇一屁孩。

魏斯特八歲時，他的父親帶著一大筆錢回家。「兒子啊，來，好好看看數一數。」魏斯特回憶道：「就像他剛搶了銀行還是去幹了什麼似的。」

不是偷竊，是賭博。魏斯特的父親是名「職業賭徒」，這詞彙多少聽來很弔詭，因為整個賭局就是為了讓人賠上薪水而設計的。魏斯特的父親賭馬、賭狗、賭賽車，有時還賭足球。父親賭博賭贏了的那天讓魏斯特留下深刻記憶，「那天與他賭博輸很多回家的狀況天差地別。」

魏斯特退縮沉默，因為父母之間的關係非常緊張，「我媽媽不喜歡賭博。」

魏斯特轉而向講求精確的數學和星系尋求安慰。他回憶道，當他十一、二歲時熱烈地愛上數學，一次在課後教材上讀到有道題目是這樣問的：「如果你站在很高的懸崖頂，地平線有多遠？」魏斯特苦思解題公式，啊！原來要利用懸崖高度與地球半徑。「我想：天哪，這太了不起了！」他說。答案「原來要用藏在我們周遭世界的某種神祕語言進行解決，這是真正真實的、與現實狀況相對應的知識。」

他的腦子一片混亂。

「我絕不可能把這件事情說得清楚但這卻是有效的應用：也許整個世界都是這樣的。」

也許地球、宇宙、生命，都可以用數學來解釋。

也許創造力也是。

你在這本書聽到偉大思想家的故事時，我希望出現一個主題：這些創造者往往表現出非凡的好奇心、謙遜、開放討論、想法開放、談起話來風趣幽默，對生活的各種面向抱持極大興趣。某種程度上，這些特質非常明顯。就如已故偉大科學家霍金（Stephen Hawking），我從他最親密的工作夥伴那裡聽到他持續不斷的好奇心。

魏斯特也是如此。我們一來一往談著談著忘了時間，移動的想法就像棋子一樣回到原來的位置卻不會受罰。他的聲音忽高忽低，遇到興奮時揚得更高，三不五時還夾雜著一些髒話，不是褻瀆的意思，只是表達他發現這些現象時感受的深度震驚。

魏斯特離開他功能失調的家去上大學，之後成為理論物理學家，專長在夸克（quark）、弦理論和暗物質。但他更願意讓世界向他敞開，就像所有創作者做的那樣，他真實的興趣轉向另一個議題：生命是如何運作的？是否有數學可以解釋創造的基本法則？

「我不知不覺地從基礎物理學轉向生物學。」他說，聽起來對自己的轉變有點驚訝。那時他已從劍橋搬到史丹福。「有沒有方法能證明所有有機體都是同一種基礎數學的表現？」

諸如此類的問題就像：

- **為什麼**人的歲數會活到五十年到一百年之間？「他媽的這百年限制是從哪裡來的？」他帶著敬畏的心對我說。
- **為什麼每晚睡**八小時？
- **為什麼**有些城市比其他城市更有創造力？

「最困難的是：問題是什麼？提出正確問題通常是這難解議題的很大部分。」魏斯特告訴我。

魏斯特關注的關鍵問題與連接所有生命形式的通用數學有關，有數學公式嗎？這公式又是什麼？魏斯特試圖回答這個問題，得出一個了不起的研究發現：隨著生命形式變得越來越大，他們使用能量的效率越來越高，且使用能量的速率在整個跨生物體上是一致的。換句話說，生物越大，「每個細胞或每克組織所需的能量就越少」，如此，這個生物才能生存。

換句話說，老鼠每個細胞需要的能量比狗要多得多，而狗每個細胞需要的能量也比大象多得多。這個公式顯示，當生物體積增加一倍時，每個細胞所需的能量就會減少七十五%。

「無論生物有多大，只要加倍，就剛好需要七十五%的能量。」他說：「看似完全隨機的系統卻有著非凡的規律性。更特別的是，這不僅適用於哺乳動物，對於所有動物、所有植物、所有昆蟲和所有魚類都一體適用，牠們遵循同樣的規律。更令人驚奇的是：這只是新陳代謝率；你對動物的任何測量都具有相同按比例縮放（scaling）的特性。」

心臟要多大，或腎臟要多大，以及系統如何運作排出體內毒素，所有一切都受到魏斯特導出的縮放公式的控制，二〇一〇年《紐約時報雜誌》的一篇文章將其結果稱為「現代生物學中最具爭議性和影響力的論文之一」。

一些評論者發現了缺陷。就如小螯蝦，牠似乎不遵循同樣的縮放規則。魏斯特表示，這很重要；每條規則都有例外。他告訴挑毛病的雜誌記者：「你講的不是科學，那只是一個註記而已。」

魏斯特提出一個關鍵，至少在創造力上是成立的。如果人們等待完美、要求百分百正確，他們永遠不會冒險。

所以我重複一下最重要的創新法則：

完美主義是創造力的第一號公敵。

魏斯特懶得去和人爭辯他研究的核心真理，以及例外是否出現在底層攝食者（這裡指好事者、甲殼類動物，或兩者皆是），他轉向另個新挑戰：尋求城市背後的數學。也因如此，他和同事才發現了屬於他們自己的創造力法則。

他觀察城市就像有機體一樣，人們消費了什麼、生產了什麼？他和另一位科學先行者、理論物理學家路易斯・貝當古（Luís Bettencourt）發現了更引人注目的數學法則。他們發現，當城市擴張時，它就像生物有機體一樣，每個人需要的基礎設施更少，而且效率提升呈線性增長，關鍵數字是十五％。

例如，如果某個城市的規模擴大一倍，也就是人口數量增加百分之一百，城市污水等基礎設備只需要增加八十五％即可，加油站與購物商店等措施也只要增加八十五％就可滿足不斷增長的人口數量。魏斯特說，當城市規模翻倍時會出現一個神奇數字，這適用世上任何地方的任何城市。

有一個重要推論：當城市規模擴大一倍時，該城市的產出會上升至一百一十五%，污染、犯罪、經濟產出全都上升為一百一十五%。

換句話說：兩個城市相比，大城是小城的一倍，小城是大城的一半，住在大城市的人會比住在小城市的人生產力要高出十五%。為什麼會這樣？人們聚在一起，共享資源，匯集物質與智力資本，體驗著符合預期且名副其實的「規模」經濟。

而此項法則也適用於創造力。

創造力也依循生物學和城市規模的數學模型。城市規模若翻一倍，城市的專利數量就會上升至一百一十五%，就好像住大城的人比起住在小城的人創意要多出十五%。

魏斯特告訴我：「顯然，這裡的根本機制是，大城市有更多的人，因此，單位時間內有更多互動的可能性和實際互動。就是這些資訊、想法，無論在社交網絡中有任何交流，都會讓社會經濟活動上升。」

他指出，密度帶來的不僅是人口數量，還有思想的廣度。自言自語走在街上的人，那些精神病患，「那些異數，那些街友，他們提供邊界且把邊界擴大了。」他說：「他們提供了一種境況和氛圍，一種一切皆有可能發生的文化。」

這很有道理。人更多，更能互相碰撞，開始討論想法，這些想法相互競爭並經過強化完備，產生了更多的驚喜頓悟時刻。接著，碰！各時期都出現繁盛市景，矽谷、佛羅倫斯、耶路撒冷、曼哈頓、巴比倫、底特律、柏林、巴黎、阿姆斯特丹、莫斯科、墨爾本等。

「所有偉大想法和創新都發生在城市環境，這絕非偶然。」魏斯特表示：「牛頓現象很少見。」

牛頓現象？

那是在一六六五年的夏天（誰能忘記呢？），黑死病席捲倫敦，牛頓離開劍橋三一學院回到鄉下老家。他那時二十三歲，在鄉下建立起微積分及萬有引力理論的基礎。萬有引力可是史上最偉大的大C創作之一，至今仍流傳著牛頓被掉落蘋果砸到頭的故事就能說明它的傳奇性。（嘿，是的，有時偉大發現也誕生在郊區！）

不過，牛頓把發現萬有引力的功勞歸因於他人的緣故，他說了一句名言，後來收進英語系統的嘉言錄而成為牛頓的另一項成就，當時他說：「如果我看得更遠，那是因為我站在巨人的肩膀上。」（"If I have seen further, it is by standing on the shoulders of Giants."）

細菌也會做類似的事，而且做得非常明顯。我在新冠疫情爆發前一年了解這一點。我下面會說說這個故事，因為我不僅想藉它闡釋魏斯特的洞察，也想陳述現今世界也許也是這樣改變的。

二〇一九年，《紐約時報》發表了一系列有關抗藥性感染的報導。我的工作是與同事合作引領報導走向並撰寫相關文章。我們的第一篇報導是關於一種叫做耳念珠菌（*Candida auris*）的可怕真菌，這種真菌已進化到可以抗拒真菌藥物，而它正在全球蔓延。

很長一段時間以來，人們一直認為微生物對藥物（如抗真菌藥物）產生防禦的方式是透過隨機發生的突變，所謂隨機就是一套繁瑣的數學計算。

但科學家最近發現，對抗真菌藥的強大防禦可以不經演化方式進行。也就是：有防禦工具的真菌會將防禦工具傳給沒有防禦工具的真菌，這稱為「基因平行轉移」（**horizontal gene transfer**）。這是一種合作形式，從本質上來看，狀況就像遇到麻煩的真菌大聲呼救，然後已經發展出防禦能力的真菌就把基因傳給它。

這機制發生在真菌彼此接近時。實際上，它們是接觸的，而分子在其中互相傳遞。這現象與人類可直接類比，生活在更密集環境的人類分享基本想法，進一步形成創新的共享平台。

但這一連串發展也顯示，人類的進化可能已超越了這種需要接近才能得利的限制。

我和《紐約時報》駐各地的記者及一隊影片拍攝小組為了耳念珠菌的報導在全國各地奔波採訪，我還透過電話和視訊與世界各地的專家學者進行訪談，包括俄羅斯、英國、中國、巴西、西班牙、南非、馬拉威、加拿大、以色列，還有美國。

世界各地的人都看得到我們的系列報導。專題特別製作的影片獲得兩項艾美獎提名，是當年《紐約時報》點擊觀看率最多的影片，觀看數超過一百萬次。影片由兩位紐約人製作，一部分是在我家客廳拍攝的，之後一位製片移居海外。

但科技應用完全消弭團隊間的物理空間隔閡，讓我們能夠合作無間，分享跨全球的資訊，進而促進公共政策產生變化，就如為了預防抗藥性感染，政府制定了各種防禦措施——然後散發到世上其他各處，包括那些我們從未去過、也永遠不會去的地方。

我們不必像微生物那樣進行基因平行轉移。我們進行遠距離的知識轉移。

「從某種意義來說，網路將我們從空間束縛中解放出來。」魏斯特表示：「早期的電話和鐵路也是如此。」

「這加快了速度。」魏斯特說。

要知道：為了讓創作者聽到各地興起的真實聲音，這些聲音會叫得更響亮。但它們的驅動力主要是科技，是讓我們相互聯繫、協同合作、學習彼此想法的科技。科技的力量，若能駕馭，將會振奮人心。

若談到地理鄰近關係及創造力的基礎數學，現實世界的例子比比皆是，在在闡明不斷變化的世界。

其中包括賈斯汀．桑德科（Justin Sandercoe）的故事，他的經歷基本上講述創作者（以及他心目中的真正繆斯）如何利用科技闢出一條新路。

13 追尋白金唱片一路上發生的趣事（搖滾明星的寓言，Part 2）

二〇二二年仲夏時節，桑德科坐在倫敦自家公寓的後院花園，懶洋洋沐浴著陽光，大腦處於關機狀態——或者看起來像關機了。這位吉他老師每日進行這樣的儀式，清理思緒，放空腦袋，休息充電，特別是因為他的網站出人意料地大受歡迎。

現在每個月都有數千人上 JustinGuitar.com 網站免費學吉他。桑德科有同理心又謙遜，對吉他基本概念表達得特別清晰。他坐在鏡頭前，通常戴著帽子，語氣鼓勵，以培育後進的心敦促這些業餘愛好者、未來的搖滾樂手、遠距上課的學生團體，不管他們在世界哪個角落，只要一鍵登入，就能參加小時制的線上教學課程。

這與他小時候在塔斯馬尼亞島上與世隔絕的狀況相比真是變化太大了啊！桑德科出生於一九七四年，六歲愛上吉他。當然，他的吉他不是從網路上學的，當時網路還不存在，只能從唱片和廣播中學習，在沒有電腦提供無盡資源的情況下拼湊出吉他課程。但如今就算在最偏遠的島國，只要有心學，盡可以利用世上各種教學工具庫，加上教師本身，還有各種連結和管道讓潛在吉他愛好者聆聽學習。

桑德科一面教吉他，更懷抱熱情不斷追求創作樂曲和製作音樂的可能性，儘管沒有博得任何虛名。但他創作是為了自己，還組樂團，錄製樂曲自行出版。生活過得也還不錯，正經謀生平安度日，過著自己創造的愜意人生。

然後，到了二〇一二年的那個夏日午後，像是被打到似的，他的腦海浮現三個字。

Turn to Tell。

這些話來得沒有警告，不受期待，毫不費力。桑德科從沒試過寫歌，他從椅子上跳了起來。

該我說了。

這是歌詞，他確信，而且有意義。桑德科衝進屋裡，抓了筆，管它是鋼筆還是鉛筆，找了張紙，歌詞傾瀉而出。

輪到我向她說
我仍然泡了兩人的茶
我把廚房打掃乾淨
按照她喜歡的方式。

然後樂音響起，「我的腦海出現旋律。」他趕緊找吉他。「我居然找不到。」他告訴我：「我第一眼看到的是放在臥室的貝斯，於是我就用它來創作。」

瘋狂的過程持續不到一小時，靈感不知道從哪兒來的——「只是在我家後院曬日光浴，根本沒有想要作曲寫歌。」桑德科告訴我。

桑德科把這首歌錄下來不久，拿去給他的學生聽，學生是凱蒂・瑪露（Katie Melua）。瑪露這個名字對有些讀者來說或許有意義，她是風雲人物，尤其在英國。二〇〇六年，她是英國最暢銷的歌手之一。她跟著桑德科上音樂課，她和製作團隊聽到這首《該我說了》（Turn to Tell），很喜歡，就錄了下來，把桑德科這首歌收錄在她的新專輯，後來這張專輯拿到白金唱片。

不久之後，桑德科的電話響了。來電者自我介紹——桑德科知道這個名字，音樂圈的人都知道這個名字。桑德科說：「在我的幻想中，這是我最希望聽到的名字。」打電話的人是英國索尼音樂發行公司的負責人。

「我聽到你為瑪露寫的那首歌。」唱片主管說：「我想跟你簽個唱片合約，你能過來和我談談嗎？」

「我樂瘋了。」桑德科說：「我一定中大獎了。這整件事情沒別的原因。」

幾天後，桑德科坐在業界大老的辦公室播放他的歌。然而，這些年來的所有靈感、所有他做的歌，包括努力寫的以及輕鬆得的，沒有一個比《該我說了》更有靈氣。主管聽了不置可否，他靠了過來。

「這些歌還可以，」這位主管說：「但你還有像瑪露那首的嗎？」桑德科有更多像那首暢銷金曲的作品嗎？至少根據當天唱片公司主管的說法，他沒有。

「這件事大概是沒戲唱了。」桑德科告訴我：「偶發事件就這麼結束了。」

但這只是桑德科故事的開始。

桑德科的傳奇是從那次會議後才開始的。

如今，他每個月要教三萬多名學生。他的課程仍然免費，但接受抖內贊助。他的生活開始寬裕起來，也有了享譽世界的名聲——成為世界級的吉他教練。英國《獨立報》的專欄作家稱他為「吉他史上最有影響力的老師之一」。

桑德科通往白金唱片的一路上發生了有趣的事：他創造了一個蓬勃、創新、鼓舞人心的企業，進而支持他創作的生活模式，作了一首歌，讓金榜歌手演唱。桑德科創造的並不是搖滾明星的生活，不是某些人心中嚮往的音樂創作者的頂峰風光，儘管其中也博得一些虛名。但它的意義遠不止於此。他建構的人生是創造力滿溢的人生，而他將這份創造力帶給大眾。

桑德科的故事再次強調有創造力的人生並不在外界定義，不在於他人眼中對創作人生的刻板印象，創作出的產品也不是一般所謂的「作品」。關於這個主題我聽過最棒的一段故事來自我的家中好友。幾年前他在法學院念書的時候，總在懷疑自己是否有創造力。於是他買了畫架和顏料，走進後院開始畫畫。幾個小時後，他想：這太蠢了，我討厭這種創作，想必我沒有創意。

他扔掉顏料和畫架，再也沒有回頭。

之後他靠著做房地產買賣賺了數千萬美元，搞不好是一億美元。他利用與繪畫完全不同的創造力做到這一點，儘管他至今仍堅稱自己沒有創造力，因為他在房地產買賣的創造性表現，並不符合他人對創造力的認知。

桑德科認為創造力的實現是一張白金專輯，但實際上創造力正展現在這位受人喜愛、自得其樂且極具創意的吉他家教身上。

而我講述桑德科的故事還有更明確的原因，它與創造者的年齡關係不大，而與我們所處的時代關係更大。我們不再住在耶路撒冷了。

這本書始於耶路撒冷，是歷史上人類作為創意機器的早期案例。那時的耶路撒冷人與人緊密相繫，也是人口相對稠密的地方。它是創新小鎮，主要產品線是宗教。人站在石頭上講道，想法不斷湧現並精益求精。人們談論、傾聽、精進、分享並創造了這個世界有史以來最持久的思想。

此後，世界上到處出現這樣的社群，佛羅倫斯、俄羅斯、巴黎、中國，好奇心的聚集，然後興起古老卻歷久不衰的醫療技術。根據聖塔菲研究所的研究證明，人口密度與新想法直接相關。更多的人，就表示有更多的情緒和經驗放在個人創意香料架上當成調味料，可加在一起拌炒，分享和學習菜色做法，不斷建設與創造。

然後網路出現了，這是翻天覆地的變化，創意在表達、分享、如何被聽見，如何被看到等各途徑發生巨量變化。在此途徑下人們彼此合作，物理距離的價值已經變得不那麼重要了。

授予跨境合作者的專利數量猛增。

二〇一八年，申請專利人數為142,932人，這一數字相較一九九九年的99,000人要多，這並不奇怪。

人們跨境合作，創造新想法，在某地進行開發，在另個地方製造。是的，大部分創新仍然發生某一些新創中心，但遠距創造的可能性已大大增加。

我的孩子是網紅查莉．達梅里奧（Charli D'Amelio）的超級粉絲。查莉十六歲時在TikTok的關注人數就已達到一億。她跳舞，將個性和真性情融入到簡短卻魅力四射的表演中。或許有人會覺得這有什麼創意，但她將自己融入世界，願意冒險，也因此影響他人進行自己的創作。她不過在自己家中跳舞就能到達天文數字的追蹤人數，這對過去的地理限制來說是一大嘲諷。

在新冠大流行期間，這情況變得更加明顯。人們開始在家工作——辦公地點不在群聚的辦公室了，他們還被要求把辦公地點移到家中。然後，人們開始搬離辦公室所在的城鎮，搬到離自己家族好友更近的地方，或者搬到這個國家的其他地方或搬離這個國家，只要那裡讓他們感覺更舒適、更自在、更適合自己。

其中，人口外流最嚴重的城市要算舊金山，曾經因為雇主要求才與此地連結的年輕科技人開始尋找更舒適、更便宜的居住環境，當地租金暴跌。借用某個古怪的術語來說，世界正在「去中心化」（decentralizing）；創造力也去中心化。

那個曾經要求我，若不搬到紐約就解雇我的《紐約時報》現在鼓勵員工住在他們覺得舒適和安全的地方。它鼓勵全國、甚或世界各地的人都加入《紐約時報》的行列，只要他們能生產最富創意和最有力量的故事。

這就是新耶路撒冷，它遍及世界各地。

在這個類比中，現在整個世界都是新以色列。「Israel」這個字的原意就是與上帝或造物者角力，而它可以在任何地方完成。

我在前一章介紹的重磅學者魏斯特，他就對科技與快速變化產生質疑，認為會對創造力產生副作用。他稱這個問題是「時間的加速」。

「你自己在過日子就知道，生活節奏加快了，這是毫無疑問的。所以你必須創新得越來越快。」他說：「但這不是可持續的系統，這個系統會崩潰的。」

更大的社會網絡引領更大的創新，而副作用是：隨著發展成長我們勢必需要更大的創新，我們高聲宣揚的改革步伐很可能是讓我們崩潰的威脅。

「這個由社群網路驅動的偉大變程，一定會發展到某個階段，會走到我們無法跟上變化、無法適應的時刻。」他說。

一邊是在互聯世界成長，一邊是以創造力解決問題但也創造新的挑戰，兩者是驚人的緊張關係。

然而，我向魏斯特提供我的看法。它不一定對但或可參考，因為我看到希望的理由，事實上基於以下兩個原因。

第一個原因和你、我、我們、全世界擁有未開發資源的每一個體都有關。具體來說，我們擁有無可限量且未經開發的創造力，這些創造力不是來自網路，而是來自創造技能，而這些技能是我們很多人都不想靠近的。當然，創造力在社群網路運作下出現，但它很大程度是個人力量的產物，建立在清醒、安靜的頭腦之上，就是那個我之前已再三保證存在你內心的力量。

這個想法還有更多可討論的。

當我審視這個世界，我不禁感到這個正在場上運作的概念，當我們接受網路扔給我們的一切新聞和訊息，然後吐出自己的版本——同時創造了刺耳的噪音。這些加起來就是大量的外部干擾：CNN主持人說了什麼？福斯電視台的主持人說了什麼？總統說了什麼？多數黨領袖說什麼？我的鄰居說什麼？

我太火大了！我發推文、我貼文、我造謠、我罵人，我把自己的能量投入超級對撞機，製造混亂。

這可能是對創造力的詛咒，因為創造力應該讓我們傾聽自己、聽見自己的繆思，而不是外部聲音。如果你能變得更有創造力，同時也讓世界的節奏變得安靜——不是只要把外界聲音的音量關小一點就可以了嗎？

如果我們也加入戰局、對此紛亂貢獻己力又如何？這是因為我們未能利用觸手可及的最重要資源：充滿細緻神性的創造性沉默。

我向魏斯特提出了這個想法，他只是聽。我向他提起第二個希望的理由，這次贏得他較多關注。這與領導力有關。

時間過去，每過幾年，就會冒出新領袖。有偉大思想、遠大眼見、無上勇氣的男男女女創造出大C，就如金恩博士、或馬丁．路德（你很快就會聽到他的故事）、邱吉爾、德蕾莎修女、甘地。

我全心全意地相信，混亂會在某個時間點被某個偉大新領袖重新詮釋，他將重塑我們看待世界的方式。

是的，是的，魏斯特說。

「我們需要的偉大創新是領導者。」他說：「廣大的未知、巨大的未知」都只是「如果」與「何時」的問題。但他說：「這種事在人類歷史上發生過很多次。」

大C來了

基於歷史，這幾乎是不可避免的。

現在來聽聽上帝的說法。

14 上帝

創造力和宗教的故事始於中世紀。那個時代被政治不正確地稱為「黑暗時代」（Dark Ages），意思暗指當時的世界在文化上是倒退的，生活黑暗無光。

「沒有藝術，沒有文化，沒有社會；最糟的是，恐懼蔓延。還有遭受暴力死亡的危險，而人的生命，孤獨、貧窮、骯髒、野蠻且短暫。」十七世紀哲學家霍布斯（Thomas Hobbes）在談到人類命運時如此寫道。

出生時，也許你能活過分娩那一刻被生了下來，但你的母親可能活不了。活著貧窮受苦，只希望能活得久一點，久到可以死於黑死病的年齡。那是一段非常失序混亂的時期，讓新冠疫情的爆發看來就像是在上班日開放的迪士尼樂園，風光和煦，沒有太多的人，可以快速通行。

正是世界混亂黯淡之時，神聖羅馬帝國崛起，教會掌權，創造了某種權力結構。「是羅馬天主教會把所有勢力綁在一起的。」富勒神學院（Fuller Seminary）領導學教授史考特・科莫德（Scott Cormode）如此表示，富勒神學院是世界上最受推崇的牧師培訓機構。科莫德熱衷的領域在創造力和領導力——是什麼讓一個人成為馬丁・

路德，成為金恩博士，成為摩西、耶穌、孔子、穆罕默德，或者說他研究的對象是人，這個人的思想改變了我們原本看待世界的方式，讓我們以嶄新態度看待世界。這些人創造的產品是新的現實。

他真的很愛談論這件事。

「你的麻煩大了，你居然要求一位教授講述他剛完成的書——教會的創新。」他說：「事情不會像你想的三言兩語就解決，我有一大堆故事要說。」

科莫德聽起來就像創造者，開發了一套理解創意領導的模型，將宗教改革連接上個人電腦與矽谷。

本章講述宗教思想如何影響人類的創造力。

在闡述之前，我覺得有義務先說明我對宗教的偏見。

我是不可知論者（agnostic），不知道有沒有神存在。我承認我一定缺乏理解人類起源的智慧。誰能說清楚那兒有什麼呢？然後我和《自私的基因》作者道金斯談到這件事，他是強烈的無神論者，他對我表達一絲失望，說我至少也該承認，能證明上帝存在的證據少到還比不上，嗯，有個巨大茶壺把我們倒在世上的證據多。

在這一點上，我必須承認：我沒有看到令人信服的證據可以證明世上有唯一上帝或多位神祇存在——正如數百萬人在不同文化中相信的那樣。

而現在已知的是：毫無疑問的，主要宗教定義了人類經驗，而它們的經典是最有影響力的創作；它們的領袖是創造力的巨人。所以對我來說，問題是他們在創新上教給我們什麼，而不是信仰本身。所以，本章不站在任何特定宗教或信仰體系上說話。我希望你能保持開放心態。無論你是否相信上帝，科莫德都提供一套強大的論述架構，讓你理解人類史上那些最強大思想背後的創作過程。

以下是一位神學家對創造力的看法。

所以，回到宗教改革這議題，它可說是創造史上最偉大的產品。

在宗教改革之前，猶太教大約在公元前兩千年出現，印度教大約在猶太教五百年後出現，儒家在一千年後出現，緊接著是佛教；到了中東和歐洲，猶太教被多種勢力分裂，其中最具撼動力的是耶穌的誕生，有些人將耶穌視為上帝的兒子，更催生出基督宗教（Christianity，天主教、正教、基督教的合稱）。基督宗教受到各種勢力的分裂，之後由羅馬天主教會主導，英國聖公會的理想傳播到了西方世界各地。

正如之前說的，近代之初在歐洲和西方，羅馬天主教會的角色是各種勢力的黏合劑，教會是混亂中延續的源泉。他們「擁有一切力量」——這是各種歷史文獻對十六世紀教會的描述，他們是土地上的律法，成就「神聖羅馬帝國」。

是神聖但也腐敗。這不是異端邪說，而是事實。「教會的腐敗是眾所周知的，人們曾多次嘗試改革教會。」這段評語從網路教育平台可汗學院（Khan Academy）的歷史課程讀到。我提起可汗學院的原因一方面想給它應得的讚揚，另方面也是想做周而復始的提醒：這是網絡效應的另一個例子，網路為跨全球的學習和創造力提供極大的資源。歷史記載，曾有一度三位教皇同時統治，這反映出內部權力傾軋。「教皇和紅衣主教的生活更像國王，而不是精神領袖。」

有個想法直接戳中人們心窩，所謂「贖罪」的概念。教會主張人們可以藉著做公益和其他善行來減輕罪孽懲罰。但是整個體系變得極度腐敗，基本上只要把土地或金錢給教會，教會領袖就會給予寬恕。可汗學院的歷史課一言以蔽之：贖罪券表示「你可更快地到達天堂」。

「然後文藝復興來了。」科莫德說，這是進入十五、十六世紀的一段過渡時期，是中世紀走向歷史學家所謂「現代性」（modernity）的開端。

達文西、米開朗基羅、還有化名「莎士比亞」的說書人、伽利略，以及帶來印刷機的古騰堡。印刷術可說是網路之前的網路，以前所未有的速度傳播資訊。新想法冒出、新想法誕生、突變出新型式、傳播想法以及尋找生態有利位置。

文藝復興不是一種世俗現象嗎？並不受限於特定領域——宗教、天文學、藝術。

它是歷史上的一段時期，與「現代」沒有什麼不同，思想和創造力的步伐飛速發展、傳播、再傳播。正如我之前所說的，創造力具有傳染性，文藝復興時期就是如此，突變相互碰撞再結合。

話說回教會，環境已經準備好對飽受詬病的產品做創新改造。在那段時期，教會並不是使用者友善的機構。教皇也許也有做事，且不乏美事，但那些美事不是為眾人所做。最重要的是，人們感受到教會打從骨頭、從靈魂裡爛透了——憑什麼有錢有勢的人可以比平民先上天堂？

如果你將宗教視為某種產品，它已不符合消費者需求。

此時神父馬丁．路德登場了。

路德對贖罪券深感不滿，且察覺到這份不滿眾人皆有。但如果他想重做這項產品，就必須解決手邊棘手問題。他必須徹底改變宗教體驗，但又不能表現出想徹底顛覆宗教本身。

很難不誇大這份挑戰的重要性，這份挑戰也絕不是創造史與領導學上普遍存在的案例。人們早已相信《聖經》是神聖經典，基督教義是他們永恆靈魂的基礎，路德必須想出能被大眾接受的新想法，同時做出根本改變。

「我們心甘情願地與過去糾纏在一起，如此還要創新，那這份新產品該是什麼樣子呢？」科莫德問道。他表示，當人們談論大C創造時，「其實他們在談的是『置死地而復生』，創造未來的最好方式就是放棄過去。」

馬丁．路德沒有這種福氣。

「神職人員的可信度建立在我們永遠不會放棄講述耶穌和《聖經》的事實之上。」科莫德說。

依此事實，馬丁．路德在領導力上成就了非凡的創造力。他重新創造了過去。

馬丁．路德和他信奉的基督宗教是以神父的權力為中心的，他們視為上帝與人類之間的中介，教會和神父則可詮釋《聖經》。

《聖經》是神的話語，是無可爭議的神聖文本。

馬丁．路德作為基督徒，不能攻擊《聖經》。

但他高明地察覺到他可以攻擊《聖經》的詮釋。當然，上帝不可能有錯，但世人可能誤解上帝的意思。為了把神父剔出這一局——削弱他們的權力基礎，他必須證明他們誤解了《聖經》。

馬丁．路德的創新概念是：《聖經》絕對正確，而教會卻弄錯了，他們的詮釋徹頭徹尾都是錯的。

他修訂的根據來自《羅馬書》的一段話。

這段經文寫道：「並沒有分別。要知道每個人都犯了罪，虧缺了神的榮耀，但藉著神的恩典，藉著在基督耶穌裡的救贖，卻無償地被稱為義。」

馬丁．路德在重讀這段經文時表示，世人因「他作為禮物的恩典」而得到救贖，這是耶穌基督的免費贈品，不需要神父！

「這份見解是引發改革的關鍵。」科莫德說。「靠信仰就能救贖，不需要神父，這是來自上帝的免費禮物。」

想起來，這道理也沒有多麼深奧。這段經文讀來就像其他段落一樣，就是一般合理詮釋。

科莫德說：「你知道，就是這樣的時刻，當某人說了一些話，你會發現怎麼其他人沒想到。」

馬丁．路德給予基督教一頁新故事，藉此改革基督宗教。

他創造的是世上最受人歡迎的產品之一——一個改良過的基督教版本，比之前的更容易為人接受。

各種宗教都有類似的情形。請想想耶穌出現時的情況？他是猶太人，但猶太教以產品設計來說對消費者也帶來一些真正的挑戰。猶太教的用戶手冊《舊約》告訴猶太人，他們是「選民」，但他們必須遵循一套非常明確的規則，才能讓上帝重返地球。這個想法表示地球上只有某些人（被選中的人）才會得救，而且只有當他們遵守條件嚴苛的規則時才會被選中。

耶穌的創新並沒有廢除這些想法——他不能只是扔掉基礎——但他提供了強大的新產品：他自己。他說《舊約》的規則太難遵守，因為世人從一開始就不是完美的。換句話說，他藉著定義「原罪」將宗教原有的詮釋重新概念化了。他並非無中生有，而是把大家都接受的可用素材縫縫補補做成他的新產品。事實上，他提到的原罪取自——伊甸園的男人女人吃了分別善惡樹上的果子——這段論述只出現在《聖經．創世記》第三章（而這個章節很短！）。

然後耶穌根據《舊約》見證提供強有力的情節反轉：他的死亡讓人們被選中，無論他們是否能遵守《舊約》的每一條規則，只要人們相信他。哇！這個新產品出現更多功能：它可供所有人使用，不僅是選民。

這個概念可說是人類史上最偉大的大C創作。我的意思是，你可以爭辯說輪子、農業、動物馴化、疫苗、污水處理等其他創作是最具影響力的大C，但這是對亙古流傳的宗教做創新。無論**你**相信哪個宗教，無可否認地，它就像眼鏡，數十億的人都透著這副鏡片在觀看現實。

這一章還有另個重點需要深入討論，所謂創造力最精要的本質，宗教和神學告訴我們，當事情牽涉到過往至今的脈絡，只有創造力才最能有效地將事情導向未來。最傑出的新創意並不表示要打破現有常規。創造力往往發生在有限的範圍內，想想摩門教的創始人約瑟．斯密（Joseph Smith），這是另一個具有非凡創造力的案例。

傳說十九世紀初，斯密在樹林散步時遇見了上帝和耶穌基督，「救世主告訴他不要加入當時存在的任何教會，因為他們教導的不是正確教義。」這段記載截錄自耶穌基督後期聖徒教會（LDS Church，通稱摩門教）的官方傳記，這個教派也就是斯密後來建立的宗教。斯密所處的時期是宗教思想的豐產期，新大陸對宗教自由抱持著相對開放的態度，不僅允許新概念出現，且可進行教義間的激烈競爭和廣泛討論，這有助於將思想一代一代去蕪存菁，淬鍊到最理想的世代。

「隨著更多美國人移民到西部邊境的開闊土地，各種教派爭奪教徒。這一時期的標誌是宗教復興，帶動一股更改皈依教派的熱潮，最能說明的就是帳篷大會。布道時充滿激烈的演出和對靈性的熱情。」摩門教的官方論文集如此闡述：「衛理公會巡迴傳教士和浸信會牧師將他們的民粹主義傳達給偏遠地區的人們，這兩項運動都取得巨大發展。其他教派，包括長老會，也必須加緊腳步跟上。」在那時期，十四歲的斯密捲入他後來稱為「教義之爭」（war of words）的戰役。

就像馬丁．路德一樣，如果斯密只想毀滅早已長期存在的信仰，他就會失敗。他需要與現有產品保持足夠的一致性，以免失去追隨者，同時也要證明自己的想法有足夠新意才能凝聚他人。

斯密表示，他在紐約拋邁拉（Palmyra）附近的一座小山上找到答案。據稱，在天使的指引下，斯密在那裡發現刻有古埃及文的金頁片，這些金頁片是失落的經文，最後成為《摩爾門經》（*Book of Mormon*），這本經典的權威性與《舊約》和《新約》同等重要。這就是斯密用來建立摩門教的方法，當時的美國朝聖者面對廣闊無際、處處敵意、選擇眾多的環境，斯密創造的想法對他們特別有吸引力，斯密為他們提供穩定且簡單的特質。

「它試圖透過明確揭示的權威真理，鞏固自己，消除各競爭教派引起的諸多騷亂不安，回歸早期教會的質樸簡單。」歷史教授史考特（Donald Scott）在論述當時歷史的文章如此表示，史考特是紐約市立大學皇后學院歷史系的前系主任，他繼續談論摩門教：「最重要的是，它為生活上不斷受未知、失序和變動困擾的人提供迫切需要的結構，它給予信徒在社會、心理和經濟上的巨大支持。」

宗教上有許多小C創造的案例，為了調整不合時宜，且與不斷變化的外界保持距離，很多宗教創造了小C試圖重寫規則，猶太正統派的 Kosher 手機就可見一斑。

猶太教正統派一直努力應對手機普及後帶來的影響。一方面，如果沒有這些設備，幾乎不可能在現代經濟體制中運作，更無法傳訊。但手機具有猶太拉比很反感的功能，例如上網，花花世界可能分散教徒注意力，更會傳來異端資訊。

因此他們創造了一款小C創作：符合猶太戒律的Kosher手機。我沒有騙你，這款手機看來就是普通的智慧手機，但剝奪許多功能，或說一般具有現代便利功能的應用程式它多半沒有。宗教信仰有戒律，為了在不放棄戒律的情況下擁抱新事物，類似Kosher手機這樣的創意就出現了。

「最大的問題是，當我們困在兩個極端時，你必須在A和B之間做出選擇。」科莫德說：「然後宗教領袖說A和B你都可以有。」

或者可以參考另一個小C案例，猶太教正統派有另一條戒律：不可在安息日做體力勞動——不要「拿」，不要用手。那麼週六早上他們該如何開燈呢？拉比的解釋是允許用自動控制開關的燈。拉比還允許人們在安息日前一天先將衛生紙撕開折好，這樣才好上廁所。

這些都是小C創造，既讓宗教維持一定的一致性，信徒也能夠接受。

你可以在猶太基督教或偏向世俗精神的伊斯蘭教，或在各宗教的改革派中看到各種例子，只要新詮釋與舊教義發生衝突，就需要創意變通。

就算你不信教，前述對創造力的描述也千絲萬縷地與現代生活綁在一起。上述所提的創造本質幾乎觸及憲政體制的每個人，成為治理世上億萬人的法律詮釋。

一八〇一年三月四日，湯瑪斯．傑佛遜宣誓就職成為美國總統。他擊敗上屆總統約翰・亞當斯，這是一場殘酷、醜陋、骯髒的選舉。對於這場選舉，我們總以現代和媒體引發的觀點來看，但這次選舉在歷史書占有一席之地是有充分理由的。

就在傑佛遜上任的前一天，亞當斯趕忙簽署了《一八〇一年司法法案》，該法案由國會通過，擴大總統任命法官的權力。亞當斯對這個法案暗自竊喜，因為他在卸任前利用法律給予的權力在法院安插了理念相同的同志。

其中一位同志是威廉・馬伯里（William Marbury），他原要出任哥倫比亞特區的地區治安法官（justice of the peace，又名太平紳士）。但上任前必須由國務卿將委任狀送交參議院通過，只要走完這個程序馬伯里就可走馬上任。

但局勢詭譎多變。

傑佛遜上任後，他的新任國務卿詹姆斯・麥迪遜（James Madison）不想將此任命送交給參議院。為什麼？道理很簡單，就像現任總統想任命克拉倫斯・湯馬斯（Clarence Thomas）做大法官，而即將上任的總統卻更喜歡露絲・金斯伯格（Ruth Bader Ginsburg），反之亦然。

原訂出任法官的馬伯里提起訴訟狀告麥迪遜，要求傑佛遜政府接受上屆總統亞當斯給予的任命案。

這爭議十分嚴重，但比爭議問題更大的是美國最高法院所面臨的難題：這項訴訟案有可能讓最高法院垮台。為什麼？因為只要最高法院做出仲裁，無論這個決定有利傑佛遜或亞當斯，整個機構就可能被認定是徇私枉法的，司法淪為原始政治鬥爭工具。為了保持互不偏袒的立場，法院需要天才般的創意，而它做到了。

當時最高法院的首席大法官是約翰．馬歇爾（John Marshall）。「馬歇爾的偉大才華在於他對法律的創造力，若不是律師而是法律外行則必須付出努力才能欣賞。」《大西洋月刊》最高法院記者伊普斯（Garrett Epps）寫道。

「如果最高法院做出對馬伯里不利的裁決，就等於承認傑佛遜的黨派清洗是合法的。如果它做出不利於傑佛遜的裁決，這位新總統更會高興地撕毀任命狀。但問題是，沒有明確的法律賦予最高法院權力，讓它要求總統發布任命狀，馬歇爾也無法執行這樣的命令。如果馬歇爾做了，傑佛遜掌握的國會就可以指責馬歇爾越權並彈劾他。」伊普斯寫道。

「但事實證明，首席大法官對傑佛遜和國會來說還是計高一籌。」

這是史上該記一筆的創造力，譽為美國憲法最重要的裁決。

馬歇爾的判決面面俱到——不僅對亞當斯陣營的支持者，也是對傑佛遜陣營的支持者，而且站在大家還無法理解的陣營說話：最高法院本身。

馬歇爾在判決書寫道，事實上，傑佛遜沒有權利剝奪馬伯里的職位，他已經拿到這個職位了，這是他的工作，剝奪他的生計就等於暴政。這說法讓亞當斯陣營很高興。

不過，馬歇爾又寫道，嚴格來講，最高法院並不是解決這種爭端的地方，且最高法院不是國會，沒有權力迫使傑佛遜任命馬伯里為法官。這讓傑佛遜陣營也覺滿意，認為最高法院沒有黨派偏見。

然而，比這些更重要的是，馬歇爾以最具創意的方式不露聲色地鞏固了最高法院在美國的角色：表面看來他說的是高等法院對此案權力有限，但同時間他也意指最高法院的權力不在解決爭議而在審查司法案件。他創造了法律中最重要的概念：「司法審查」(judicial review)。

當狀況迫使馬歇爾在A和B之間做出選擇，他找到了擺脫困境的方法。他創造了新的論述，這個論述給予最高法院選擇的權力，自此以後若再有A和B的選項重演，最高法院就可依此論述進行選擇。

我在這裡引用的所有例子在在體現創造力與從眾行為（conformity）之間有極大交集，儘管如此，創造者對大C的創新程度和追隨者的距離也不能離得太遠，必須近到一定程度才可召喚出熟悉感。

這種思維模式，不管它熟悉與新奇、或源自法學與神學，思想觀念只能以緩慢蹣跚的步伐改變，這也讓美國在種族關係上進展緩慢。我們也曾站在新挑戰的分界線。

故事要從林肯開始說起，林肯的核心創意是說服種族主義與根深蒂固的聯邦政府進行改革，他領導國家經歷一場內戰，在他去世後不久，美國於一八六八年通過《美國憲法第十四條修正案》。這項立法結束了奴隸制度，但非裔美國人即使（大部分）沒有被鎖鏈鎖住，但在各層面都沒有獲得自由與平等對待。

想想規定種族隔離的「吉姆．克勞法」，重建時期美國南方各州多半實行這項法案。一八九二年，非裔美國人普萊西（Homer Plessy）在紐奧爾良火車因為不願讓座給白人而被捕。他的官司一路打到最高法院，依據的是寫入美國憲法第十四條修正案的「平等保護法」（equal protection law），此法保障所有美國公民在法律之前皆可得到平等保護。

一八九六年，普萊西的案件上訴至最高法院，最後卻壓倒性地以七票比一票判決普萊西敗訴，這表示美國在種族議題上還有好長一段路要走。判決書中的意見令人難以置信，但我介紹此案的原因是用它解釋創意思考的必要原則。法院寫道，第十四修正案的目的是強制「兩個種族在法律面前平等，但就事情本質而言，它不可能廢除基於膚色的區別，或強制要求社會要平等，就像政治上區別的平等。」接著又說：「如果一個種族在社會地位上低於另一個種族，美國憲法就不能將他們放在同一平面上。」

極度荒誕的裁決，但大法官幾乎一致同意，只有一位大法官持反對意見。這使得種族隔離制度被明目張膽地確立，回響直至今日，但此判決也為之後的創造力鋪好舞台。一個有法律和過往的國家將如何走出如此惡劣的法規？

隨後最高法院做出一系列裁決，每一件都建立在這套創造模式上：新想法需建立在對過去的重構上才能向前邁進，法律進程與上述宗教創造是同一套思維模式。

一九三三年，奴隸的孫子瑟古德．馬歇爾（Thurgood Marshall）在成為律師後，願作開路先鋒，決定挑戰馬里蘭大學法學院的種族隔離措施。馬里蘭大學法學院拒絕黑人申請就讀，即使黑人的學術成績與錄取的白人學生一樣優異，甚至比白人更好。馬歇爾具創造性的論點並沒有直接挑戰一八九六年普萊西案訂下的「隔離但平等」（separate but equal）原則，畢竟普萊西案早已確立，認為只要待遇平等，兩個種族就可以基於政治或社會因素被分隔。馬歇爾攻擊的是原則的後半部分。他說，他的當事人可以就讀的「黑人」法學院遠遠不如馬里蘭大學，兩個學校根本就不是「平等」的。一九三六年，馬歇爾和他的委託人在聯邦上訴法院獲勝，委託人最後也從馬里蘭大學法學院畢業。

兩年後，馬歇爾運用類似的創造力又向前邁出一小步。一九三八年，美國最高法院裁定黑人可以就讀密蘇里大學法學院，因為該州沒有設立特定讓黑人念的法學院。這行動並不算有意義地掃除系統性種族主義——甚至根本沒有掃除，遠遠不及百萬哩。相反地，他創造一個不會與過去斷然決裂的未來，讓種族主義制度不覺有威脅，從而讓這個有這麼多偏執狂的國家在面對新想法時不會全然排拒。

一九五〇年，馬歇爾在對德州大學法學院的訴訟以類似論述獲得勝利。最高法院一致認為：法學教育系統是「隔離卻不平等的」。同時間，最高法院裁定另一案也不平等：奧克拉荷馬大學錄取的一名非裔學生被要求與同齡白人隔離，獨自一人在個別餐桌用午餐，這些限制使得該學生不可能平等地學習。

然後大魔王來了。

「布朗訴教育委員會案」，這是聯合各州、多案合併的集體訴訟案，告訴內容涉及公立學校是否可以繼續隔離黑人和白人兒童。馬歇爾代表原告布朗進行辯論。法庭最初意見不一，太棒了，對吧？只用不到七十五年時間就讓判決不再是一言堂。然後其中一名大法官去世，由首席大法官沃倫（Earl Warren）接替。到了一九五四年，他重新考慮判決。而後總結道，種族隔離的教育系統在本質上就是不平等的。馬歇爾的創意思維建立在學者萬神殿的論述上，多年來一次又一次地對種族主義發動小C攻擊最終引發一次巨大的大C攻擊。

而這一切都來自法學與宗教創造的共同點：繼往才能開來；顧後才能瞻前。無論出於何種原因，需先以聚斂模式思考過去，統整出之所以成為現在的各種脈絡；再以發散模式發想找出解決方案，如此才能創造更符合現世運作的未來。

這原則聽起來好像只適合社會政策或思想潮流的創造。

事實上，這種行為意在平衡，可以為各領域各種創造提供基礎，包括生物學，甚至那些對社會不利的發展，就像馬歇爾不斷提起的訴訟案。

本章到了尾聲，還有數個段落，但我想這些內容會引起爭議。一項新研究表示，宗教信仰強烈者比起不信上帝一神論的人較無創造力。

等等！「你敢說西斯汀禮拜堂沒有創造力！」（還有你在前面寫到的種種宗教和創造力又算什麼！），稍安勿躁！在你對我吼出諸如此類的話之前，我認為請先聽聽這項有趣新研究的內容。

這篇研究報告的作者之一是貢卡洛，他是在創造力領域極富想像力的思想家，我之前曾引用過他的研究，說明人們會將創造力與嘔吐物聯想在一起。創造力是可怕的這一核心概念也延續到此項新研究，他和兩位同事想了解宗教信仰的強度對創造力造成的影響。此篇研究包含各種調查方法，論文在二〇二一年經過同行評審後發表。例如，他們發現，在宗教人口較多、信仰較強烈的州專利產生數量低於宗教人口較少的州。作者承認，創意開發獲得專利有各種因素需要考量，針對宗教做研究存在許多潛在的局限性。然而，他們也考慮了其他因素，包括收入和教育程度。

這篇報告包括六項調查研究，上述只是其中之一。其他研究則更關注個人層面，例如，有一項研究設計了幾項問題詢問受試者的宗教信仰，甚至讓他們思考上帝信仰等議題，然後要求他們做測試評估創造力。測試內容是先設定一個特定的單詞或概念，測試受試者可以說出多少與這個單詞或概念相關的點子，換句話說，這在測試某人連接各個發想提出創意的能力。這是衡量創造力的公認方法，而無宗教信仰的人表現更好。

作者提出了三個原因，每個原因都得到先前研究的支持：「信徒有被動的追隨心態，認為上帝是全能、全視、全知的領導者，他們戴著上帝的透鏡來看世界，這可能會抑制創造力，因為這需要全心全意地接受上帝在本質上是高人一等的，而自己的角色就是毫無疑問執行命令的人。」論文寫道：「這種消極態度與需要獨立思考、甚至需要叛逆和打破成規的創造力背道而馳。」

虔誠信徒缺乏創造力的第二個可能原因是：「被動追隨上帝不僅阻礙獨立思考的能力，而且還會接受既定世界觀，遵從現有社會認知，不太可能產生背離或挑戰的解決方案。」

作者推測還有一個因素：「最後，信徒對上帝的被動追隨給了他們一種確定感。確定感會讓人感到安慰，安慰對創作不一定有好處——創作過程需要將潛在的混亂矛盾視為平常。」

當我消化這些資訊時，我覺得如不把這些觀察用宗教角度思考，而是從「世界觀」的角度思考會較容易，宗教實在太沉重了，具有深刻的個人意義。但如果是某人抱持著某種特別嚴格的世界觀呢，以致讓他思考此世界之外的事物就受到限制。在我看來，這樣的陳述也沒有特別離經叛道。

所以，如果將此邏輯延伸到宗教，問題就不是那些虔誠信徒有沒有或可不可能有創造力。相反地，這就取決於宗教人士持有什麼樣的世界觀。有些人可能相信《聖經》

的每一句話都是真的，某些想法和行為都有罪，連想都不可以想。若有些創意要從這些「罪惡」開始發想，這樣當然會限制這個人發展創意的能力。

然而，貢卡洛讓我知道宗教世界觀也可能更有利於創造，只要這個人認為上帝鼓勵創意思維，也支持發現新事物。貢卡洛告訴我，這類型人真的會受到這種世界觀的啟發而去創作。雖然這種宗教觀不正統，但在我看來，就是宗教詮釋和宗教入世觀的不同，無疑為宗教和創造力共存留下空間。

這是論文作者在結論提出的有力觀點。

「我們並不是說信徒一定缺乏創造力。事實上，歷史上有些最具創造力的人——如伽利略到發現量子力學的普朗克（Max Planck）——都是虔誠的教徒。然而，我們的研究結果似乎確實表明，雖然教徒可以既信上帝又具有創造力，但謹慎的做法是不要同時做這兩件事。」該論文總結道：「這個結論與著名天文學家塞基（Angelo Secchi）神父的觀察非常吻合，塞基神父曾說過：『當我研究天文學時，我忘記了我的神父身分，當我履行神父職責時，我忘記了天文學。』」

以上關於宗教的討論都強調更重要的觀點：會出現某種創造一定有其相關背景。對我而言，最大收穫是我了解到創造真理：創造必然出現在創新理念與過往脈絡達到有效平衡的時刻。宗教的流變就是這樣的——向新天地邁進也必須顧及現有大眾的接受度——對於生物學來說也是如此，出現新的有機體甚或新物種，但它只有在與現存有機體共存時才能存活下來。

這讓我們走到探討疫情的大門口，下一章我們將進行病毒學的討論。這似乎不屬於創造力的範疇，但事實並非如此。

從新穎性與從眾效應相結合的角度來看，新冠病毒是一項了不起的創造。它的主要關鍵是新的，卻有足夠的熟悉特性可進入我們的身體並以它為食。

這是一種具有創造性的病毒，目標對準大眾市場。

15 疫情來襲

「病毒非常隨便，它們會犯錯，而且什麼都不在乎。」匹茲堡大學疫苗研究中心主任杜普雷克斯（Paul Duprex）博士告訴我。

序幕已過去，疫情來襲。

二〇一九年的感恩節是相對平靜的時期，人們對即將到來的麻煩一無所知，隨後的聖誕節和新年，病毒在中國傳播。我之前寫到，疫情的新聞在一月初還很少。然後到了二〇二〇年一月二十四日，世上最權威的醫學期刊《刺胳針》報導武漢出現八百三十五例確診病例，其中九十三%住院治療，另有二十五人已經死亡。報導還指出有九起「輸出病例」，分別在泰國、美國、日本和韓國等地發現。染病後的症狀包括乾咳和發燒，肺部似乎受到攻擊。

為了對付這種致命病毒，美國政府花了一大筆錢資助科學家開發疫苗，杜普雷克斯也是其中之一。他以讚嘆的語氣向我提及病毒的創造方式，也跟我分析身為疫苗開發商在製作病毒的方式上與病毒自己複製有何不同。

他指出，病毒極具創造力，它們帶給世上令人難以置信的新事物。當杜普雷克斯和我提到「病毒什麼都不在乎」時，他的意思是，病毒以隨機突變出現數十億種不同組合，顯然沒有經過深思熟慮，但有自己的策略。單一病毒經過變異通常會死亡。畢竟，它與在時間和環境的壓力下倖存的病毒不同。

另一方面，無數的錯誤帶到世界上——「我說的是一大堆」，杜普雷克斯表示：「一大堆的想法、試探、一組序列又一組序列，不斷探索新高度，形成新的基因庫，大部分都太超過了。」

他說，就好像病毒在創造這件事上不需要花特別的成本。「它們的運作規模以數十億計算。」相比之下，「創造對我們來說是要付代價的，我們要不起一百萬件藝術作品。」

另一種思考方式是，人類在創造時通常具有成本意識。簡言之，我們腦中興起一些點子，但幾乎同時會評估每個點子：這是一個**好**主意嗎？

如果不是，我們多半就不會浪費時間來處理它。人類在創作系譜上絕對位在病毒的另一端，病毒根本不會問這個變異是不是好點子。但我們也太早就喊卡了，以致經常扼殺很多潛在的好想法。因為我們擔心這些點子會不會不值得，沒價值還投入資源開發就是浪費。這就是所謂的 PIMS，Premature Idea Murder Syndrome，「點子早夭症候群」，這個詞是我發明的，意思是人有一種毛病，會想著：這個點子可能不值得我投入資源吧。

在此方面，這場疫情給我們帶來很多教訓。一種席捲全球的創造物——在這個案例中它是惡毒、恐怖、致命的疾病——在環境進行測試之前無法預測。這個特殊的創造物以新的基因組合站穩腳跟，而這個組合剛好與它侵入的世界完美契合。正如他們所說，在別的歷史時期，這個創造物也許在開花結果前就死了。

醫學期刊《刺胳針》在二〇二〇年一月二十四日有一篇文章指出，三週前中國科學家已完成病毒的基因定序了。

這種病毒突變結合了蝙蝠基因與人類基因，給人類免疫系統帶來前所未有的新威脅。它特別喜歡攻擊肺部，但因緣湊巧肺部剛好是所有器官中最脆弱的，因為與體內其他器官相比，肺必須吸入空氣，以致與外界有更多接觸。當感染者發覺自己感染前，病毒大約已在人體潛伏長達兩週，感染者無症狀地帶著病毒基因和人握手、擁抱、咳嗽或打噴嚏，藉著接觸，在人際間傳播病毒基因。

以前也有世紀病毒，但新冠病毒的特殊傳染機制讓我們對之前的致命疾病有了更深入的觀察。愛滋病毒的傳播方式要困難得多——只能以血液和體液交換的方式進行。伊波拉病毒的傳播方式並沒有讓它撈到任何好處，因為它太快就把宿主殺死了，嚴重限制了它的傳播效率。

反觀新冠病毒的感染只需要人倒霉碰上，這不僅解決低效率的問題，且它發生在歷史上的正確時間。目前人類生活在日益稠密的環境，人與人彼此密切接觸，人與動物也密切接觸——新冠的例子是來自蝙蝠，但也可能是任何拿到市場賣的致病動物——人很容易受到環境感染或被別人傳染。更因為人類在公共運輸上有各種偉大創新，如飛機、火車、地鐵、公車，使得這種創造物能夠在短短幾小時內傳播到全世界。就算患者沒有任何症狀，卻像是一艘無聲無息的死亡渡輪。

甚且，這種疾病很明顯也像有些疾病一樣最易攻擊老人，若放在歷史上看，這次疫情尤其如此。而目前世上的許多國家如美國、義大利、日本、德國，老年人、年長者與體弱者都占人口的極大比重。為什麼病毒特別容易襲擊老年人？

部分原因是它在人類免疫系統發現了一種漏洞。

當疫情一開始出現的時候，醫生和科學家注意到染病者出現乾咳。這情形其實很奇怪，肺部疾病多半都是濕咳，濕來自黏液，黏液的產生是免疫系統反應的一部分。打噴嚏和從肺裡咳出痰都是潤滑過程，有助體內排出病毒或細菌。

但這次有點不同。那時候的我們只知道，感染者的肺部似乎受到特別有效的攻擊，來源可能是一種對人類來說是全新未見的病毒。

為了了解病毒機制，也就是如何感染致病，就必須理解免疫系統和肺部之間的微妙關係。即使按照人體器官的標準來看，肺也是特別脆弱的器官。

肺是人體唯一對外開放的內臟器官，讓我們能呼吸。吸氣時空氣進入，我們提取氧氣，氧氣通過肺部微小氣囊進入血液，將氧氣送到我們身體其他部位。我們呼氣，一氧化碳轉移到體外。這種轉換對於我們生存至關重要，幾分鐘不呼吸就可能致死。但缺食物或缺水還不會；雖然兩者都必不可少，但我們可以幾天不吃不喝。

肺向外界開放是必須的，但也對免疫系統構成真正的挑戰。人體內部的防禦系統為了要讓呼吸作用一直進行，就要給肺一點餘地讓它好好運作。這表示我們可能吸入一些毒素，例如野火燒出的煙，但不會引起免疫系統普遍發作。如果我們一吸入異物，免疫系統就發瘋，身體就會無時無刻發生問題。而另一方面來說，如果肺部受到持續殘酷的攻擊，免疫系統做出的反應就必須更強烈，才能擊退敵人，維持呼吸。

肺部的防禦是一種微妙的平衡，而新冠病毒似乎阻止了這種靜態，特別對老年人和體弱者。老者弱者的肺部已經老化，免疫系統出現紊亂。在感染之初，免疫系統一開始殺不死這個病毒，之後就發狂了，對這個寶貴器官瘋狂攻擊，反應太激烈了。免疫系統把信號傳到細胞「攻擊！攻擊！」且不僅攻擊肺部，身體多個器官都發炎。這種極端的發作稱為「細胞激素風暴」（cytokine storm）。

免疫系統反應過激的原因可能是人類以前從未見過這種病毒，定名為「新型冠狀病毒」（novel coronavirus）。

以上種種讓這個病毒在本質上就是一種創造。它很新——至少對我們來說是這樣——而它也有值量，這表示它找到在環境中成長茁壯的方法。考慮到世上人口的密度和跨境移動的便利性，這個病毒的時機非常好。

二〇二〇年二月二十三日，《紐約時報》一篇報導寫著：「歐洲首次遭遇新冠病毒大爆發，義大利爆發一百五十多例，促使官員週日開始封城至少十天。」

在那天之前，義大利僅出現五例病例。《紐約時報》寫道：「暴增的案例令人擔憂，打破了近幾個月來歐洲大陸大部分地區感受到的安全感和距離感，儘管該病毒已在全球感染了七萬八千多人，且導致兩千四百多人死亡，幾乎全部發生在中國。」

就在同一天，美國被迫面對第二個非同尋常的挑戰。

二月二十三日，住在喬治亞州的非裔青年阿貝瑞（Ahmaud Arbery）出門慢跑，他沿著綠樹成蔭的道路跑到薩提拉岸社區。社區出現三名白人跟蹤他，他們將阿貝瑞逼入絕境，然後其中一名男子開槍射殺了這位只是慢跑的青年，過程極度冷血。但與過去許多殺人案不同，這起殺人案的過程被監視器拍了下來。一段三十秒的手機錄影顯示阿貝瑞拚命想逃跑卻仍喪命的情形。但事情過了一段時間都沒有人被逮捕，甚至

連提都沒有人提起。此案一直處於休眠狀態，沒有伸張正義的希望。但事情到最後幾乎對這三名男子的所有控訴都判有罪。

五月二十五日，在數百公里外的明尼亞波里斯市，弗洛伊德（George Floyd）遭警察按倒在地致死，警察用膝蓋壓住弗洛伊德的脖子讓他無法呼吸長達八分鐘。弗洛伊德死前呼喊他的母親。這件事的起因是明尼蘇達州一名商店老闆打電話報警，指控弗洛伊德涉嫌使用二十美元的假鈔。這次事件和阿貝瑞的死一樣，施暴致死的過程也被手機拍下。

死亡事件與施暴過程的影像引發劇烈的抗議活動，一場又一場，人們強烈要求正義。然後阿貝瑞的殺人案曝光，知道此案居然還未逮捕任何人後，人民更加憤怒，翻出過往案例中其他被殺的黑人男女，讓他們的名字浮上檯面或再次登上版面，例如布倫娜・泰勒（Breonna Taylor）[6]。

更多人要求改變，人們湧上街頭，一座城市接著一座城市抗議，這個國家從未見過這種景象。這是社會運動的創造。

這麼多年過去了，為什麼要求社會變革的聲音會在此時越演越烈？這項社會運動並不新。黑人母親看著孩子死去，悲痛從未停止，多年來不斷懇求改變，牧師與社區領袖請求大家聽他們說，這些呼籲雖引起一些人注意，但都不像這一次。這是因為時機到來。

6｜譯註：二〇二〇年三月肯塔基州的護理員布倫娜・泰勒在家睡覺時，被緝毒警察任意闖入家中射殺身亡，經過半年調查，警察獲不起訴處分。群情激奮，隨著「Black Lives Matter」運動，抗議再起，示威者舉起泰勒照片，要求「說出她的名字」（Say Her Name!）。

接下來我要說個符合時事的有力故事，說明在創造性的變革上，重要的不僅是想法，更是天時地利人和等相關要素。

時機是對的。

科技是對的。

現在是手機時代。

這些奇妙設備及警用密錄器拍下的恐怖影像為非裔男子多年來的控訴提供明確證據——他們遭受歧視、無理暴力和謀殺。

這些影像還準確無誤地展示科學家長期在實驗室證明的事實：系統性種族主義已在潛意識形成力量，驅使警察在感到威脅時反應過度，潛意識偏見可以解釋警察的脫序；警察受雇政府獲准配槍，是為了保護人民生命財產安全的，他們卻徹底違反了正義和保護公共安全的理念。

這些科技證明了這種致命歧視是系統性，且具有病毒特性。

現在正是時機，舊想法浮出檯面成為新運動、新的創造物。這場運動蓬勃發展還有另一個與時機相關的因素：

新冠疫情。沒錯：疫情爆發推動社會變革的條件成熟。

達林．貝爾（Darrin Bell）跟我提到這個觀察時，我還是第一次聽到這個概念。貝爾是了不起的漫畫創作家，二〇一九年，他獲得普立茲獎的「評論漫畫獎」，是首位獲得此獎項的非裔美國人。普立茲獎評審對他讚譽有加，稱他創作「美麗而大膽的評論漫畫，探討了在政策下遭剝削的群體，揭露了謊言、虛偽和欺詐。」

我很了解貝爾，從二〇〇一年開始，我們聯手製作日刊連載漫畫《魯迪公園》。我們一起發想創作；我寫，他畫。你很難遇到像他這樣的人，充滿創造力的靈魂，想法如此細膩深刻。所以我打電話給貝爾，想問他對這些議題的意見，我想他一定會用一些真情實料好好衝擊我的心靈。

他談到，記得他才十多歲的時候吧，看到了一九九一年三月三日羅尼．金（Rodney King）被警察痛毆的影片，「這是我們第一次見到警察打黑人的實況。」貝爾說。

「對年長者來講只是覺得這件事不對，但確實在他心裡形成既定印象。」他在洛杉磯長大，當然知道這種事見怪不怪。但就算是他，也不常見影片拍到真實實況，驗證了貝爾和他同輩知道的世界。然後，貝爾之後的下一代人開始更頻繁地看到這種透過影像呈現的殘酷暴行。「比我年輕的下幾代人看到他們快速射擊，一個又一個地。」貝爾告訴我。「這件事情非常重要，因為孩子在年齡還只是個位數時就看到這些畫面了。」

就像小孩子看西部片或二戰電影就想去從軍，新一代年輕人的現實是由手機上的媒體形塑的。「他們知道這種事一直在發生，然後老年人對這些事早已習慣了，他們怎麼會不沮喪，他們把事情記錄下來並分享出去。」

然後是阿貝瑞和弗洛伊德，正好遇到疫情，人們有空關注這些事，有空走上街頭抗議，貝爾這樣說。

「這是他們日常，突然間他們不能去學校了，也無事可做。」他說。

他不想聽起來憤世嫉俗，但他看到的事情是，美國人鎖在家裡看新聞，發現自己無法逃避證據，如果換作處在更健康、經濟更有活力的時代，這些證據很快就會從人們的視野中消失。人們會通勤、去上班、上大學、看職業運動。手機上出現的殺人影像遇到千載難逢的時刻，站上一個生態有利位置，讓人們有時間消化、反思、做出反應，並根據手機裡的影像證實自己多年來被欺壓的感覺都是真的，壓抑多年的憤怒一下爆發。

要對抗系統性種族主義就是要趁現在，這種對抗想法雖可追溯到《土生子》或更早的年代，但現在更能引發共鳴，有如此強大的利基市場，因為環境條件已經成熟。

病毒和社會運動這兩個創造物是相互關聯的——都有著出乎意料、不可預測的創造天性與反應。

而人類開始對此做出反應。

16 自然的呼喚與回應

這可寫成歷史傳奇了吧，這個故事有大自然的偶然創造物，有系統性種族主義，加上賴也賴不掉的影像證據，引發出一種決心爭個魚死網破的創造物，一種人類在脅迫下召喚出的意志。

在這個時間點，非人世界的創造物與人類世界的創造物在性質上不但差別不大，幾乎可說完全相同。病毒經突變橫空入世，隨後引發了一場激烈行動，是思想、溝通和跨境科學的劇烈併合，就像把拼圖拼在一起，基因剪接（genes splice）也是做一樣的事。此時總有一些心中有愛的科學家和政策制定者、創新者、企業家和藝術家堅守崗位找尋做好事的機會。

我的好友兼同事雅各（Andrew Jacobs）替《紐約時報》寫了一篇為了製作呼吸器創造力大爆發的報導。

創造力爆發在生活各層面——從醫界開始，醫生的創意大爆發。醫生多被認為是高度有紀律守規則的人，也確實如此。別忘了，這些人在還是大學新鮮人時就認為早上六點起床穿過校園去上有機化學課是個好主意，他們不但要記住化合物如何相互作用，還要反芻應用化合物的作用。他們的養成之路受到高度嚴格訓練，通過醫學院，拿到獎學金，最後到達醫生辦公室。你希望他們能將你的症狀疾病與已知的事實案例相對照，而不是自己隨心所欲地進行創造性解釋。

但這並不表示醫生沒有創造力。拜託喔，這只表示他們經常會選擇一條需要將衝動轉化為掌握關鍵、實際分析的路。

但是恐怖的新冠疫情釋放了他們的靈感。雅各寫道：

對呼吸機短缺的憂心在全國各地醫院掀起一波實驗浪潮，催生出一些可能替代方案藉此延續患者生命。

紐約長島北岸大學醫院的醫生把用在治療睡眠呼吸中止症的機器拿來用在新冠病人身上，幫助數十名新冠感染者維持呼吸。紐約大學的工程師把美髮院的罩頭式吹風機改造成個人負壓室，不但可輸送氧氣，還可限制病毒的氣溶膠傳播，降低醫護人員和其他患者的感染風險。

全國各地胸腔科醫生轉做一種非常簡單的干預措施：將患者翻轉成趴臥的姿勢，好明顯提高呼吸窘迫患者的氧氣含量。

醫生表示，這些臨時干預措施可使醫院安然度過最近幾週重症患者激增的情況，讓呼吸機嚴重短缺的情況稍加緩解，也幫助那些害怕醫療保險配給過不了的病患。

「其中一些是我們通常不會在醫院使用的戰地干預措施，但這場危機大大刺激了創造力和合作。」亞特蘭大的胸腔科醫生葛雷格．馬丁（Greg Martin）這樣說，他也是美國重症醫學會的主席。「這件事的好處是我們學到了很多東西，希望一些能轉換成將來可以應用的東西。」

在這段時期，靈感具體化，驚人創造集體出現——透過跨境合作的努力。大家都敞開心胸的情形十分特殊，對非常時刻的恐懼大到逼著人們放棄疑心病，加速發想讓彼此想法激烈連接。在創造力的推動下，我們生活幾乎各方面都必須調適，例子俯拾皆是。

二〇二〇年三月三十日那天，索納莉．威爾伯恩（Sonali Wilborn）醫生坐在密西根州安娜堡市的辦公桌前，又是一場 Zoom 視訊會議，聽著聽著忽然靈感大發。她突然想到該如何幫助新冠患者較人道地死去了。

「人們認為我瘋了。」威爾伯恩表示。

威爾伯恩是受過專業訓練的內科醫生，將安寧緩和臨終關懷當成職涯目標。她幫助人們更有尊嚴地死去。在新冠大流行期間，人們在臨終時比之前幾年更慘：無法見到親友。最後時刻是在重症病房或療養院的病床孤零零一個人，在隔絕的狀態下等死，不准也不讓訪客探訪。沒有人願意冒著讓可怕病毒進一步傳播的風險。

悲慘的故事一幕幕，親人只能聚在療養院外，隔著窗戶遠遠看著父母、祖父母、家族親友，說聲嗨或告別。或者，在生命最後為了吸氣掙扎的人會懇求透過手機用眼睛看，就算是用 FaceTime 或其他創意發明，只要最後見一眼兒子、女兒、孫子都好。

就如住在紐奧良的威利（在此為保護隱私，我姑隱姓氏），他是威爾伯恩在密西根家中開視訊會議時聽到的病人。除了一般醫師工作，威爾伯恩還擔任安寧照護團體「安寧之心」（Heart of Hospice）的主任醫師，這個團體的主旨在於臨終關懷和安寧照護，希望將理念傳播在美國南部十六區。安寧之心表示，他們的願景是「改變臨終關懷的形式」。

威利的確需要變通的形式。他躺在重症病床上，很快就會死了，無法與家人、兒子有任何聯繫，威利與兒子已經十多年沒見了，他懇求死前見一見兒子。

通常建一間新的臨終關懷病房需要十八個月，有很多繁瑣的行政程序要走，還有重大安全和醫療問題要考量，甚至有房地產問題等。

威爾伯恩醫生告訴團隊，他們必須配置出新的住院臨終關懷病房，一方面可以安全地防止新冠病毒的傳播，也可讓大批就要死的病患見到家人。

安寧之心的團隊不眠不休地工作，搭了一座「臨時」的臨終關懷病房，備好安全設備，讓家屬可以穿著防護裝備安全地在房間內與患者告別。這過程只花了八天時間。威利進了安寧病房，見了兒子最後一面就走了。到了二〇二〇年秋天，我寫下這段故事時，臨終關懷中心已經為八十九名患者提供服務，如果沒有安寧團體的幫忙，他們必定會無人聞問地孤獨死。

威爾伯恩醫生並未發明臨終關懷或個人防護衣，她把點子聯繫起來，讓孤獨死的人變少。這是疫情啟發創造力的極好例子，讓其他組織也採取類似的作為。

創造力不分年齡，有年長學者的創意，就有年輕創新者的決心。二〇二〇年三月，疫情爆發不久，華盛頓州一位十七歲少年設置了疫情網站，他搜索可靠資訊，並將當下疫情及應對措施統整在網站上。

令人驚嘆！想像一下這時候爆發的所有創造力；就是這個時候，創造力使得病毒被識別、捕獲、描述，分解成DNA片段，還發明了對抗疫苗。這是創造力大爆發的基本型態——有破壞才有建設，有呼喚才有回應。

需求資訊的呼喚讓這名十七歲少年做了回應。

創造力來自各個角落，遍布生活、科技、醫學各層面。這是創造力百家爭鳴的時刻，創意帶來改變。我特別喜歡蒂娜．賽爾（Tina Syer）的故事，二〇二〇年三月十九日晚上，賽爾開著車走在舊金山南邊高速公路上，越開越覺得震驚。就在幾天前，美國顯然躲不過新冠病毒肆虐，許多城市開始封城。

這意味著賽爾對世界敞開的小角落——半島青年服務團的大門將關閉。大致上說，半島青年服務團長期以來一直為弱勢社群提供服務。賽爾在服務團的分會擔任執行，負責募款，服務對象是當地最容易被忽視的一群：矽谷的隱形窮人。矽谷位於加州帕羅奧圖附近，是世上最富裕的地區之一，有史丹福大學，是創投公司的集中地，就如沙山路上的各大公司，還有Google、Facebook和特斯拉的企業總部也在這裡。

因此，根據矽谷聯合創投的智庫調查，當地十三%的人口掌握著七十五%的財富，收入差距之大也就沒什麼好奇怪的了。然而，光譜的另一端是一群最貧窮的人，他們住在隔壁小鎮東帕羅奧圖，基本上就是鐵路的另一側。居民千方百計想讓自己不被看見：他們擔任管家、園丁、餐館清潔工、門房，擔任一些本來就被人漠視的工作。他們多半來自拉丁美洲，沒有證件，願做廉價勞工的部分原因本就有不可告人的祕密。但他們非常勤勞，很多人為了賺錢付房租打很多份工。這就是半島青年服務團派上用場的地方了，下午他們的孩子放學就到服務團來，他們會幫忙照料，做課業輔導，提供孩子點心和一些晚餐，還提供強力的支持。

然後新冠大流行來了。當賽爾從舊金山的家沿著高速公路開車前往服務團時，她意識到這將是她長久以來最後一次去上班：封城了，分會不得不關門。

她一面開車一面想：「孩子上學也不安全，也沒有學校早餐和午餐吃，也沒辦法來服務團吃晚餐。」

然後她想：「等等，我們活動中心有空間，裡面有很棒的廚房！」青年服務團每天為年輕人提供三百五十份晚餐，讓他們做功課，在家門鎖上時還有地方可以待著。因為賽爾才剛到這個服務團上班，只是臨時想到這個很棒的點子，但也沒有太多實權或影響力讓點子實踐。

但這是個很棒的創意火花，當她跟組織長官報告時，一個非凡的創造誕生了。以下是我替《紐約時報》寫的半島青年服務團的報導：

加州帕羅奧圖——安德烈斯．潘托哈（Andres Pantoja）是帕羅奧圖一家時尚餐廳的副主廚，他的事業蒸蒸日上。疫情爆發前，他一晚上要精心準備價值一百一十五美元的羊排，還要把整條魚的骨頭全部剔乾淨，讓它可做價值四十二美元的希臘烤魚，每晚提供二百份高級料理是很瘋狂的工作。

然而事實證明他的新任務更是亂成一片——要製作數千份免費餐給園丁、門房、建築工人、管家和其他人，但這些餐點對享用的人來說似乎是無價的。隨著新冠病毒對經濟的打擊，這些人的微薄收入變得更微薄了。潘托哈參與了一項大型活動，目的是在全國貧富差距最大的地方試圖餵飽該地最貧困的家庭。

這項活動叫「從科技到餐桌」，是由當地半島青年服務團分會策畫，作為矽谷對飢餓人口盡一份心。半島青年服務團的執行長福騰博（Peter Fortenbaugh）是哈佛工商管理碩士，他利用自己在麥肯錫公司的工作背景和廣泛的人脈關係，將原本以貧生教育為主軸的服務業務轉成疫情期間灣區最繁忙的餐飲外送服務。

兩個地點每晚提供兩千多份免費餐點，一個位於東帕羅奧圖，而副廚潘托哈在紅木城熱情地主持餐飲大秀。

「晚上煮什錦燉飯，食材是雞肉、安多維爾香腸、蝦。」就在前一天晚上，廚師同事一面炒飯，潘托哈一面說明菜色。調味料呢？「很多東西：紅椒粉、小茴香、辣椒粉，其餘都是祕密。」

服務團到本週已經供應了第十萬份餐點，現在每週花費三萬美元。最近才有募款進帳，他們藉由一場公益自行車活動募集了二十一萬八千美元，算是防疫期間的小插曲，這個活動有七百八十四人參加。

糧食不足，這個隱含飢餓恐懼的溫和術語，隨著失業現象長期化，已成為新冠流行期間故事的核心。故事就從自下午四點在服務團兩個場地外排隊的人潮開始講起吧；一個育有四個孩子的家事清潔員每週收入從四百美元降至一百一十美元；一位在梅西百貨做門口接待員的五十七歲男人在百貨公司關門後丟掉飯碗，現在與七個人擠住在家裡，但這個家沒有一個人有工作；還有帶著三個孩子的母親，丈夫是畫家但現在只能打零工。

一位沒有證件的婦女表示：「屋主不希望他靠近他們。」她只透露自己的名字叫約瑟芬娜，以免移民局找麻煩。她和其他人表示，因為必須把房租放在第一位，服務團供給的食物特別有幫助。

《紐約時報》在發表這篇報導幾週後，我得知社區膳食計畫已獲得超過五十萬美元的新捐款。

賽爾靈感大發想出的好點子在她的社群流行起來，激勵了組織高層、一般大眾、當地主廚，並引發我寫了一篇文章，而《紐約時報》編輯受到激勵發表它。這篇報導建立在巨人的肩膀上，巨人包括那些創建《紐約時報》的人，那些將紐時放在網上成功轉型的創新者，而他們又必須依賴網路的創造者，一切種種為賽爾和半島青年服務團帶來更多幫助、更多捐款。這個例子中肯地解釋了創造力靠涓滴成就：創造力因危機而爆發，因恐懼而助長，是真實自性的探索，在不同面向發揮個人的創意火花。

現在全國各地街頭鬥爭四起，糾結在種族關係的未來，出現了領導人物，有各種聲音。為了解決警察與窮人和少數族裔社群之間的關係，人們提出一連串對系統性改變的提議。

賈斯汀・哈林頓提出一個想法。

賈斯汀是萊農．吉登斯的外甥。

他二十歲出頭，在防疫期間，大多時間都在他北卡羅萊納州的家中臥室製作專輯。他說：「我只是想創作，與一切隔絕。」

一開始情緒激動，卻又不免沮喪，他想念其他人。他無法把他的專輯搬到舞台上。早期的抗議活動並沒有激發他的靈感，只覺得以前也見過，人們在過去也曾走上街頭，但只有幾天熱度，然後又回到各自生活，被外在無比沉痾和體制壓力重重擊敗。

然後，五月中旬一個星期六，他在ＩＧ看到在格林斯博勒市中心的抗議活動。他和母親拉倫賈用貨車載著口罩、水和其他物資來支持抗議者。「在隊伍前面，我看到我的朋友在領導遊行。那些一直在地下經營的人正拿著麥克風吶喊，這就像替我把開關打開了。我想：這就是我應該做的。」

一個繆思感動他，就像感動這個國家的其他人一樣。他最後一定會站在前線，成就自己的創作，將政策與藝術結合在一起，讓它發揮強大的影響力。

吉登斯也有類似的想法。二〇二〇年六月的第一個禮拜，在她愛爾蘭的家，這個家已成為她在愛爾蘭的臨時住所，她坐在廚房餐桌旁，打開 MacBook Pro，點開推特。那天早上，一位推特粉絲讚美了吉登斯在二〇一五年自創自唱的歌《不再哭泣》（Cry No More）。這首歌的靈感來自南卡羅萊納州查爾斯頓鎮發生的大規模槍擊事件，這次事件有九名非裔教會成員喪生。

吉登斯看著YouTube播放這首歌。

「我看著它，心想：『哦，糟糕』，點子在那時產生。」她追隨擋不住的靈感，任憑繆思帶她往這裡去：為這首歌做新版本的願景，編制更大也更宏偉。腦海出現這景象：聽到馬友友的大提琴聲，米斯蒂．科普蘭（Misty Copeland）在旁舞蹈；科普蘭是第一位被美國芭蕾舞劇院升為首席的非裔舞者。吉登斯開始從遙遠棲息地聯絡，利用科技實現之前未有的大規模合作計畫。

創造力的爆發是為了應對世界和美國面臨的挑戰。這些故事有個共同之處，這些創新都出自人類心智的巨大力量。關於大腦在創造上的運作機制，在目前發展下我們已能更加了解它的奧祕。

接下來該探索創造者的大腦運作和其他生理機制了。進入第三部。

Part 3

NEUROLOGY, PHYSIOLOGY, PERSONALITY, CHRONOLOGY, AND (THE NEW) GEOGRAPHY

神經學、生理學、人格特質、年代學和（新的）地理學

17 大腦

「請說出磚塊的各種用途？」

賓州大學腦神經學家羅傑・比提（Roger Beaty）向我提問。他正在對我做「替代用途測試」（alternative-use test），磚塊用途是其中一個標準問題。

替代用途是用來界定創造力的評量測驗，由學者吉爾福（Joy Paul Guilford，一般多稱為J.P.）在一九六七年提出，目的在評量受試者發散性思考的能力。

「請說出磚塊的各種用途？」

或說出迴紋針、鋼筆、鞋子的各種用途？

這些問題的目的在評量創造力的四種內涵，吉爾福將創造力歸納為四種能力。其中一個能力是**流暢**（**fluency**），這是我在第一部描述過的概念，但其實這只是說明數量多寡的花俏術語，也就是此人能想出多少個點子？

一塊磚頭可以作門擋，拿來扔窗戶，還可以卡住輪胎防止汽車滑下陡峭山坡，等等。

第二種內涵是**獨創**（**originality**）。

「磚頭可以磨成細粉，與水混合成紅色泥糊，用來畫畫。」在我條列出磚塊的各種用途後，我把這個想法告訴神經學家比提。

這個特殊的想法似乎引起他的注意。這個描述可能屬於獨創，但我的想法也包含吉爾福歸納出的另兩個內涵的特性。其一是**變通**（flexibility），評量此人可想到多少種不同類別的點子，而顏料與門擋是不同種類的東西。最後一類是**細節**（detail），我解釋了磚塊磨成粉加水混合，這個描述提供相當具體的細節。

比提靈機一動，決定將原有測試進行一些調整：讓受試者躺在磁振造影掃描儀（MRI）內做即時測試，照出受試者大腦的影像。

這章內容就是比提和其他科學家對創造者大腦的發現。這些發現能說明本書大多數創作者的生理和情感特性。我先從大腦開始說明。

當比提想到這個點子時，他還在北卡羅萊納大學格林斯伯勒分校攻讀研究所。他挖到寶了，找到一台在房間「養灰塵」的大腦掃描儀。這台機器光是簽約金就高達六位數，但它沒有被充分利用。比提一改現況好好利用，拿它掃描了約一百七十人的大腦，掃描的同時還讓這些人在規定時間內做替代用途測試。大致的過程是以掃描儀測量大腦的血流量，藉此顯現在一定時間內大腦哪些區域的工作量最繁重。

比較那些在發散性思考測試得分較高的人和那些想出較少新點子的人，他們的大腦血流模式有什麼不同？

比提審視結果，覺得自己有了強大發現。

他表示：「表現較好的人大腦三個子神經網絡的聯繫更活躍。」

這三個子神經網絡為「預設模式網絡」（Default Mood Network，簡稱DMN）、「執行控制網絡」（Executive Control Network，簡稱ECN）和「警覺網絡」（Salience Network，簡稱SN）。

當某人不專注時，大腦的預設模式網絡最活躍，就如休息時、發呆放空時、心智漫遊時、前塵往事未來雜念浮上心頭時，就是預設模式網絡較活躍的時候。

執行控制網絡是人類心智中最進化的部分。此大腦網絡處理複雜決策、專注做事且引導注意力集中於專注事項。

警覺網絡扮演過濾功能，會「挑出相關的、有趣的、需要關注的事項」以決定要活絡哪個區域。

在比提的操作中，創造力測試表現較好的人在三區之間的互動狀態較活絡。對他來說這表示，預設模式網絡讓各種想法出現，警覺網絡幫助篩選出最可能有關的想法，最後交由需要深度聚焦的執行控制網絡完成。

我簡單把它想成這是大腦的金礦開採作業。大腦某區會挖出大量物質，可能是石頭、礦物、化石、垃圾和大塊黃金；再由大腦另個區域篩選出那些可能是金子的碎片；最後讓大腦某區拿到最有潛力的材料，將金塊拋光或熔化，塑成戒指，推向市場。

比提致力的研究目標有部分是在描繪創作者的大腦圖譜。

這是極具爭議性的。

有人認為這沒有意義。

「全是廢話，沒有價值。」我在本書第二章提到的創造力學者迪特里希是這樣告訴我的。他長期研究創造力，著有《大腦如何產生創造力》一書，他在書中解釋道，創造力的複雜性遠超過人類對大腦創造力的定位能力。「我想不出有哪一種心智能力對人類處境如此重要，但我們對大腦如何創造卻想得如此淺薄。」

迪特里希在二〇一八年的一篇論文寫道：「創造力的神經學研究與其他心理學科脫節。它與心理學研究現況不一樣，處於理論乾旱區。」

我在開場以這樣的方式介紹創造力的神經學，是為了強調兩個重點：其一，神經學在理解創造力上具有非凡潛力，但這門科學還處於萌芽狀態，因此很可能產生誤導。其二，部分也由於這些原因，我沒有將神經學作為本書的核心基礎。創造力的神經學聽起來好像很性感，但它誇大了這個新興研究領域的深度。

因此，本章意圖解釋科學家知道什麼、不知道什麼，以及為什麼前景一片看好。

儘管迪特里希是創造力神經學的知名懷疑論者，但他也對此抱持開放態度。

迪特里希的童年在德國北部度過，直到十幾歲時全家搬到美國。他在喬治亞大學讀大學和研究所，有興趣的領域在研究創造力和意識。迪特里希有做高強度、長時間運動訓練的習慣，參加多項鐵人競賽，且日常固定跑三十公里，原因無他，訓練而已。

迪特里希說，二〇〇一年他在喬治亞州中部樹林跑了近三十四公里，正是在那次慢跑後，他突然冒出一個想法。這想法與創意新芽在大腦冒出的位置有關，或者更確切地說，與它們**不出現**的位置有關。迪特里希確信，當前額葉皮質（prefrontal cortex）處於平靜狀態時，想法會流動。目前這個觀念已漸漸被接受，但在當時，當迪特里希發現這想法時，還覺得這觀念太過驚悚以致不敢公開討論。這論點有充分理由：正如我所說，前額葉皮質是人類大腦中最進化的部分，可以說，這就是我們與野獸的區別。

「我花了好幾年時間才把這問題解決，確保在專業上，我沒有漏失什麼，不會變成大災難。」他告訴我。

到了二〇〇三年，他覺得有足夠信心可以站出來發表了。他寫了一篇論文介紹「暫時性次額葉理論」（transient hypofrontality theory）。

「hypofrontality」這個詞的重要組成是字首「hypo」，意思是「以下」，就像「hypotensive」意思是低血壓。它與「hyper」（以上）是相反詞綴。

若將前額葉短暫性的資源下調；也就是讓大腦最先進區域的功能暫時減緩，會導致更具創意的想法產生。

從表面上看，確實如此。但計算上不是如此。

難道創造力的起源是出自大腦進化程度較低的部分嗎？

隨著時間過去，越來越清楚迪特里希正往對的方向去，證據就在本書中我分享的各個故事。在冥想狀態會產生想法——這是對道德約束、必守規則和法律不那麼直接、不那麼嚴格的狀態——就像孩子更能流暢地產生創意，冥想狀態與這些情形是一致的。

就像比提也說，大腦三子區的活絡狀態並不表示大腦其他部分沒有參與。但讓迪特里希真正震驚的是，創造力「完全嵌入、普遍分布」在大腦中。

這就是為什麼迪特里希放棄以神經學探究創造力的原因，儘管神經學發展迅速，對創造力如何發揮作用可以有立即答案，但這想法終究是太淺了，不是不對，只是目標放錯位置了。迪特里希表示，只要你真正了解大腦產生強大靈感的區域分布，你就可以想見了。

「對於任何國家、任何軍事勢力、任何公司來說，目前神經學對創造力的說法都像是它能徹底改變遊戲規則。好像你不僅可以培養創造力，還可以移動槓桿拿掉什麼、增加什麼來增強這一過程。」迪特里希這樣對我說。我透過 Skype 和他對話，他現在是貝魯特美國大學的教授，訪問時他正在黎巴嫩的自家中。網路力量無遠弗屆再次在思想分享上發揮功能。

值得注意的是，迪特里希認為目前創造力的神經學研究仍然有很多缺失，但他真的相信最終答案會來自演化生物學。「也就是說，大腦會生成某種心理模式模擬『生成－測試試驗』（generate-and-test trials），然後將試驗結果輸入到突變程序中。」他寫道：「一旦我們接受演化範式，我們就有了明確的前進方向。」

某些神經會將剛生出的想法和片段想法連接組合，創作者可將它們連接成更大的想法，藉著嚴格分析和智慧進行評估，這時使用到的大腦區域都不限少數區塊。迪特里希寫道：「顯然，有創造力的人並不是天賦異稟的預言家。」

但兩種意見同時發生，正當迪特里希對神經影像學的前緣研究仍保持高度懷疑，另一方面比提卻相信大腦創造力的地圖已然成形，如果雙方說法同時並存，是否可說神經科學領域正處於中間立場。

研究創造力的神經科學家緩步前進，提供線索，但不能提供完整的圖像。

愛荷華大學做了一項小型創造力研究，此計畫探索了七位傑出創作者的大腦：有四位藝術家（其中三位是作家，一位電影製片）和三位科學家（一位神經科學家和兩位分子生物學家）。

這些創作者要一面做件可顯現創作衝動的任務，一面接受核磁共振儀掃瞄腦部。這項任務是：研究者會丟給創作者一個常用詞彙（選自各種名詞和動詞），而創作者必須低聲說出想到的第一件事。前提是，這些傑出創造者要以已知方式做回應，以反映創造力、想像力和不同想法的連結。

因為要進行比較，七位創作者先放入掃描儀中，複誦出研究者給的兩位數字，目的是顯現大腦在低創造力時的狀態。

而後當研究對象以自己發想的單詞回答問題時，掃描儀顯示，此時他們的大腦比複誦數字更加活絡。這個論點豪不奇怪。畢竟，當大腦必須用一個詞來回應時，它承擔更重的任務。

第二個基本結論是，當要求藝術家和科學家想出詞彙時，他們的大腦都在類似區域展現活躍狀態。特別是大腦的預設模式網絡在顯像儀中會出現亮光，這部分的大腦網絡較少參與指定活動。這就是迪特里希的理論：科學家和藝術家，即便創作方式不同，但在創造時，他們的大腦預設模式網絡都會出現高活躍性，而此大腦區域一般多認為是大腦在休眠時出現的模式且不參與主動分析。

還有一項更細緻有趣的研究發現了頗具挑釁的含義。這份研究比較兩組對象：一組是那些取得重要成就的創造者大腦（也就是在各領域有大C成就者的大腦），另一組是那些成就沒有如此高但是非常聰明人的大腦。

這份研究是加州大學洛杉磯分校所做的大C研究的一部分。研究人員召募第一組

「創意領域的高成就者」，如畫家、雕塑家、攝影師，以及來自生物學、化學和數學等科學界的有為人士，再用一套生產力和影響力評量標準確定他們的創意成就。第二組召募的就是「比較聰明的人」，也就是教育水準高且智商也高的人。兩組加起來共有一〇七個研究對象。

這些受試者要做各種任務同時接受大腦掃描，其中一個研究課題就與創造力有關，要求研究對象進行「發散性思考」。研究發現，兩組人在進行創意活動時都使用了相似的大腦區域，但大C創作者的大腦區域活動較少。

創作者需要的腦力較少！

值得注意的是，兩組人都可得到類似的結果，但聰明組的人需要更努力。

這篇在二〇一八年發表在期刊《神經心理學》（*Neuropsychologia*）的論文寫道：「觀察到同一種神經網絡活化程度較少，這通常視為反映『效率』的提升。」

這項研究或能解釋為什麼有些人就是比其他人更有創造力：創造力對他們來說更容易。有些人輕而易舉就能創造，感覺他們的大腦對創造更不費力。這可解釋為什麼業界會界定某些工作就該創意人來做，就如編劇相對於電影製片廠的經營者，還有寫程式的工程師對比在大公司的行政人員。當然，所有工作都需要一定的創造力，但有些工作較適合那些擅長無中生有的人來做。

這也不能說其他人就沒有創造力，只是需要更多努力。

廣義而言，我覺得這項研究頗有價值的地方在於，它開始將創造力神經學分解成更小單位如創意產生、創造程序等。

神經學越進步，似乎大腦創造力的定位圖一定會出現。然後，它可能就像迪特里希的假設，會發展出行為技巧，藉著增加大腦某區域或各區域間的活躍度或能力，希望能激發出巨大的創造力。

目前，相當程度可大致推測，點子是在大腦某個區域產生的，然後送到大腦第二區塊或網絡進行處理評估。這個想法的重要性在於，它強調了人類創造方式與更原始有機體在突變和演化間的關係。

在基本細胞模型中，突變發生在基因層次，突變通常讓微生物因缺乏生存能力而死亡。但有些倖存下來，有些茁壯成長。那些能夠茁壯成長的微生物是通過現實世界考驗的。

我們大腦在創作上似乎與微生物存在精確類比。

想法從預設模式網絡出現。它們從潛意識湧出，當心靜的時候，靈光一現；這是原始情感的體驗，真實天性的狀態。它們向我們走來，往往不是那麼自願，而是經過允許核可的。這幾乎就像突變，出現新形式的想法，與之前的想法略有不同，這是先驗知識的突變。

然後，我們透過大腦的智力網絡、控制塔及各合作區域更積極地處理這些想法。

這些湧現而出的想法需經過評估，這再一次與物理世界測試突變的狀態幾近相同。我們的心智創造了突變，也創造了測試突變的原初生態環境。大腦變成崎嶇不平的地域，那些創造想法要經過酷熱嚴寒，要爬過先驗知識的滑坡和鋸齒狀的上坡，渡過現實深處有鯊魚出沒的冰冷海洋。所有這一切都可能在一眨眼間，或幾分鐘內，或一週內發生。

「我有個想法！」我經常跟妻子這樣說。

「放著再看看吧。」

突變已經出現，我將它譬為下一個如萊特兄弟般的輝煌產品。在妻子強烈建議我停看聽後，我讓它得到處理。

「你知道我前幾天的那個想法嗎？」我又跟她說：「那想法沒什麼搞頭。」

結果換來老婆苦澀的會心一笑。

突變大量出現，穿過我的過往經驗，走過那個有如烈焰構成的惡劣生態，然後扔在靈感的屍堆上。

但就是有靈感能度過考驗。多產的創作者好像有訣竅，產生更多的突變，有效評估後將想法推去挑戰下個環境：也就是現實世界；那個在腦海分析網絡之外的世界。從生物學的類比來看，這些想法已經歷數代，已經有機會在大腦外的世界蓬勃發展。

它們變成創新：可能是值得向投資者爭取落實的生意點子；是首傲視其他樂團的歌；是本可拿去向書商推銷的書；或是可向編輯報告的新聞報導；抑或是可爭取到贊助資金的研發企畫書。

或是可以拍成電影或電視節目的劇本創意，這讓我想起賈德·阿帕托（Judd Apatow）講的故事。阿帕托是極受歡迎的浪漫喜劇製作人。他不是神經科學家，但說來你可能不信。

值得注意的是，阿帕托的編劇技巧是讓觀眾像搭乘電梯般，心情上上下下擠滿了情緒，有喜、有悲、有不安、也有真實。他創作與現實搏鬥的故事，有平凡到你我都可能認識的人物，大家都有的情感，像是在自家臥房真實重現的夫妻對話。也許這就是偉大喜劇的定義，他一次又一次做到了：《四十處男》（40-Year-old Virgin）、《好孕臨門》（Knocked Up）、《四十不惑》（This Is 40）、《命運好好笑》（Funny People）以及多部電視劇。其中一部是《怪胎與宅男》（Freaks and Geeks），這是描寫青春期發生的尷尬故事，雖然商業放映的時間很短，但深受觀眾和劇評家的喜愛。《紐約每日新聞》的評論寫道：「《怪胎與宅男》正挖掘一些原始素材：青少年想了解自己和世界的渴望。這齣劇太誠實了，無法提供答案，但它肯定了提問的價值與普世性。」

阿帕托聽到內心的聲音並放手一搏，從高中開始下定決心，更有企圖心做單人脫口秀，一直到畢業，打拚十年，讓他之後可以去《賴瑞・桑德斯秀》（The Larry Sanders Show）撰稿，也是在那裡，他接受HBO王牌脫口秀主持人蓋瑞・山德林（Garry Shandling）的指導。

這讓我想到阿帕托分享的關於大腦的簡短寓言。

電影和電視節目的核心是創意合作：導演、演員、攝影師、作家，有時還是幾十個作家一起合作。這些節目是在編劇室創作的，那是個奇怪而美麗的地方，充滿了想法、情緒——通常是原始的——講故事、抱怨、侮辱、笑話、創意、點子、一個又一個想法。

「它真的變成巨大的大腦，到處都在放電。」阿帕托告訴我。

編劇室是創造力神經學在現實世界的模擬。編劇室運作得好，整個環境舒適宜人，思想流動，就像圍桌而坐的人們已融成一個大腦，個人恐懼消失，取而代之的是原始的、未經過濾的意識流爆發。就好像整間工作室只有一個人，而他在慢跑或淋浴，然後創意大爆發。厲害的編劇室就像大腦的預設模式網絡——只不過它是多個預設模式網絡，一個建構在另一個上。

丟出點子，回應。丟出點子，很棒。丟出點子，噁心。丟出點子，你在開玩笑吧？丟出點子，給了我另一個想法！對啊，要是我們……

「有人會推銷不好笑的點子，但這會讓另個人記得什麼是好笑的素材，有好料才能喚醒半睡半醒的觀眾，才能打醒那些在段子裡描述的、污辱別人的人。然後有人意識到侮辱可能是脫口秀的重要手段。」阿帕托說：「我的專業有很大成分就是對陌生關係保持開放態度，很難知道這點子從何而來以及它對我們有什麼意義，總是要嘗試，進入流程，擺脫批評的聲音，看看會碰撞出什麼。」

然後，節目的首席編劇或節目主持人會記下筆記，稍稍攪和一下，再將集體大腦的輸出資料送到超連結預設模式的每日工作區。

但是。

編劇室的編劇扮演著前額葉皮質的角色。他們會否決點子，有時否決的速度快到點子一推出就被拒絕。這就是創造力的呼喚與回應。如果反應過於僵化、無情，或只出了一聲就被壓抑，它就會像前額葉皮質一樣，壓抑自己的想法，推翻真性情，變成陳腔濫調或只想討好人，然後變成只會跟隨商業反應的東西。

「編劇室殺手。」阿帕托形容這種人，「這種個性太強烈了，讓整個房間都閉嘴了。」

《賴瑞．桑德斯秀》廣受歡迎，評價也高，但創意大腦壞了。阿帕托解釋說，原因是編劇試圖模仿山德林的才華和話語——他不在場，部分原因是他太忙了——「整個編劇室都在預測他喜歡什麼，不喜歡什麼。」阿帕托說。

編劇室就如前額葉皮質對創意變得高度挑剔，擔心它們得不到認可，如果山德林

「讀到糟糕的腳本，他會非常沮喪。狀況會變得非常負面。」

阿帕托說：「這種能量會回到編劇室。大家擔心會遇到麻煩，他們不想讓人失望。有些人很緊張，覺得自己實力不好，不配進入這個房間。」這和破壞創造力的力量完全一致：追求完美主義和外部評價。「接下來你就會知道，一切都變得有點困難、神經質，有時甚至惡毒。」

這已經是允許創造力產生的大腦了，但仍然內鬥不斷，因為外部聲音壓倒思想的流動。

作為對比，阿帕托提供不同的案例：《魯蛇日記》（Crashing）的編劇室，這是HBO另一個以喜劇演員為中心的企畫，是彼特．荷姆斯（Pete Holmes）的半自傳影集。荷姆斯是單人脫口秀演員，個性瘋瘋的。他本人出現在編劇室也許對編劇有幫助，但更重要的是，荷姆斯太開放了，開放到幾乎百無禁忌。

「荷姆斯很健談，喜歡搞笑——即使在即興演出時也試著搞笑。他喜歡把編劇室弄得亂七八糟，然後自己覺得很樂。」阿帕托說。「環境太歡樂，有時也令人煩惱。『荷姆斯，我們明白了，我們不需要再聽你生活的另一個搞笑故事了。』如果編劇室不知怎地突然觸發他的笑點，荷姆斯就開始人來瘋了。」荷姆斯會開始和他們一起笑，笑他自己，笑這種情況。「那個地方感覺很安全，感覺會創造出偉大的東西。」

在這樣的編劇室，人們毫無顧忌地分享，也會提出很多壞點子，或許會過濾掉，不過也可能出現冒犯他人的糟糕點子。獨坐桌前孜孜寫稿的一人編劇可以在還沒有人發現前就把壞點子自行過濾掉，但是要讓編劇室運作，非得拿掉預設模式和眾人嘴巴間的過濾器才行。阿帕托因為政治不正確受到一些批評，但我跟他訪談時並沒有這種感覺。值得稱許的是，他挑戰的是人的內心掙扎，這些掙扎對某人的經歷、甚或許多人的經歷來說都是內心真實的一面，但也可能會爆炸。

舉例來說，許多白人認為深色皮膚的人比白人更有犯罪可能。這種心理是很清楚的、不可否認的，我將在下一章描述這個創新科學研究。但是，若有人直說他害怕街上的黑人，這在編劇室會如何？可以這樣說嗎？應該怎樣講呢？還可想到其他許多涉及部落主義的例子。

「你希望每個人都毫無顧忌地展示自己，不管好的或壞的一面，好像一切都會被人接受。」阿帕托說：「但很多時候你會走進死胡同，有些事說出來只會讓自己難堪。他們滔滔說著自己覺得很棒的事，但那些事只是可恥。可能是你聽過最糟糕的事，會讓整間辦公室的人在未來五年都把它當話題。」

在某種程度上，傳播這些想法可能有助治癒，利用毫無根據的刻板印象來消除刻板印象，給黑暗帶來光明。

毫無疑問，編輯室多樣性是有幫助的。誰知道在脫口秀中加入扭曲情節和人物敘事會有什麼好處？採用非裔美人對白人的恐懼會如何？還是要納入其他社會現實以便解釋更大真理？

當阿帕托談到那些他願意分享編劇室的人，也就是脫口秀的大腦，他強調：「一切都是為了擁有善良的心——身邊的人都是心地善良的人，他們願意分享生活經歷的好與壞。」

總而言之，大腦科學和我說的故事大致強化了以下概念：只有在大腦相對較放鬆的狀態才會透出想法和靈感，然後由較有智慧或分析能力的區域進行評估。這個程序強化了心智漫遊的價值，賦予大腦發揮想像力的自由，而不加判斷，然後讓腦中更邏輯的區域實踐這些創意。

創造力的腦科學正在興起，我們還有好多東西要學。

透過眼睛觀察才更能展現創造力。在本書若要找個最令我驚訝的內容，該是科學家對創造力和眼界相關的研究了。

人類創造來自眼界，所謂「眼界」就是真實的「眼睛所見」。

18 眼中所見

科學期刊《神經影像》（*Neuroimage*）在二〇一九年八月刊登一篇論文，抓到迄今為止在創造力學術界極重要的概念。這篇論文描述創作者如何看世界——不是從哲學角度，而是字面意義上的「看」世界。具體來說，這篇論文表示，富有創造力的人真的可以在周遭世界看到更多素材，他們不但會抓到那些較無創意者漏失的訊息，還能進一步詳述訊息細節。

這項具有啟發性的研究（這篇論文本身就是很有創造力的作品）能夠解釋創意經驗的多重面向，解釋創作者為何找得到更多素材，以及他們如何運用素材，應用到創業、製藥、在畫架上繪畫、用吉他或鋼琴創作樂曲；他們的生活經驗似乎更有價值，包括旅行、新嘗試，與想法不同的人對話，以及遠離被各種資訊包覆的同溫層。你看到的越多，對於觀看的訓練做得越多，你就越有創造力。

你的創造取決於你看到什麼。

「有創造力的人似乎以不同方式看世界，他們注意別人忽視的事，在別人認為無意義的事中找到意義。」論文開頭這樣寫著。

接下來是科學家的發現。

在加州大學聖塔芭芭拉分校，八十八名大學生拿到一張紙，上面畫著四個盒子，盒子裡有模糊圖案的線條。這些研究對象有十分鐘作答，說出他們在線條中看到的圖像。這個測驗在創造力的研究中稱為「未完成圖形測試」（the incomplete figures test）。

這個測試是「陶倫斯創意思考測驗」（Torrance Test of Creative Thinking）的子測驗，我在第四章介紹過。八十八名研究對象的回答由兩名經驗豐富的創意評分員獨立評分。給分者的評估大致重疊，讓研究人員清楚了解所有研究對象在創造力光譜上的位置。

之後，研究對象接受其他幾項指標的評估，其中一個是對好奇心的問卷調查，此特徵有時會描述為「對學習新知識的渴望」，或「求知欲或探索的動力」。問卷要求受試者說明他們「每天日常」做藝術行為的頻率，例如寫詩或作畫。

第二項要評估的是一項人格特質，受試者再按照評估結果分成三個等級。這就是事情變得有趣的地方，要測出的是受試者是否具有魔法思維（magical thinking）[7]或妄想思維的傾向。這種人格特徵屬於「思覺失調型人格障礙」（schizotypy）這個厲害術語的範疇。

7｜譯註：魔法思維（magical thinking）或稱奇幻式思考，是一種心理防衛機制，有此心理傾向者多認為自己想什麼就會做到什麼，輕忽事情的因果關係，拒絕接受事實。

在學術文獻中，思覺失調型人格障礙有一套非常廣泛的定義，它多半與某種程度的脫離現實有關。走到極端，人格障礙就成為精神疾病「思覺失調症」（schizophrenia）。但如果這種人格障礙走向溫和形式，這狀況並不罕見，人們可能會有適度與偶然出現的妄想。或者再更溫和一點，就可能變成視覺思維者（visual thinking，或稱圖像思考）或魔法思維者。一些文獻將虔誠信徒描述為具有思覺失調的傾向，因為他們相信的故事既沒有明確的現實依據，也沒有可靠的物理證據支持。換句話說，這只是人格特質，它並不像思覺失調這個可怕詞彙暗示的那麼狹隘。根據越來越多的科學研究，思覺失調型人格可能具有正面意義。

為了評估人們在此人格特質光譜的位置，受試者接受「新異刺激測試」（oddball task）。做法是讓研究對象聆聽各種可被聽覺辨識的音調，然後測量研究對象是否能識別相關聲音，同時也測量他們找到相關性的速度，並對比他們認出不相關聲音的狀況；換句話說，測試對象是否能知道兩個聲音間彼此關係並不明確且沒有客觀存在的關係。

總之，研究者根據三種特質對研究對象進行評估，包括創造力、好奇心以及魔法思維或妄想思維的傾向。

接下來是真正激發想像力的部分：研究人員評估研究對象如何看世界（真正的看），這些對象會看哪些創意類型的訊息且會花多長時間？

研究對象坐在距離十七吋電腦螢幕前大約六十公分的地方，以八秒為間隔，螢幕上向他們展示二十張圖片。其中包括相對隨機的「自然室內場景和室外場景」，例如「草地上的自行車、檯子上放著各種物品的浴室」。

然後是「顏色和內容都很生動」的二十二張不同圖像，其中包括「顏色鮮豔的蜥蜴或跳傘運動員」。

最後，向受試者秀出二十幅抽象圖像，例如印象派和超現實主義等藝術。

實驗過程中，研究人員利用複雜的眼球追蹤軟體測量研究對象看的地方，看的次數，以及他們關注特定區域的時間。該論文指出，這項測試「是一種量化個人觀看模式複雜性的方法，並記錄人們對圖像探索的程度。」在「更加有序或系統性的凝視模式」和「更加隨機、不可預測和探索性的掃描模式」的兩種模式間建立一系列反應。

研究人員發現人們看這些圖像的方式與三種特質的評估結果密切相關。

- **在創造力測試得分較高的受試者**傾向看圖像更多區域，並在這些區域花更多時間。
- **以下三種情形有正相關**：受試者的好奇心、看圖像區域的多寡、花多少時間看這些區域。越好奇的受試者會看更多圖像區域，也會花更多時間看這些區域。
- **魔法思維傾向較高的人**（也就是對事物較有不合邏輯關係的人）較少固定看，看的地方也較少。

所以呢？

研究指出：「我們可以大膽地說，創造力較高和好奇心較高的人看到的世界與字面意義不同。」

這發現對於理解創造力的重要性來說實在太重要了。

在本書前面內容，我描述了僵化的思考是創造力的詛咒，部分原因是它限制了探索內在創意火花的能力。受教導舉止行為一定要規矩的人看不到自己包羅萬象的內在，更看不到取得內在創意材料的方法，也看不到創意調味架上放著的各種香料。

但這項最新研究的有趣之處在於，實驗指出，思考較僵化的人對物質世界周遭出現的各種事物也看不到，生理上真正看不到。他們接收不到訊息，即使那些訊息與解決方案和創造息息相關。這意味著他們的創造能力進一步受到限制，此人可以拿來應用的素材很少，就像調色盤上沒什麼顏料，也沒什麼人生經驗等，他只能**看到**有限的素材。

人們看到的越多，創造的東西就越多，他們擁有的經驗和素材就越多。

重要的是，僵化的思維會產生過於簡化的偏見、刻板印象、先入為主的偏見和誤解。當出現這種想法時，創作者對真實體驗視而不見，就不可能創造出任何引起共鳴的創作。

什麼意思？

想像下面簡單例子，某位經驗不足的科學家想了解某些化學物質間的相互作用，但此人可能看不出兩方之間的關係，因為其中一個想法是看不到的。

或者，電視編劇若只是貼著螢幕抄襲他人點子或作品，或是照著之前賣座叫好的內容照本宣科，他們就只能不斷寫出毫無新意的老套劇情，因為創作過程實際上在反映創作者的所知所聞。

根據定義，如果創作者因為眼光短淺，見識不足，看不到事物的本來面目，那麼作品就很難新穎或令人驚豔，而新穎與驚奇正是創造力的兩個核心面向。

之前提過的漫畫家蓋瑞．特魯多創造了漫畫《杜恩斯伯里》，可說是名聲和創意都經得起時間考驗的大C創造者，他向我描述他如何能做到比他同年齡人看到的更多，因為他就像是局外人。

「我個子矮小、害羞，沒有運動才能，在寄宿學校過的七年裡幾乎沒有朋友。但我站在局外往裡看，看到的事情比那些在局內的人多，能更清楚觀察人們為了維持地位玩的遊戲，當然，也更能同情那些沒有地位的人。」他告訴我：「在那幾年裡我的自信心為零，但這救了我，我從未懷疑過自我價值。我是備受寵愛的孩子，有豐富而快樂的童年，我相信我母親說的我有多特別，我對人生充滿期待。」

特魯多展現出無與倫比的平衡：一方面有信心在看到真相後能應付真相，另方面也允許自己表達出那些不安的感受，而這些就是偉大創造力的構成元素。

相對而言，我想起某位編輯說的話。這位《紐約時報》資深編輯資歷極高，是我此生見過最聰明的編輯。他表示，他一生共事過太多記者，他們內心都太缺乏安全感，不敢評論。他們擔心把觀察到的說出來會讓自己看來愚蠢或軟弱。編輯稱這種缺陷為「專家症」，他告訴我，新聞界之所以缺乏原創性的敘事與報導，原因之一是記者拒絕真正傾聽他們聽到的，拒絕把來自各方的廣大意見內化成自己的。在這個例子中，隱喻是「聽到的」，而不是「看到的」，但兩者具有相同結果。

我聽過視覺價值能帶來創造力的最佳故事絕對是珍妮佛・艾伯哈特（Jennifer Eberhardt）的故事，這也是我自覺在本書引用的最好故事。艾伯哈特是史丹佛大學教授，麥克阿瑟天才獎得主，她透過孩子的眼睛看到了美國的種族關係。

故事發生在二〇一七年，艾伯哈特與五歲兒子在搭機途中並身而坐。

「媽媽，」兒子說：「那個男人看起來像爸爸。」

艾伯哈特環顧機艙，想找兒子指的是誰。

「哪個男人？」

男孩指著機艙中段的地方。

她覺得唯一有可能的是一名非裔男子，這人和艾伯哈特家族的膚色相同。但這個男人看起來一點也不像艾伯哈特的丈夫，也就是男孩的父親。當艾伯哈特思考要如何回應兒子微妙的童言童語時，她感到血壓上升。並非所有黑人看起來都一樣啊。然而，還沒等她回應兒子，事情就變得不太妙了。

「媽媽，」男孩說：「我希望那個人不要劫機。」

艾伯哈特眼冒金星。一時間，困惑、憤怒、理解、與外界他人相關的恐懼，以及她兒子繼承而來對世界的恐懼一起出現。

這核心的恐懼，這純粹的情感火花，催生出強大、具創造性的科學。下面我會描述這些科學，並強調艾伯哈特如何抓住個人的靈感時刻，然後證明她的經歷並不是單一的。很多人感同身受，看到她兒子看到的。

艾伯哈特證明這種成見為何形成且如何形成，而她的研究在二〇二〇年成為重要貢獻，那時非裔男子被普通白人或白人警察謀殺的影片到處傳播，美國正苦惱該如何解決。

艾伯哈特啟動新的研究計畫，希望能找到種族偏見的深層本質，想以科學方法確定這種系統性種族主義的對話是否僅限於觀察和假設，或是一種可被科學證明的現象。

艾伯哈特和同事展開一項實驗，他們自史丹福大學和加州大學伯克萊分校召募了白人男性學生，一開始先讓這些實驗參與者坐在電腦螢幕前看快到難以區分的光點圖像，這些圖像包括白人面孔和黑人面孔。接著要求參與者辨認出現在螢幕上的東西。那個東西可能是懷錶、一分錢、釘書機或電話；也可能是一把槍或一把刀。這階段各種物體的現形都是緩慢的，一開始形狀不規則有顆粒感無法辨識，然後逐漸清晰。當參與者自覺可以辨識該物體時就按下按鈕。

如果參與者之前看到黑人的臉，他們會更快辨別出槍或刀。「之前看到的黑人臉戲劇化地減少了參與者辨別犯罪相關物品所需要的畫面幀數。」不僅如此，這項研究還指出，在對照組中，若參與者之前看到的是白人面孔，他們實際上會減慢對犯罪相關物品的識別速度。這一發現表示膚色與犯罪間的相關性有巨大差異。

這篇論文發表在《人格與社會心理學期刊》（*Journal of Personality and Social Psychology*），其中艾伯哈特和研究同事又做了第二個實驗來強化研究結果的重要性。他們利用類似的受試者人口統計和電腦模組，這次先讓受試者看犯罪相關物品的短暫圖像，如槍支和刀，然後再向受試者展示黑人和白人的圖像，播放速度同樣幀速極快，快到受試者無法以意識處理，只能以潛意識識別。研究發現，當受試者先看到與犯罪有關的物品後，在兩種人中，他們更容易看到黑人面孔。

研究結果得知：「黑人不僅被認為是犯罪份子，而且犯罪行為也被認為是黑人的行為。」

同篇論文中有第三項研究，科學家想知道警察的偏見。他們與人口數大於十萬的城市警察單位合作，這些警員超過四分之三是白人，也就是有七十六％是白人，八十六％是男性。研究發現，如果先對警察提示與犯罪相關的詞語，如暴力、逮捕、射擊、捕獲、追逐，他們的潛意識明顯更快與黑人面孔產生連結。不僅如此，警察更有可能在記憶測試中回憶起黑人面孔，並且提出黑人典型特徵如膚色更深、嘴唇更大，他們「錯誤地」記住黑人面孔。

研究發現：「暴力犯罪的刻板印象導致黑人形象的系統性扭曲。」

在創作力的脈絡下，艾伯哈特團隊做的這組實驗顯然並不是第一個顯示潛意識偏見的研究。他們站在其他研究上向上建構，加入有創造性的改變，特別是得到潛意識偏見在兩個方向的作用——犯罪物品的圖像會刺激人想到黑人；黑人的圖像會刺激人想到犯罪。這就是創作的建構過程，一個創造接著另個創造，每一步都邁向大C的極限，成為可能改變世界的創造。

根據這項研究，艾伯哈特開始提供簡單法子來幫助減少潛意識偏見。首先要了解大腦作用，然後花點時間積極處理我們的偏見，讓我們能更清晰、更真實地看待世界。

我說這個故事的原因之一，是想拿艾伯哈特的例子顯示她如何利用原始恐懼找到創作靈感，例如害怕她的兒子可能會被受到偏見蒙蔽的人殺害，第二個原因是艾伯哈特預測未來的基礎是站在本質上的。

「當一般民眾想防止社區暴力犯罪時，有多大可能性會引起他們注意的是黑人的臉？」艾伯哈特和她的同事寫道。

艾伯哈特的研究成果非常重要，因為它證明我們的偏見和我稱之為「虛假恐懼」的東西嚴重干擾創造過程。

偏見的存在是有充分理由的。它有助於節省腦力資源。想想看，如果有簡單捷徑讓你只靠觀察就能判斷他人，究竟會省下多少腦力。如果只需一眼就能看出來者是機遇或是威脅，就會大幅減少與人了解和互動的時間。很容易看出偏見是如何爬進心理的——非裔美人是這樣的，天主教徒是那樣的，猶太人、法國人都有特定的樣子，民主黨人和共和黨人簡化為你的要求與我的堅持。人們不僅容易以特定眼光看待「他人」，還會以過度樂觀的態度擁抱自己的部落。由此產生許多各種問題，其中一些很致命，但我不會在這裡詳細討論。我只想把重點放在偏見：偏見會產生虛假的恐懼，進而抑制創造力。但問題是，無論在科學或是藝術，凡是偉大創作總來自所見事物的真

相，而不是來自你聽到的他人觀察或猜想。

在這裡，我提供簡短的個人經驗，證明賣掉普世觀點，而這可節省時間和精力，改換路線做長期投資的價值。

我之前提過，我在二十多歲經歷一次有益且老式的情感崩潰後，我開始聽到自己的聲音。我開始更相信自己看到的和感受到的。我拒絕了《紐約時報》的職位，設法保留我在舊金山駐地記者的工作。這表示我被賦予報導科技奇蹟的任務。多棒的一刻啊！多好的創新！真是值得啊！

下面是我被指派要做的報導：賈伯斯的下一個絕妙想法是什麼？什麼東西將自動化？微波爐將很快變成聲控的嗎？

當我接受我認為是好的、可靠的、值得學習的東西時，人就更自在了。我開始注意到自己的行為，這讓我對科技有了不同的看法。例如，我發現我在開車時會有一種想打電話給某人的渴望，任何人都可以，即使那些人是我在正常情況下不願意交談的人。為什麼會這樣？只要想聊天的欲望一起，又找不到平時喜歡聊天的對象，我就會在手機聯絡人名單中往下找，為什麼？

我曾經低頭看手機找路差點發生意外，所以有這種想在車裡用手機的衝動特別奇怪。

不只在車裡，我在某些微妙時刻都有一股衝動想看手機。有段時間我注意到只要和我老婆有什麼緊張互動，我就會立刻把手機拿出來看一下，找找運動賽事比分多少了。我不是說我們真的在吵架，可能她只是說：「你把垃圾拿去丟了嗎？」然後我覺得心理有點小劇場，然後就去查看巨人隊得幾分了。我在做什麼？逃避？

當我在機場或其他公共場域，我發現我再也無法跟別人對上眼？為什麼？因為大家都低頭看手機看得出神了。

這個裝置對我及其他人有什麼影響？

我並不是唯一觀察到這些事的人，許多人都在提問，觀察自己的行為，聽到自己的聲音。我的聲音與周遭脈動相契合，所以我才創造。此時，有位報導及採訪科學家經驗十分豐富的《紐約時報》資深編輯，這位鄙視「專家症」和愛問「聰明笨問題」的高階主管，要我花一個月思考這個簡單的問題：

人們把手機帶進車裡會發生什麼事？這不是很糟的主意嗎？

現在看來，答案似乎很明顯，但在二〇〇九年的時候，狀況並非如此。也許這就是為什麼那年七月，當這篇有關分心駕駛的報導發表時會引起這麼大迴響的原因。它讓那時在頭版負責社會萬象版的編輯一直問我：「你的筆記本裡還有什麼東西？」

還有很多。接下來是為期六個月一系列精采的專題報導，期間繆思和機遇不斷。那時的我得到地球上最大新聞機構的許可，報導串連科學、政策、家族情感的故事。

報導因為司機分心而失去親人的家庭，也讓那些因為開車時使用手機或發訊息害人致死的司機發聲。這些故事匯聚成川，直到成為巨大的故事。這個故事回到手機的起源，它本來不稱為手機，而是「車用電話」，專為駕駛設計。儘管科學顯示這個新創造物造成的分心有多危險，但它的創造者掩蓋他們所知的科學。那段時間我的報導讓我越來越有自信，相信自己有說故事的本能。

到了年底，上面要求我們整理一份要報普立茲獎的作品，我們發現「分心駕駛」一詞已添加到詞典中。歐巴馬總統簽署行政命令，禁止政府雇員在開車時發訊息，這道命令的副本現在還掛在我的牆上。之後各州都通過禁止駕駛使用手機的相關法律。

這一切都因為大家齊心協力，因為報紙的份量以及它所積累的人才和影響力才能達到這般成果。但追根究柢，我將這篇系列報導歸到一個事實：我學會了傾聽和觀察——無論是對自己或他人。我現在已然明白，無論在何種領域，只有帶著某種真實自性去傾聽和觀看，就能出現這麼多的創造力。

這讓我想起艾伯哈特，她的研究直搗創造力的核心，幫助人們更看清楚這個世界；無論這些人是個人創作者、創意企業還是整個國家。

對人有預設立場的創作者，無論那是政治立場或是意識形態，都限制了他可汲取的創意食糧。

有菁英意識的人可能聽不進教育程度較低或不是名校畢業者的創意或觀察，哪怕他們的觀察創意驚人。沒有上過名校的人也可能將名校生的智慧斥之無用。

共和黨人可能不在乎民主黨人的想法，反之亦然；窮人與億萬富翁、來自不同宗教信仰、不同性別、不同性取向等的人也是如此，這是無盡輪迴。人有百百種，他們的創意與觀察是情緒、是經驗，可能是個人創意香料架上的好東西，或是企業下一個偉大產品的開發依據或行銷好材料，但如果它被人漠視，原因是一開始就沒有人看到，那就很可惜。

這個想法居然讓我在體育廣播中清楚聽到，如此簡潔的智慧來自一個出乎意料的地方。

二〇二〇年九月初，當時全球已有兩千八百萬人感染這種叫新冠病毒的可怕生物，並導致九十萬五千人死亡。在我居住的舊金山，人們處於一種雙重隔離狀態。不僅是因為病毒，還因為山林野火導致落下極濃厚的灰燼，以致連呼吸的空氣都很危險。社會動盪籠罩著街道。

我上了車，收音機正好調到運動脫口秀節目，節目主持人的採訪來賓是舊金山四九人隊的防守截鋒兼球隊副隊長阿姆斯蒂（Arik Armstead）。阿姆斯蒂最近直接發聲討論困擾美國的社會議題，並在記者會上很有創意地利用了他的平台。我聽到在廣播中，主持人要求這位身材魁梧的線鋒描述一下為什麼他如此感嘆世上的偏見。

阿姆斯蒂說：「我們錯過了全部潛力。」

這句話確實強調了這個關鍵：我們對想法越封閉，我們的個人創造力就越小；作為一個社會，我們能創造的東西就越少；無論這些創意來自這邊還是另一邊，或者來自這個族群或另個族群。

具有開放思想是很難的，幾乎不可能，但並不超出你我能力。

對於那些渴望創造力的人來說，還有更多好消息。創造力不需要天分。事實上，激發靈感和執行力的人格特質是可以培養的，並不需要高智商，符合我在本書開頭說明創造力的關鍵特徵。

知道聰明在創造力上扮演的角色被高估，讓我感覺好多了。

19 人格特質

當我開始為寫書做研究時，我曾有個假設，我懷疑那是普遍存在的想法：聰明人可能更具有創造力。現在回頭看，我承認那時沒弄清楚所謂的「聰明」是指什麼。也許我想的是智商，這只證明我要學的東西還很多。

二〇〇三年的《性格研究期刊》有篇論文是這樣寫的：「關於智力和創造力有個超越常識的直觀結論：高智力是創意天才的同義詞。」這篇論文贏得該期刊當年的最佳論文獎，得獎理由寫著：它掃除智力是創造者首要人格特徵的神話。這篇論文審視了多個大型研究後得出這樣的結論，這也是它的價值所在。

這篇論文的共同作者之一是我在前面曾提過的聖荷西州立大學心理學教授費斯特，他以各種方法告訴我們，智力對創作者的影響力有限。文章一開始，他首先煞費苦心地定義智力的意義，或說人們通常如何看待智力。

智力與解決問題的速度、抽象推理能力相關；廣義而言，也與處理訊息的能力有關。在某種情況，它是創造力的組成部分。

這篇在二〇〇三年發表、由費斯特共同執筆的研究從大量文獻中整理出證據，素材包括前面我曾提過的、那篇調查範圍最廣的「終生發展研究」（lifespan study）。那篇研究從一九二一年開始對一千五百名學生進行觀察，那些學生的智商很高，平均一百四十七，但高智商並不能保證未來的創意成就，即使他們已經被觀察了幾十年。

其他研究也發現類似的結果，得出智力和創造力之間僅存在基本關係，這讓我們這些智力中等的人（包括在座諸位）都覺得受到鼓勵：智商高於平均的人並不比智商只有平均的人更能實踐創造力。

事實上，這篇二〇〇三年的論文寫道，當智商高於一百一十五到一百二十時，智商與創造力的「關係基本為零」。它表示，這是「閾值理論」（threshold theory），意思是人只需超越一定智力閾值（或說智商門檻）即具備創造能力。「總而言之，智力和創造力的關係不是雙胞胎，更不是兄弟，比較像是表兄弟。」

之後有人做了研究讓這個想法更臻完備。二〇一三年出現一篇論文，奧地利學者發現「創意思考」（creative thinking）所需的智商門檻要低得多，低於一百。但就整體創造力標準而言，平均一百二十的智商門檻在創造力上已經非常厲害了。

值得注意的是，一些研究表示，與其要靠測出來的智商來預測某人是否會有創造上的成就，倒不如依據外人的**觀察**和說法評斷此人是否聰明。費斯特在這篇二〇〇三年與人合著的論文中指出，「觀察者評估出的所需智力是二十七歲的智力。」他寫道：

8｜譯註：這是全美最大、最權威的中學生科研競賽，由美國科學與大眾學會主辦，最早由西屋公司出資所以稱為「西屋科學獎」，特色在於評審團皆是世界級的科學家，學生可藉著參賽與大師交流，更是有科學創作潛力青年的亮相機會。每年有兩千名高中生參賽，複選三百名，決選出四十名學生到華盛頓國家科學院公開參展接受考驗，最後評出十名優勝，給與獎金外，入選者

「詢問創作者最親近的人可以準確估出創作潛力出現在二十七歲。」

這一發現與幾項正在緩步發展的人格類型研究有關，相較於那些用測驗測出的高智商者，有些具有某種特定人格特質的人還可能更有創造力。

「西屋科學獎」（Westinghouse Science Talent Search）從一九四二年開始延續了五十七年，宗旨在於獎勵做出原創論文和科學演示的學生[8]。但學業成績好的學生最後在創作領域也得到好成績的不成比例，而獲獎的創作者中不乏諾貝爾獎得主。到了一九八八年，科學競賽由新的贊助商英特爾獲得主辦權。然後世事無常又經波折，幾年前這個活動轉手給再生元（Regeneron）公司，再生元是製藥廠，在二〇二〇年生產對抗新冠病毒的藥物，川普總統感染新冠時就是用他們家研發的藥。

一項相關研究發現，發表大量論文的年輕科學家可能比那些在早期職涯生產力不高的科學家擁有更高的生產力及更大的創意成就。

有個重點需注意：將早期創意成就作為未來創意成就的預測基礎是，它一開始就消弭了創造力特徵中屬於人格特質的差異。這個特定的預測指標說明了什麼？

其一，它強調「做」的力量；強調行動和堅持不懈這種簡單行為。某人對問題的態度是否強烈到是否足以刺激他進行創作？這個人有多關心問題而不僅是只想要答案？

也增加大學入學的機會。到了一九九八年贊助方改為英特爾，名稱改為「英特爾科學獎」（Intel Science Talent Search），到了二〇〇三年賽制也逐漸分為美國國內組與國際組兩組競賽。二〇一七年出資方改為生化公司再生元（Regeneron），美國國內組競賽為「再生元科學獎」，國際組競賽為「再生元國際科學與工程大賽」。

對我來說，這導出決定定義的核心原則，將何者只是純粹聰明、何者是真有創造力做了分別。我在本書的開頭提到了這一點：

聰明人會回答問題。

有創造力的人一開始先提出問題，然後再回答問題。

目前已證明人格特質可以補充智力，引導某人想提問、想尋求答案，甚至不滿足於只是簡單回答問題。這個最重要的特徵在文獻中稱為「開放性」。

二〇一三年在一篇題為《科學界的創意人物》（The Creative Person in Science）的論文中，費斯特和合作研究者調查了美國主要研究型大學的一百四十五名學者的性格，以生產力和影響力為指標來衡量科學家的創意成就，然後與問卷報告中的各種人格特徵進行比較。

最讓人震驚的變數是「開放性」，費斯特和合著者將開放性的定義描述為「對多樣性、變化和新穎的需求」，研究發現：「擁有廣泛想像力、好奇心和對新體驗抱持開放態度的科學家比傳統務實的科學家更有創造力。」

所謂「開放」有各種解讀。誠如論文作者指出，開放的人充滿好奇心；比起那些較不開放的人，他們對失敗的看法與人不同。一方面，對於那些創造力極高的人來說，開放或好奇的價值超過了事情結果，以致讓他們變得相對盲目。但考慮到創作者實際上正創意地進行某事，總是要綜觀全局看到場上互動的各種因素。

費斯特在這篇論文中界定出一種名為「開放／智力」的人格特質，用它來統合創造力學術領域更廣泛的研究結果。

當我第一次讀到這個術語時，我感到困惑。因為智力是一回事，而開放性又是另一回事，以我的平均智力需要一點時間才能理解。而這項研究將這兩個概念整合在一起，成為單一且相關的人格特質，因為它們都與此人處理訊息的方式或傾向有關。

文章表示：「開放性反映了此人對審美和感官（感知和想像）的偏好。」相比之下，「智力反映了處理抽象訊息和知識訊息的傾向。」

還有各種形容，如：開放的人可能更喜歡用心感受，而智力高者則傾向於用頭腦接收；開放的人可能會更靈活，而智力高者可能會較僵化；開放的人可能考慮多個正確答案，而智力高者只會關注最正確的那個答案。

文章表明，多產且高效的創造者多在這兩個面向互有重疊和高度運作。這表示他們在技巧或傾向上是模糊的，而這些技巧或人格傾向也許在討論其他特徵時很大比重是放在天秤兩端的。

例如，在智力光譜的最極端，高智商者能理解極為複雜的概念想法。他的思考具體、嚴格，且非常、非常聰明，就像一個很會考試的人。

在光譜的另一端，開放性到了最極端的情況是「錯覺聯想」（apophenia，或稱「空想性錯覺」），也就是此人傾向把不相干的事物想成有關係，這個概念與思覺失調有些許關係。如果不走那麼極端，在開放大項下呈現的特質是幻想，甚至「沉溺」在不真實或想像中。

值得注意的是，開放性要求的並不是要人們解放所有自我束縛；開放性要做的是思考各種想法，並願意探索這些想法、經驗和感受。這點是關鍵區別，讓人在開放性定義上畫出界線。正如你們推測的，創造力豐富的人並不會陷在沒有規則的世界苦苦掙扎。事實上，以吉登斯而言，我對她了解得越深，我就越明白是她在做選擇，選擇要如何與聽者分享，選擇拿什麼與聽者分享，甚至對自己也是如此。

「我對自己有一塊要非常保護的地方，」她說：「我很有創造力，不斷有作品。」但她告訴我，她仍不願意將自己某個內在積極投入作品中。「我不知道我有多想去打擾我的童年——有多想再經歷小時候經歷過的一切？我真的不知道。這很可怕，這就是為什麼我對這塊沒有多想。這是一個光想就令人害怕的地方。」

她找到了自己的舒適區。

她的姊姊也是如此——且在某種程度上，她姊姊說明了智力的局限性，因為智力經常是測量出來的。

吉登斯的姊姊拉倫賈在北卡羅萊納大學格林斯伯勒分校工作，目前是「超越學術發展中心」的學術計畫開發與評估部門主任。我在舊金山家裡的工作室，幾乎可以不拿聽筒就能聽到她的聲音。她對現在過去眼見一切充滿熱情，她表示，人因為智能障礙而被不公平地忽視。

「我試著提供多種方式與智能障礙者互動，對我們人類來說這太重要了。」只不過寥寥數語，卻相當有啟發性。她正為智能障礙學生提供以前絕不可能的大學教育。「世上有一種標準，或認為分享訊息有某種標準途徑，我反對這種觀點。」

這就是創作者聽起來的樣子——開放、願意承擔風險、堅定。（舉例來說，拉倫賈嚴正說道：智能障礙者「受制於白人至上主義定出的智力標準，他們被任意地淘汰。」她指的是智商等智力衡量標準。）拉倫賈和她妹妹一樣處與智力與開放性光譜的中間地帶，這就是研究者稱為「創新／想像力」的創造者特徵。

這是一種開放性和分析能力的平衡，一邊是對世界開放，一邊是將創作者看到的事情做條理分析，而兩者必須平衡。

同時，費斯特的研究論文也說明了另一種人格特性與創造力的關係：神經質（neuroticism）。

這篇在二〇一三年發表、研究科學家和創造力關係的論文將「神經質」描述為更有焦慮感、更覺悲傷；也更容易情緒敏感和脆弱。這種性格對創造力的影響小於開放性，但在統計上仍然顯著。平心而論，這裡有趣的地方是，費斯特看到了神經質和開放性之間的關係，因為這兩者都代表了創作者讓訊息進入的「門檻」較低——無論此訊息是來自外部還是內部。

論文指出：「當創造者想尋找新穎且原創的解決方案時，此人對經驗的開放性和容易悲傷的傾向可能會降低他的門檻。」

費斯特在接受採訪時表示，「開放性絕對是藝術創造力和科學創造力的預報信號。」他特別指出關鍵是「對經驗的開放」。

為了支持這論點，我舉我之前提過的馬克．羅曼尼作為有力證據。羅曼尼是著名的音樂錄影帶導演，他效率之高，部分原因是他在視覺、聽覺上非常敏銳。這也可能是一種負擔，「我接受刺激，但它讓我筋疲力盡。」他說：「你知道，狀況就像你打開筆記型電腦，連運轉加速的聲音都聽得到，有一種高頻聲音，似乎很燙，會讓你擔心它會崩潰嗎？我的大腦大多時候都是這樣的。」

他告訴我他有亞斯伯格症，這讓他在社交上不善應對和高度專注。

羅曼尼接受的訊息雖然對他來說很干擾，但也為他的創作提供驚人的豐富性。我看過最好的音樂錄音帶之一就是由他執導的：強尼・凱許（Johnny Cash）詮釋的《傷》（Hurt），這首歌由搖滾樂團 Nine Inch Nails 的主唱特倫特・雷茲諾（Trent Reznor）原創，卻被凱許翻唱得如此動人。當時凱許的健康狀況已非常衰弱，預計活不過一年。音樂錄影帶的拍攝計畫必須改變，羅曼尼無法依據腳本在他的洛杉磯工作室進行拍攝，到了最後一刻他必須帶著攝影指導、攝影團隊一起飛到田納西州。他的手上沒有腳本企畫，且拍攝時間也可能只剩下幾天。羅曼尼利用他的超能力從周遭環境汲取靈感，製作出一部對凱許和死亡致敬的傑出作品。（誠心建議：請務必觀賞！）

談到新經驗開放的問題，我問費斯特，透過某些媒介體驗世界難道不夠嗎？就如，看 Netflix 的各種節目？畢竟，世上太多資訊都是透過螢幕來到我們身邊，這難道和親身經歷不一樣嗎？

費斯特表示：「區別在於人與人的直接互動。」他認為，這會迫使人們真正面對習慣和預設。他說，特別是像旅行這樣的經驗，它用直接挑戰基本思考模式來打開思維。「這是自願感到困惑、不解、不知的意志表現，確實是創造者的特質，願意跳入未知領域，不迴避，以不解為樂。」

創造力人格特質的最後一塊拼圖是「自信」。沿著這條脈絡，這是非常有趣的詞，因為費斯特所指的自信創作者並不是說創作者對他們所知道的一切充滿信心。相反的，是指創作者有足夠信心面對不確定，也有足夠信心可利用特定創造途徑找到真實解答。

「你有獨特想法、願景和思考方式，」他說：「但可能會受到阻力和批評，若你足夠開放，夠有自信，就可以堅持下去。」

這種自信是在危險邊緣的自信，接受新信息不懼威脅，當從自心發出的新想法長到夠強大時，就會堅持到底。

以上一切對於致力創作的人來說，我倒覺得是個好消息。創造力較不依賴原始智力，而智力高低是無法靠學習得來的，但它要求的反而是基礎智力與高度開放性的結合。這樣的性格對應出的詞是好奇心。我用一個簡單測試總結智力和創造力之間的差異：高智商者可能會找到單一、清晰的答案；一個可以滿足所有邏輯測試的答案。而創造者可能在探索不同答案時找到這個問題的價值，甚至提出嶄新的問題。事實上，偉大創造者通常保持開放態度，樂於尋找創意解決方案，或在意想不到的地方找到看待事物的新方法。

下面我要說兩位偉大創造者的故事，作為完美的過渡。對他們不要只看表面，兩人的人格特質有更多共同點。他們是推進癌症療法而獲得諾貝爾獎的詹姆斯・艾利森（James Allison）和金州勇士隊總教練史蒂夫・柯爾（Steve Kerr）。

柯爾的故事要從二〇一五年一月八日的克里夫蘭開始說起（正如許多偉大的故事都從克里夫蘭開始一樣）。

20 教練和鑽石頭

就在這個晚上，金州勇士隊來到速貸球場進行ＮＢＡ冠軍系列賽的第四場。他們的對手是勒布朗・詹姆士（LeBron James）率領的克里夫蘭騎士隊。全天下的人都不會懷疑詹皇具有與麥可・喬丹、柯比・布萊恩一樣的傳奇地位，而這些球員將開放的思想與敏銳的智慧結合在一起，這並非偶然。在此系列賽中，詹皇率領的騎士隊已二比一領先。

勇士隊的神級表現在這一季似乎遇到了麻煩。柯爾在勇士隊擔任總教練的第一年就帶領球隊取得六十九場勝利，成為ＮＢＡ史上獲勝次數最多的球隊之一。他啟用有偉大天賦的明星級球員克雷・湯普森（Klay Thompson）和卓雷蒙・格林（Draymond Green），特別是史蒂芬・柯瑞。柯爾把他們聚在一起，促成一切可能，受到當之無愧的讚譽。那一年，柯爾獲得年度最佳教練。

但現在他們可能會輸掉系列賽，因為面對的是詹皇，有史以來最偉大的球員之一，且是客場作戰。

他們需要一個想法，某個創意。不然他們可能會失去冠軍，感覺自己浪費了整個賽季。

但柯爾找到了一個法子，還是從不太可能的地方找到的。在說明狀況之前，我想先解釋一下原因：柯爾就像所有偉大創造者一樣，內心包含各種面相，而且在非常封閉的運動員文化中極度開放。

對職業籃球教練來說，柯爾是某種書呆子。小時候，他很內向，不停讀書。他從父親那裡繼承了求知欲，他的父親馬爾坎．柯爾（Malcolm Kerr）是著名學者，後來在擔任貝魯特的美國大學校長時遭伊斯蘭聖戰士在辦公室門外槍殺。他犯的罪是：試圖找尋創意的解決方案謀求該地和平。

這尤其殘酷，因為柯爾的父親努力了解各方意見，傾聽所有聲音。為了強調這點，我在這裡借用《紐約時報》最具創造力的作家約翰．布蘭奇（John Branch）對史蒂夫．柯爾的分析報導，他是這樣寫的：

「真正文明的人以同理心作為標誌。」馬爾坎．柯爾在一本論文集的前言中如此陳述，他呼籲：「在他的認知，某個不同文化背景的人在思想和理解上可能與他的思想和理解有很大不同，對他來說似乎是很自然的事情，但對他人看來可能十分怪異。」

馬爾坎．柯爾遭暗殺時，正是柯爾去亞利桑納大學念書打籃球的第一年。父親被暗殺這件事似乎並沒有讓柯爾的世界觀變得灰暗，更沒有讓他成為狂熱份子。時間過去，他的視野變得更開闊，變得更有同理心，他開始譴責生成部落主義的條件環境，譴責部落主義主張仇恨，把焦點對準個人而不是群體。但這並不容易，在某個可怕時間點，對手亞利桑納州立大學的球迷在比賽中高呼「ＰＬＯ」（Palestine Liberation Organization，巴基斯坦解放組織）來嘲笑柯爾。

「很容易把我們對9/11的憤怒轉為讓穆斯林妖魔化，但事情顯然比這複雜得多。」在採訪中柯爾告訴布蘭奇：「絕大多數穆斯林都是愛好和平的人，就像大部分基督徒、佛教徒、猶太人和任何其他宗教信徒一樣。人民就是人民。」

柯爾在大學期間並沒有被球隊看好。事實上，據傳聞，當柯爾參加亞利桑納大學籃球隊的選秀時，當時球隊教練的妻子正在看台上看比賽，她對丈夫說：「你會給**那個人**獎學金嗎？」

無論生活或籃球運動，柯爾成了學生，一路學得艱難。但他像參加西屋科學獎的科學神童一樣堅持不懈，只是深耕範圍是籃球界。慢慢地，某種帶有創造力的領袖特質開始在他身上出現。

從亞利桑納大學畢業後，儘管他身材矮小，速度也不算快，最後還是進了ＮＢＡ，他創下三分球命中率最高紀錄且現在仍是紀錄保持人。他得分不多，平均每場六分，但他投籃很準，尤其在關鍵時刻。最後他到了芝加哥公牛隊，做了一名小球員，和一位叫做麥可．喬丹的天才一起打球，然後這支球隊贏得了——算起來有六枚NBA總冠軍戒指。

到了二〇一四年春天柯爾受聘出任金州勇士隊總教練時，那時的他已成長為充滿好奇心的綜合體，個性內向，仍然缺乏安全感，對這世界仍有很多事情不了解，但內心深處充滿信心，認為自己一定能找到方法解決問題。他一仍舊貫地與世界互動——學習，卻沒有那種在運動員文化中經常伴隨出現的「不爽」情緒。

記者會上，柯爾告訴我，他心態太開放了，甚至不加過濾，以致會想：「我是不是把事情搞砸了？」

「一直處於自我警覺的狀態就可能將懷疑融入自我意識，但比賽給我的信心幫助我成為教練。」

當柯爾獲聘時，資深體育記者蒙特．普爾（Monte Poole）採訪了柯爾的高中同學，也是現職的體育記者。「他說：柯爾是個很棒的人。他說：他很真誠。他很開放、誠實，而且很有幽默感，也會尖酸刻薄挖苦人。」

「我們的談話往往圍繞社會問題、政治、書籍以及籃球以外的生活。」普爾表示，他回憶起新冠疫情爆發前的那段時光，當時勇士隊飽受傷病之苦，二〇一九年的賽季並不好打，從開賽初期他們就在苦苦掙扎。那時候柯爾開了一場簡短的記者會，「他一開完就走了，我追上他問問題。」普爾回憶道：「他說：『好吧，你要問什麼？』」

「要談什麼呢？」普爾說。

「桑德斯（Bernie Sanders）、拜登、克洛布徹（Amy Klobuchar）、賀錦麗？」柯爾回道。他想談政治，「我和大衛・魏斯特（David West）談過，大衛喜歡桑德斯。」（魏斯特長期入選全明星賽，但當時已不在勇士隊。）

當我透過電話採訪柯爾有關創造力的意見時，那是我第一次和他談話，坦白說，我對他的坦率感到驚訝，他直接談到他年輕時的不安全感，表示這是他一輩子謙遜待人的原因。

「我是個開放的人，」他說：「我聽取每個人的意見，我重視大家的意見，其中有些意見很可能只是感覺，也理解沒有人能知道所有答案。這都與我對一些事不了解而缺乏安全感有密切關係。」

不要誤以為他是害羞的人，與柯爾走得很近的人向我描述他爭強好勝的一面，他討厭輸的感覺。（NBA曾有一次著名的幹架事件，主角是他和喬丹，兩人打到柯爾覺得被大個子和大球星霸凌了，當下走人拒絕再回去打球。）但柯爾的能耐並不會讓人覺得他很驕傲或傲慢，事實上，他很堅強，以致顯現好奇心時不用擔心像在示弱或被人看作軟弱。正是這種智慧和開放的平衡讓我回到克里夫蘭的速貸球場。勇士隊經歷神奇的賽季後，在NBA總決賽目前以二比一輸給詹皇和騎士隊，而在七戰四勝的賽制，只要誰先拿到四勝就可得到冠軍。

「看來很危險。」普爾談到第四場比賽時說：「他們已經準備好好打一場，但不確定他們是否會成為冠軍。」

就在關鍵的第四戰開始前，一位體育播報員描述了他與柯爾的對話。柯爾說道：「我們在系列賽連輸兩場；我們會考慮一切。」播報員解釋，當你長期以來都用同一種方式做事、也做得很好後，「考慮一切」可不是件小事。

騎士隊到底有沒有漏洞，勇士隊能做些什麼？難道只是他們面對的就是詹皇的球隊嗎？

答案從哪裡來？

柯爾和他的團隊不斷尋找答案。

這時，一名工作人員注意到一件小事。這件事不是資深教練注意到的，而是低階助理，當年只有二十八歲的尼克．烏倫（Nick U'ren）。

烏倫在球隊的工作是看之前比賽的錄影帶然後做紀錄，整理出系列影像提供勇士隊教練和球員觀看。他查看的錄影帶包括之前系列賽的錄影，勇士和騎士個別賽事的錄影，以及過去其他球隊對戰詹皇的打法。

他注意到一個模式。之前擊敗過騎士隊和詹皇的球隊打法多與今年勇士隊使用的戰略不同，那些球隊在某些位置更傾向於使用更小、更快的球員。

小助理烏倫坐在飯店房間，想到了一個主意。也許勇士隊需要改變先發陣容，改用不同打法防守詹皇。是的，對啦！他越想越確定。勇士隊需要更換他們的先發中鋒，把受大老闆器重、大家都愛的中鋒安德魯．波格特（Andrew Bogut）換下來。

他認為勇士應該換上老將安德烈．伊格達拉（Andre Iguodala）先發，伊格達拉打球打得很奸猾，也強壯能對抗，但比博古特這種傳統中鋒矮，但他們一樣精明。伊格達拉通常是在比賽中第一個上場替補的球員，所以這並不是什麼巨大的變化，只是在極高風險的時刻發生的位置調動。

「我知道這會有用。」烏倫告訴我：「我沒有數據，也說不清楚理由。」

即使多年後，我仍能從他的聲音中聽到爆發的靈感和一絲驚恐。他是誰啊，可以提出這樣的變陣？凌晨三點了，他發了一封簡訊給助理教練。第二天，助理教練向柯爾提出了這個想法。

沒想到引起共鳴。

「這是非常好的建議。」柯爾告訴我：「獨特處在於烏倫是第一年的教練助理，是錄影帶協調員。但這個建議改變一切，改變整個系列賽。」

最後勇士隊贏得第四戰，最後贏得了系列賽，而伊格達拉——這位在最後一刻才排上先發的球員——獲選為最有價值球員。在勇士隊獲勝的賽後記者會上，柯爾解釋發生的事情，並主動將功勞歸功烏倫。

「有時你會看到當權者掌握權力，他們似乎擁有一切答案，這不是我做人的態度，我不是什麼都行，都有解答。」柯爾這樣對我說。

我在這裡必須說清楚：帶領球隊贏得冠軍的是柯爾，而這個關鍵決定，是整個更大脈絡的一部分，是由史上最好的球員和籃球團隊執行人員一起合作的結果。

從這個故事可以看出，柯爾能在對的時刻聽到和抓住對的想法。他之所以可以這樣，是因為他的智慧和開放有著強大的連結，柯爾最後並沒有掠人之美，表現出謙遜。他捨棄自我虛名和控制欲——這些特質與開放背道而馳——才能考慮更多可能性。隨後，勇士隊又贏得了兩個總冠軍，每個人都告訴我，成功歸功於柯爾的智慧和謙遜，兩者缺一不可，當然還有柯爾倚重的柯瑞和其他全明星球員。他表示：「如果我們沒有這些有天賦的球員，我們就不會進行這樣的對話。」

「我們的工作是把他們放在最佳位置。」他說：「這一定要會謙虛。」

這很典型，鞠躬哈腰的是教練。

這需要敏銳智慧，也需要願意考慮各種解決方案，兩相結合才有解。這種創造力特質跨越了科別和創造者。

這個概念在詹姆斯・艾利森（James Allison）身上得到強烈體現，他的獨特使命在開發新的癌症療法。有越來越多的人將自己的生命歸功於這位諾貝爾獎得主的研發成果和他對不同解決方案抱持的開放態度。在我作為記者有幸採訪的所有創造者中（尤其是在本書提到的創造者），我認為沒有一位像艾利森所做的大C創造意義如此重大。

「人們對科學運作的普遍看法是，你先有一個假設，然後設計一個實驗來檢驗它。」艾利森告訴我：「然後你查看數據，看看數據說了什麼跟假設有關的訊息。」

「如果你是這樣做科學，它可能很有趣，但也可能很無趣。」

他更喜歡一種較開放的方式。

「當你拿到數據，你要做的就是把這些資料當成多面晶體一樣觀察它，這樣看看，再換另一種方式看看，它很可能會告訴你一個毫不相干的不同問題。」

艾利森用這種方式說明一件事實：偉大科學來自消除刻板印象或先入為主的觀念，這些沉痾一樣困擾著科學界。事實上，在歷史上，醫學發現一次又一次地因為人們先入為主的觀念而被抵制。毫無疑問，免疫這個領域也不能豁免，一樣受到不科學思維的影響。

「有時候，你只需要和人離遠一點。我自豪的是，我自認讀的期刊論文沒有其他人那麼多。」艾利森對科普作家克勞蒂雅・德雷弗斯（Claudia Dreifus）這樣說，後來這篇文章發表在《量子雜誌》（*Quanta Magazine*）。當他讀論文時，「甚至無法理解某些實驗。」他說：「我會想，『要不是我太笨，笨到我無法理解，要不就是沒有人知道他們在說什麼。我只是坐下來，想出對我來說合邏輯的事，做出假設和預測，然後就去做了。』」

艾利森出生於一九四八年，從小在德州小鎮長大，因為喜歡獨立思考，個性固執堅持，哥哥戲稱他是「鑽石頭」。在他年紀很小的時候，母親就因為癌症去世了。他和高中數學老師吵架，因為艾利森拒絕接受上帝存在的必然性，如今的他留著一頭蓬亂長白髮，沒有做研究的時候，喜歡吹藍調口琴。

艾利森後來得到諾貝爾獎的研究打破了人們對癌症的既定觀念，證明他是對的。他並不是靠固執才做到這點的。他遵循天生的好奇心和直覺，認為傳統上看待癌症與免疫系統間的關係並不成立。

長期以來的觀點認為，癌細胞之所以能在人體內生成長大是因為免疫系統——我們內部的防禦機制——無法辨識惡性生長的腫瘤。用免疫學的術語來說，科學家認為免疫系統無法確認癌細胞是「非自我」（non-self）的物質，因此不會像攻擊細菌、病毒或其他非自我物質一樣攻擊它。

這種想法的結果是，讓癌症治療法基本建立在不用理會免疫系統作用、直接攻擊癌細胞的戰法上，企圖以化療和放療消滅癌症。這些治療法都是鈍器攻擊，會造成各種附帶損傷，包括破壞大量健康組織，對病人造成嚴重傷害，因為他們相信焦土政策是拯救人命的唯一方法。

但近年來，癌症治療發生巨大轉變，很大程度要歸功於艾利森。現今，最暢銷的癌症治療藥物作用在刺激免疫系統去攻擊癌細胞，因為事實證明，我們的防禦機制可以也確實認識那些在我們體內生長的壞東西。

但癌細胞會發出信號來關閉免疫系統。

我之前寫過《免疫解碼》（*An Elegant Defense*）這本書，書中詳細記錄艾利森一路走來的研究過程，以及如何發現這件事。我在這裡簡單總結一下：艾利森在一九九〇年代專注研究一種叫做 CTLA-4 的分子。簡單來說，這種分子存在免疫細胞的表面。僅是能確定這件事就夠讓人興奮的了，在今天艾利森和科學家居然能檢查研究免疫細胞表面上的分子了，這是需要多少創造的累積啊。他們是巨人的肩膀。

艾利森在實驗中注意到，免疫系統是否有作用，取決於 CTLA-4 從其他分子那裡接收到的信號類型。如果 CTLA-4 受到刺激開始增生，就會出現最奇怪的現象：免疫系統停止攻擊。

「我想，我們必須弄清楚 CTLA-4 的作用。」艾利森告訴我。

研究過程很艱苦，但他們確切發現了 CTLA-4 的作用：它是免疫系統煞車功能的一部分。也就是說免疫系統本來可以識別癌細胞的，但是，哇！癌細胞發出信號給CTLA-4叫免疫系統停下來了。

為什麼會這樣呢？為什麼免疫系統會有煞車功能？不是應該永遠處於攻擊模式嗎？

「CTLA-4的存在是為了保護你不被自己殺死。」我之前在寫《免疫解碼》時採訪過艾利森，他是這樣告訴我的。

他的理解是，免疫系統就像鋒利的雙面刃。免疫反應太少，人就容易得病；但免疫反應太多，無疑是把自己開放給自體免疫失調，讓免疫反應到處肆虐，免疫失調的問題與任何疾病一樣具有破壞性。

艾利森意識到，癌細胞利用這種信號系統來抑制免疫系統。他得好好琢磨該怎麼辦，他想到可以利用改變信號來關閉剎車。這是我聽過最寒毛直立的故事（是好的那種），艾利森對我說了他用來改變信號的實驗，然後一天早上走進實驗室觀察癌細胞——那些被植入癌細胞的老鼠在他的實驗程序中腫瘤消失了。

他的研究與日本科學家本庶佑（Tasuku Honjo）的研究大致同時完成，這兩項可視為互補研究，所以在二〇一八年他們平分了諾貝爾醫學獎。他們倡導的治療法都不像現在通用的癌症治療法，只是去攻擊癌細胞，而是修補免疫系統。

諾貝爾獎恭賀詞寫道，兩人「替癌症治療建立了全新的原則」。

當你看到這個故事，是否覺得這個故事與新冠疫情在二〇二〇年秋天的大流行有關係？截至目前，全球因新冠病毒的死亡人數已超過六百萬，美國死亡人數就超過百萬。這個有機創造物已成了徹底的病毒破壞球，是一把鋒利的鐮刀，以可怕效率在人類身上狂揮亂舞，對它造成的傷亡無動於衷。

但好消息是，世界開始恢復了。

科學家找尋治療方法來減緩病毒對肺部的致命影響，日益有進展。他們之所以能往前，部分原因是基於艾利森和他那一代科學家的研究，他們是具創造性的思想家，他們重新審視免疫系統的運作。

在大流行初期，這些科學家就發現，染疫後絕大部分的痛苦，包括死亡，都來自免疫系統對新冠病毒的過度反應。這聽起來可能很瘋狂，合理的假設不該是：免疫細胞對新冠病毒沒有做出足夠反應，沒有阻止它占領人類肺部嗎？現實看來可能更為複雜。

很多案例都是，免疫系統感覺自己快被疾病打垮了，以致引發近乎歇斯底里的反應。攻擊！上啊，抗體！體內蛋白質發出大量信號召喚無數的免疫細胞造成肺部積水。目前一些最有效的治療方法多在抑制免疫系統，防止過多的液體（包括免疫細胞）堵塞我們脆弱的呼吸器官。

此外，新冠疫苗和藥物的開發也與艾利森提出的思路相同。

就在二〇二〇年十一月美國大選前，川普總統感染了新冠病毒。為了緩解症狀，他混合使用不同藥物，其中包括單株抗體做的特殊藥物（製造藥廠是再生元公司，就是目前接下西屋科學獎的出資方。）這種藥的作用極其複雜，但簡而言之，它試圖修補免疫反應，所用方法與艾利森用的方法沒有什麼不同。所以重點不在於艾利森的研究成果是否直接引導新冠藥物的研發，而是，艾利森在概念上的飛躍對之後藥物開發產生巨大影響，包括那些在疫情爆發期間難以置信的創新。

川普總統和其他新冠患者會使用的第二種藥物是類固醇，川普在發病一開始咳嗽和呼吸急促時就用了這個藥。類固醇可以抑制免疫系統，從而減輕炎症並防止肺部堵塞，也能減輕免疫反應失衡帶來的其他潛在致命影響。

同時，艾利森的研發之路表現出一個特殊現象：特定的發現會在特定的歷史時期留下印記。目前的研發創造站在之前的研發基礎上，但也是對目前需求和環境的回應。一切成果在艾利森的人生歷程中來得相對晚——他在七十歲時才獲得諾貝爾獎，而他做研究已做了幾十年，青年才俊已成白髮蒼蒼。

這不禁讓我好奇想問：創造者創作時都多大年紀？

21 年紀

我前面曾幾次提到迪恩・西蒙頓（Dean Simonton）這位學者，他在創造力學術領域找到很棒的研究主題：他研究愛因斯坦、畢卡索、佛洛伊德、愛迪生、巴赫等創意天才在生活中清晰可證的事實。他們寫了多少篇論文？獲得多少專利？他們的特定習慣是什麼？

他研究創造力領域的經驗證據，正如你所知，這個領域可能因為模糊微妙的社會科學而變得難以釐清。

西蒙頓提出的問題之一是：這些偉大的創造者在幾歲時生產力最高？

二〇一六年，西蒙頓為《科學人》雜誌寫了一篇文章：〈創造力會隨著年齡增長而下降嗎？〉。

「這個問題在一個多世紀以來一直吸引著科學界做研究，」西蒙頓寫道，然後補充：「我可以給出自信的答案：不完全是！」

他的文章接著指出，一個人的最高創造力通常與最高生產力相對應。這已是相當普遍的常識了，因為生產力依賴能量，無論你多有靈感，如果你需要更多睡眠，就很難堅持下去。西蒙頓寫道，有些職業，例如歷史學家和哲學家，他們的創造力似乎不會明顯下降。也許還在時間推進下，文史創作者積累更多歷史和哲學知識成為靈感來源，對他們來說也許寫歷史比辦搖滾演唱會更省力。

我非常驚訝，歷史學家和其他科學家居然也像記者一樣，也從外部訊息獲益。從我多年來採訪形形色色諸多人等的經驗，我觀察到，如果某人從事的職業需要參考外在資訊，此職業似乎會產生很多創造機會。

相較之下，若某些事業只靠汲取自己內心養分來創作，這行業最終還是有把人消磨殆盡之虞，就如藝術家。我觀察到（再次說明這不是經過實驗的發現）很多人在年輕階段因自我探索帶來的創作爆發是驚人的，最後的產出是書、歌曲、某種聲音或是風格，但就是人生的頂峰了。之後他們也可能產量豐富，但成果並不一定與之前的創作有根本的不同，只是模仿，一再套用最初促使自己創作的內心悸動。想想那些你看重喜愛的音樂家、作家，是否最後總歸一句：早期的作品最能觸動我心。

無論如何，西蒙頓得出的結論是，有大量證據表明人們甚至可在生命的最後幾個小時還在創造。他寫道：「畢竟，大器晚成的人達到創作巔峰的年紀會是少年早發者過了巔峰時期的時候。所以好消息是，人的一生保持創造力是可能的。」

這就是創造力隨著年齡增長而成熟的部分原因。但我認為有更有力的原因解釋晚年創造力的潛力：人們在老年時會更了解自己、更知道自己的熱情在哪裡。人到老年已了解世界是如何運作的。

俄亥俄州立大學經濟學家在調查勞動力時，分析了眾多諾貝爾物理學獎得主的詳細資料，包括數百項的研究成果以及獲得成果時科學家的年齡。一百年前，三分之一的人在三十歲之前完成了他們的研究發現，另外三分之一的人在四十歲之前獲得成就。但隨著人們壽命延長，這種現象發生急劇變化。人們需要更多時間來學習，研究領域也變得更加複雜。

「年紀輕輕就在科學領域獲得重大突破的形象只存在於過去。」俄亥俄州立大學經濟學家布魯斯．溫伯格（Bruce Weinberg）在科技新知網站 LiveScience 發表文章寫道：「如今，科學家平均在四十八歲才開始做他得到諾貝爾獎的研究，三十歲以下的物理學家很少能做出突破性研究成果。」

對於不是物理學家的其他人來說，重要的研究對象不是物質，而是他們自己。更長壽命為人們提供更多聽到自己聲音的機會。

為此，我提出本書介紹的創作者及他們創作強大作品時的年齡作為佐證。他們終其一生都在創造：

- **詹姆斯．艾利森**，出生於一九四八年，七十歲時因癌症治療法的研究獲得諾貝爾醫學獎，這項工作歷時四十年，開始之時可追溯到一九八〇年代末。他現在仍繼續嘗試將他的研究應用到其他類型的癌症。

- **史蒂夫．柯爾**，球員時期贏得六次NBA總冠軍（他與二三十歲時的麥可．喬丹同事，從他的創造力獲益良多），教練時期贏得三座冠軍，他在四十多歲時創造力爆發。
- **賈德．阿帕托**，出生於一九六七年，從小就開始表演單人脫口秀。一生堅持不懈，目前已經五十多歲了仍在創作，他最受好評的一些作品都是在晚年完成的。
- **珍妮佛．艾伯哈特**，麥克阿瑟天才獎得主，史丹佛大學教授，找到了重新思考種族關係的方法，幫助警察看到他們無意識的偏見。她從小就有些害羞，求知欲廣泛。她的創造力具體化呈現是從研究無意識偏見和警察的相關性開始的，這使她成為該領域的世界級專家。她與警察單位做了開創性的研究。二〇一九年出版《偏見的力量》，當時她已經五十多歲了。
- **羅傑．麥克納米**：三十幾歲時在華爾街發了財。多年後，投資Facebook和其他大型網路公司。二〇〇七年成立搖滾樂團Moonalice，擔任該樂團的主唱兼吉他手，每年都會進行數十場演出。後來，他發現Facebook的重大缺陷，認為這個缺失會被政客利用，且曾多次在國會作證。他只是不斷創造。他出生於一九五六年。因此當他出版《祖克柏搞砸了：自臉書災難中覺醒》時，他已經六十三歲了。
- **麥克．李**，與他的兄弟共同創建健康管理網站MyFitnessPal，賺了幾億美元，也讓人們的脂肪少了許多。他在三四十歲就達到這樣的成就，而他正尋找新創意。

• **麥克．蒙斯基**，被電視遙控器上黏糊糊的東西嚇壞後發明抗菌遙控器 Clean Remote。疫情大流行期間，發現自己正處於一生中最具創造力和靈感爆發的時期，因為酒店和醫院對他的發明需求孔急，紛紛下單要求訂做。那時的他已經七十多歲了。

• **蓋瑞．特魯多**，第一位獲得普立茲評論漫畫獎的漫畫家。好吧，太棒了，確實很酷。普立茲獎吔！但這個數字怎麼樣：一萬五千。這是他二〇一八年在創作五十週年紀念日前所創作的漫畫數量。然後同時間，特魯多仍不斷想出新點子，每次我們聊天吃飯，他都可以分享一個能用在影視動畫的靈感。創作者的年齡是幾歲？就他的情況，答案是：不限任何年齡。

• **達林．貝爾**，首位獲得普立茲評論漫畫獎的非裔漫畫家。他與特魯多拿到同一獎項，他也像特魯多一樣早年就與繆斯女神合而為一，隨時隨地只要拿起繪畫工具就可以創作漫畫。從早年起，創作不斷擴大。當我寫這本書的時候，貝爾已經四十多歲了，正在為喜劇演員凱文．哈特（Kevin Hart）製作由他的漫畫《坎多維爾》（Candorville）改編的電視節目，並為一家重要出版商寫一部上下兩冊的插圖自傳，同時還在畫《坎多維爾》的連載，還當漫畫編輯。

• **大衛．米爾契**，好萊塢傳奇人物，生於一九四五年，一九八二年製作《霹靂警探》系列影集，二〇〇四年製作《化外國度》。這兩部影集都是開創新劇種、新風格的重要戲劇。

・布魯斯・史普林斯汀，有一點需要釐清，事實是，我給史普林斯汀的「人」打了十幾通電話，但沒有得到比「也許」更多的回覆。不用懷疑，工人皇帝怎麼會停下創作。在那個史詩般的週日晚上，他在電視看到貓王的表演後不久，他就開始創作。他的創作等身，創作的樂譜足足可以把自己埋起來。在我撰寫本書時，他剛剛發行了另一張專輯，且是搖滾專輯。請想想他已高齡七十多歲了。謝謝你，布魯斯，如果哪天你想聊天，我就在附近。

・萊儂・吉登斯：出生於一九七七年，在我寫這本書時，她已經四十多歲了，這時的她已把包羅萬象的自己發揮到淋漓盡致。事實上，確實，吉登斯給我帶來的挑戰之一是我採訪和寫書時她仍不斷提出新的創作想法。迷你音樂會、線上表演、團體音樂企畫。最後我告訴她：「吉登斯，考慮到妳不斷有新創意，當妳讀這本書時，妳一定會覺得它已經過時了。我跟不上妳了。」

然後是傑克・施羅德（Jacob Schroeder），他是結束本書最完美的人物，因為他體現了人到晚年才聽到自己聲音的力量，同時也能拋棄別人帶來的成見轉為支持自己的創造。他曾是搖滾明星，而他找到更有創意的事了，他決定幫忙癒合警察與貧困少數族裔年輕人之間的關係。

他的故事也顯示，在二〇二〇年麻煩來到之前，我們到底有多大進步。每一個小小創作都會有幫助。

22 兩則戰爭小故事，一個繆思

一九四四年六月的法國諾曼地，第一艘兩棲登陸船正破浪駛往奧馬哈海灘。是時候了，法蘭克・德維塔（Frank DeVita）就要從地獄完成這項工作。當船到達岸邊，他必須把船頭的金屬護板放下讓它變成斜坡，讓蹲在後面的士兵衝上前去。

這表示這些人將直接走進毫無遮攔的德國機槍掃射中，海灘上挖出的碉堡一分鐘發射數千發子彈。德維塔知道，只要他完成任務，他的朋友和戰友將立即被殺。

船長喊道：「德維塔，放下船板！」德維塔假裝沒聽見。

「該死的，德維塔，降下船板！」

德維塔把船板放下。

德國人屠殺了這支部隊，包括剛好站在德維塔前面的那個小兵。

那一天，德維塔大約把船板放下十幾次讓士兵登陸。

一九四四年十二月，納粹發動最後一次反攻，引發突出部戰役（Battle of the Bulge），法國和比利時發生激烈戰鬥。德國人如困獸猶鬥兇狠至極，士兵和衝鋒隊將村莊夷為平地。步兵布拉德利·托馬斯（Bradley Thomas）被派去與其他美國人一起對抗納粹荼毒。這一安排打破慣例，因為托馬斯是黑人，但他與他人一起幫忙擊潰希特勒創造的邪惡怪物，這讓他格外感到驕傲。

然後戰爭結束了，托馬斯和其他黑人士兵擠在船底一起回美國，但他回到家後卻因為膚色原因無法投票。

於是他折起制服放進盒子，發誓再也不要看到它。

將黑白團結在一起的是作為軍人的犧牲、戰爭的痛苦和道德模糊性，還有一件事：他們的故事為一件很有創意的企畫提供了靈感來源，這份企畫的目的在消弭美國城市警察和貧窮少數族裔青年之間的分歧。

戰爭故事啟發了歷史迷傑克·施羅德的同理心。他突發奇想，想讓這些從二戰退下來的老兵向警察和年輕人講述他們的故事，希望讓這兩個族群從歷史學習，感受到這些士兵統合在共同目標下的力量，並讓他們了解歷史。更重要的是，警察和孩子會在拋棄彼此執念的那一刻丟掉成見，彼此變成真正的人互相了解。

「一旦你了解他們、喜歡他們，就很難對他們一概而論。」施羅德告訴我。

當時他已經快五十歲了，創意出現得有點晚。但他早已是偉大的創作者了，至少在其他人眼中是如此。

施羅德是搖滾明星，是科羅拉多州有史以來最受歡迎樂團 Opie Gone Bad 的主唱，這個樂團曾九次登上傳奇場地紅石露天劇場演唱。

在二〇〇一年七月十日的演出影片中，施羅德站在成千上萬尖叫的歌迷前，剃了個大光頭，身材魁梧，聲音宏亮，看起來就像個搖滾明星。天啊，那聲音，完美的音高，能唱出廣泛的音域。沙啞的嗓音、輕快的旋律，來一段口白，他放開了，在科羅拉多州的美麗夜晚，他與眾人一面唱一面跳展現內在自我，舉起啤酒杯為他的樂團 Opie Gone Bad 祝賀。所以他不僅看來像個搖滾明星，還不折不扣**就是**搖滾明星。他娶了丹佛野馬隊的啦啦隊長。

但施羅德並不快樂。

音樂並沒有讓他感到靈感爆發。是的，他喜歡唱歌，喜歡演出的興奮感，喜歡成千上萬人在那裡，隨著他的節奏搖擺舞動。然而，每次演出之前有很多不確定性。「在我出去之前我會告訴自己：沒有人會在台下，沒有人會跳舞，」他說：「在演出前我總會降低自己期待，以致演出不太好，我也不會感到失望。」

施羅德當時並沒有誠實面對這情況，他當時還在演出，就某種意義上說，他感受到的多半是觀眾對他演出的反應，而不是審視內在動機，也沒有分辨是否真的熱愛這段經歷。此外，他很少寫歌，所以當他回想起來時，他的角色就很機械化。最後他終於領悟了。

長話短說，他和啦啦隊隊長生了一個女兒，卻離婚了。他經常參加派對，和女人混在一起，覺得自己很噁心，對自己人生感到灰心喪志，厭倦了看似令人羨慕但對他來說並不真實的生活。

施羅德和我是從小一起長大的朋友，我們每隔幾年就會互相聯絡一下。二〇一九年夏天，我們聯繫上了，但他聽起來不一樣了。

「我等不及想告訴你我在做什麼。」我們坐在墨西哥餐廳，他開始告訴我他最近熱衷的事；他的眼睛亮了起來。

施羅德從搖滾界退休後，開始了郊區生活。娶了他在打男女混合曲棍球時認識的女人，一起建立家庭。擔任丹佛警察運動聯盟的執行董事，這個組織的宗旨在於促進青少年的體育運動以及希望增進青少年與警察間的正向關係。而這樣的理念以一種基本、安靜、強調的方式對施羅德說話。

最後他的音樂生涯只剩下一首歌：國歌。他在體育賽事演唱國歌，尤其是在職業曲棍球隊、科羅拉多雪崩隊的比賽開幕式上演唱，他是那裡的常客。9/11 事件發生後的隔天晚上，施羅德認識了一群軍人，他們的任務是護送幾個二戰老兵重回諾曼地。這群軍人問他是否想一起去旅行。

「這是我身為歷史迷一直夢想的事；可以為二戰退役老兵提供幫助，與他們聊聊過去。」他的第一次旅行是在二〇一二年，然後隔年他又去了第二次。他坐在豐田車裡，車裡擠滿曾在阿富汗服役、然後來諾曼地的美國年輕軍人，還有一名諾曼地老兵，這位老兵和他的連隊在諾曼地被德軍伏擊，幾乎全軍覆沒。

行旅者向這些士兵敞開心扉，把他們當成兄弟姊妹。「這些年輕士兵簡直聽的……天哪，這就像你穿過某個門然後回到過去。」

「就在那時，我想到了。」

他到回家後，擬好籌募資金的計畫，他想讓丹佛的警察和年輕人去見見那些從諾曼地戰場上退下來的老兵。這些事看起來八竿子沒關係：諾曼地、退伍老兵、警察、少數族裔青年，但他把他們全串在一起。他對這個想法充滿確定性，起碼比他曾寫過或試圖寫過的任何歌曲都還要確定。

他回憶起當時的想法：「我將盡可能地多帶一些孩子和警察去做參訪。」

二〇一六年，他們帶著三個孩子、四名老兵和四名警察。

二〇一七年，他們組了兩次參訪團，有一團帶著科倫拜高中的孩子，這所高中曾在一九九九年發生過臭名昭彰的校園槍擊事件。亞歷山卓．萊佐（Alejandro Rizo）就是其中一個孩子，他那年十三歲。

亞歷山卓，他的朋友都叫他亞歷克斯，住在丹佛最貧窮的地區，他在學校寫了一篇文章，講述他為什麼想去諾曼地。因此入選參訪團。現在這位亞歷克斯走在海灘上，看到了密密麻麻的墓地。「直到你看到白色十字架密密麻麻一片，你才能真正體驗到它。」亞歷克斯告訴我。

他看到在諾曼地鄰近小鎮聖梅爾埃格利斯教堂發生的事特別有感觸，現今仍仍可在教堂長椅上看到沾染著百年前的血。並非所有的血都是重傷者流的。這些血跡是兩名美國醫務兵造成的，兩名十九歲的年輕醫務兵駐紮在這座有八百年歷史的教堂，幫助盟軍士兵，但隨後他們願意救治所有傷員，包括那些回擊的德國人。兩個小小醫務兵挽救了八十一條人命。

二〇一九年十月初，施羅德站在村莊廣場外，他告訴我：「他們在這小鎮救了一個小女孩。」雨開始下了起來，這裡發生的事情似乎一股腦地向他壓來，他嚇到了，「對戰爭的一切、對所有死亡和破壞，」他的內心湧現深深的同情。

亞歷克斯也有同樣的經歷。

「我在教堂感受到，就好像完全的陌生人沒有任何原因地願意為我犧牲生命，只為了我能有更好的生活，但這不合理。」

那天晚上，這群人待在住所，亞歷克斯說他與一名重案組的丹佛警察長聊了一會兒。「在我眼中，他不僅是個穿著制服的男人，我還看到了父親、丈夫、兒子。」亞歷克斯說，他們成了朋友。「你會發現你和某個你不時厭惡的人有很多共同點。」

亞歷克斯並不是本質上討厭警察。他的祖父在被殺之前就是墨西哥的警察，亞歷克斯從父母那裡學到對執法部門的尊重。但在另一方面，亞歷克斯十二歲時，他的朋友被警察亂槍打死，只因為他偷車，警察聲稱他試圖阻止偷車賊在開車時傷害別人。

在我採訪亞歷克斯的前一天，德州的白人警察闖進某位婦女的家槍殺了她；當時她正在和侄子玩電動，而她是醫學院的學生。兩週前，一名白人警察在自家公寓殺了她的非裔鄰居而被控謀殺。

我也採訪了參與這個計畫的警察。但那是在二〇二〇年混亂期間，他們擔心在如此政治化的情勢下暴露自己名字。他們告訴我要了解這些孩子，花時間和他們混在一起聊聊天。

他看到年輕男女和警察發生了轉變，「有過一起相處，經歷一些比他們自己更重要的事。」

施羅德說，有時候，諾曼地的偉大、壯觀和肅穆似乎壓倒了家鄉發生的事——以一種好的方式。

「我記得這個孩子向我走來，我說：『你認識和你說話的那個人嗎？他是警察。』」

這是雙向的。

「這些警察不是種族主義者。這些人不是壞人。」他說：「但這並不能否認體制出了問題，尤其是對非裔美國人。」他說，這趟旅行成為討論的機會，有些議題都被人用歧視的角度看待。「也有很多勇敢的非裔美人就像白人士兵一樣詫異於自己無罪，然後擠在船底回到家鄉，但回了家後不讓他們投票。這是我們強調的。」

諾曼地教給我們的教訓並不是絕對的，戰爭在道德上也很難說——誰該死，全毀了，歧視又怎說。這一現實正是施羅德希望大家汲取教訓並消除偏見的原因。「你不必解決所有問題。想到光是要轉動輪船的舵就是很困難的事，所以需要一個小小方向舵來啟動船舵才能大轉彎。」他說：「我們就是那個小舵——就算我們每年只接觸幾個孩子，甚至幾百個孩子。」

這就是這個故事的重點。對施羅德來說，一年幫助幾個孩子和警察比面對成千上萬尖叫的粉絲更重要。創造力並不是只有大C才有力量，也許施羅德正在為偉大的創造者提供棲息的肩膀。

這個故事的第二個重點與創造力的年齡有關。人一生的年齡不該成為創造力的阻礙。年紀可以提供智慧和經驗，讓繆思綻放。以施羅德而言，比起他自在歐洲旅遊獲得靈感，搖滾明星的經歷就顯得失色得多。

還有第三個要點，它更重大。從某種角度審視創意週期，為二〇二〇年的巨大挑戰提供脈絡背景。

我曾說過弗萊明發現青黴素的故事，它發生在一九二八年，青黴素（俗稱盤尼西靈）這個藥來自黴菌。換句話說，人類透過敏銳的觀察，在有機創造物上發現了拯救生命的應用。之後，這種有潛力的藥物在小鼠身上進行測試。到了一九四一年，青黴素被用來治療一名英國警察。據報導，這名警員康復得「令人寡目相看」，但由於藥物不夠，該男子病情復發並死亡。

根據國家戰爭博物館表示，在諾曼地登陸前，二十一家公司合作生產兩百三十萬劑青黴素。博物館指出，它稱為戰爭的「神藥」。

如此偉大的創造！有創新的意念和強大的製作！它的靈感來自戰爭的混亂。

讓諾曼地登陸成功很大程度上要歸功於英國人艾倫．圖靈（Alan Turing）的創新。他帶頭破譯了德國密碼系統「恩尼格瑪」（Enigma），納粹認為用這套密碼發送部隊與潛艇的行動以及戰略計畫絕對毫無破綻。圖靈推動制定現代電腦最基本的原理，在英國布萊切利公園，他的密碼學家團隊使用特殊機器「巨像」（Colossus）破譯分析密碼。

那時，大西洋彼岸的工作已經開始，密碼學家利用相關數學原理建造第一台電腦，稱為「電子數值積分計算機」。這台機器用了一萬八千個真空管進行大數計算，最初的目的是為了美軍做彈道計算。一九四六年二月十四日，《紐約時報》有一篇文章報導了這個之前一直保密的項目：「陸軍部今晚在此宣布，戰爭的最高機密是一台令人驚嘆的機器，首次讓電子速度應用在迄今極困難繁瑣無法解決的數學任務。」

戰爭剛剛結束，這在很大程度上要歸功原子彈的創造，如此精細卻毀天滅地的殺戮武器在日本領土落下兩顆。

二戰期間有這麼多創作，他們只是少數例子，二戰本身就是一種法西斯主義病毒的產物，肆虐整個世界，大約有七千五百萬人在戰爭中喪生。

破壞，創造，再破壞，再創造，這是大自然的呼喚與回應。

又過了一百年，到了二〇二〇年，世界又充滿前所未有的挑戰。就情勢而言，美國出現新型冠狀病毒，以及一種新的、廣泛傳播的社會動盪，這是事實。但在其他方面，這些威脅與之前的挑戰相比顯得黯然失色（包括第二次世界大戰、第一次世界大戰、一九一八年流感大流行、導致世界瀕臨核毀滅的冷戰、種族主義、性別歧視、恐同症）。這些挑戰如此極端，已到了法律、政策及進步工業的創造力無法處理的狀態。

創造性的轉變常常會遇到阻力，有時需要像納粹這樣的共同敵人，才能產生變革帶來進步，也讓變革的風險有價值。

當施羅德向我描述他的創意理念時，他以非常個人化的方式表達了這種動力。「當我覺得自己可能不夠好做不成這件事，我就沒什麼好丟臉的了。」他說。

這是一種解放，這種自由和壓倒性的靈感襲擊了四十多歲的施羅德，讓客觀條件、情緒狀態、專業知識等種種因緣聚合在不同的人身上，這股創意精神因此在各個不同時空顯現。

這些重要嗎？

23 創造力的術語：四個C

創造力科學似乎不太適合危機時刻。它不像病毒學，當新病毒出現，如果不迅速加以干預，人們就會死。因此，當創造力學者考夫曼（James C. Kaufman）和貝蓋托（Ronald Beghetto）在二〇〇九年聚在聖地牙哥，一面吃著開胃菜一面聊天，卻發現創造力的學術研究有緊迫而嚴重的問題時，這似乎很有戲劇性。

因為覺得這件事實在太緊迫了，以致才不過幾天，考夫曼就飛到奧勒岡州的尤金市，找了在奧勒岡大學任教的貝蓋托再商量，他們一直談到凌晨兩點，反覆討論尋找解決方案。

問題與C有關，大C和小C。幾十年來，這兩個C的二元結構一直是創造力研究的基礎思想。當然，「大C」指的是那些天才，他們的超凡思想改變了我們的生活或某個領域的基本知識，可能是藝術、分子生物學，是搖滾樂或電腦工程學。而小C指的是我們其他人。

但喬治·德·梅斯特拉（George de Mestral）又怎麼說？他改變了世界，但考夫曼總是在想，如果德梅斯特拉沒有改變世界，他到底會貼上「大C」還是「小C」標籤。你可能沒聽過德梅斯特拉這個名字，但你可能密切接觸他的創新：魔鬼氈，有史以來最具黏性的創新之一。

魔鬼氈的故事可以追溯到一九四〇年代末的一天，當時人在瑞士的德梅斯特拉牽著小狗在戶外散步。這個創新者注意到狗毛和自己褲子都黏著從外面沾上的小毛刺。這些毛刺是如何附在身上的？

在那一刻，他的觀察結果只是顆未經琢磨的小金塊，僅此而已。「他本可把這件事擱著，不再想它。」考夫曼告訴我：「那不會影響那一刻的重要性。」

考夫曼和貝蓋托開始思考是否應該區分堅持到底的發現和只是觀察的發現。這是哲學命題的一種變體：如果一棵樹倒在森林，而周圍沒有人聽到它，樹倒下的聲音發出了嗎？如果做了出色的創意觀察，但從未付諸實現，它算是「大C」嗎？這件事到底該怎麼說？

還有另個例子，薇薇安・邁爾（Vivian Maier）。她也讓考夫曼和貝蓋托煩腦到不行，因為他們仔細把創造力的普遍概念大C、小C全想了一遍，也找不到她的定位。

邁爾在芝加哥當保姆，她的嗜好是帶著Rolleiflex相機在城市漫步，隨手街拍。後來她環遊世界，也是到處拍照。但她不會把拍好的底片洗成照片，也沒有出版，似乎對出版不感興趣，只是拍照。在她去世後，有位房地產經紀人在二〇〇七年發現十五多萬張底片，這才讓世人震驚到她的世界有多精采——耀眼的黑白肖像、定格的街頭文化、就要起衝突時充滿情緒的面孔、門廊上的人群、夏日消防栓噴水柱間跳舞的孩子。

之後讚譽湧來，無論是批評，還是病毒式傳播，她的收藏引起了網路轟動。但這些並不是她追求的，她甚至懶得去沖洗底片。

二〇一四年，《紐約客》雜誌有一篇文章簡短報導了這位業餘攝影師的生平，並嘗試捕捉這個謎團的一些細節。文章寫道：「邁爾的故事之所以令人興奮，正因為它偏離了有關藝術抱負的熟悉敘事。電影製作人和攝影愛好者無法理解為什麼她從來沒有為了追求熱愛而放棄自己的職業。從來沒有人見過她把脖子上的相機拿下來過，只要看過她的人都困惑，站在身旁的真的是曠世天才嗎？」

如果這些照片從來沒有被發現，它們會是什麼？有一個類別嗎？這是從小C轉成的大C嗎？這是否意味著創造必須得到其他人的讚賞才具備大C的價值？

考夫曼和貝蓋托這兩位學者在聖地牙哥尤金市碰面，然後做了一整夜的腦力激盪，他們發現兩個C中有數十個大大小小的漏洞。八年級學生寫了一篇內容扎實的論文和專業作家寫的論文是同一個小C嗎？也許這位專業作家創意無限，但她並沒有改變世界？

對考夫曼來說，這些問題都很個人。一開始，他並不想當學者。相反地，他說：

「我一輩子都想做很有創造力的作家。」小時候，他寫了一篇又一篇的故事，上高中時在校刊寫體育報導，上大學拿到創意寫作的學位。然後讀研究所時申請念藝術設計所。他申請的大學寄給他一封標準回函，敦促他認真考慮是否真要申請此學科。信中內容寫著：在申請之前，您應該知道我們的藝術創作所一年會有二十名學生畢業，但全國每年適合藝術創作碩士的工作大約只有三十個。

考夫曼說，就是這個時候，他意識到自己的才能只是「不錯，但並不偉大」。

最後他改去念耶魯大學心理學，主修創造力。但他持續寫作，還創作了一部音樂劇《發現瑪金塔》（Discovering Magenta），內容講述「心理諮商師試圖幫助焦慮症患者。」還在紐約一家小劇院製作上演。

當然，這個創作不算是大C，那它是小C嗎？就像你為老婆寫的情人節讚美詩一樣？這到底是什麼？如果你在家裡想到一份新食譜，家人或晚宴客人都讚不絕口，但也沒有再進一步了，那麼這個創造應該叫什麼呢？

考夫曼和貝蓋托想出一個答案，在我看來，這個答案對於理解創造力領域和了解我們自己的行為都非常有幫助。

介紹四個C。

迷你C（Mini C）

小C（Little C）

專業C（Pro C）

大C（Big C）

迷你C。

迷你C的定義：對經驗、行動、事件做出的新穎且有個人意義的創意詮釋。

這類創造力更重要的是個人滿意度，這並不表示它沒有價值。如果梅斯特拉從未提到他在發明魔鬼黏前曾把黏在狗身上和褲子上的毛刺拿下來觀察呢？也許這件事一直以來都讓他感到高興呢？這是從好奇心出發的有力觀察，也許很新穎，但本質上是迷你的。

我們一直都在創造迷你C，孩子也是。你可以隨機觀察：他們把紙巾空盒變成一頂帽子了；五年級的作文：如何讓狗和貓和平相處；樂高塔看起來更像是顛倒的餡餅。

考夫曼自己創作的迷你C是對晚餐食譜進行更動，它讓創作者感到興奮，但不見得受到家人歡迎。「我把肉桂放在馬鈴薯泥裡。大家都對這個創新敬而遠之。」他說。「但有時候，我也會做一些孩子和妻子愛吃的東西，我就跨過了這個門檻了。」

這不是巨大的門檻，但它是門檻，是向小C邁進的踏階。

小C是引起漣漪、受到認可的迷你C，但帶有謙虛的氣氛。

在考夫曼家裡，孩子和妻子說：「你這個辣肉醬做得不錯，下次還能再做一次嗎？」

小C！

或者你五年級的學生寫了一篇非常獨特的文章，值得用電子郵件發給家人欣賞，或者它可能是你三年級學生貼在冰箱上的畫作。

「如果說迷你C是許多人每天多次體驗的事情，那麼小C就是我們每個人都可以嘗試的事情。」

且不一定是一次性的創造，這很重要，確實如此。在你的生活中，小C可能是當你的愛人要求你彈首歌給她，你就抓了把吉他彈出動人的歌，賓客被吸引過來因為歌曲真的很動人。也可能是你在後院建造的工作室，你和孩子一起建造了樹屋而鄰居驚嘆說：「它看起來真像一艘海盜船！」也可能是你在不是自己專業領域做了一件很棒的事。

它可能是知名創作者在非專業領域創造的作品。

新冠疫情期間，我收到友人、驚悚小說暢銷作家林伍德．巴克萊（Linwood Barclay）發來的訊息。隨著世界停頓，他也停下腳步，暫停寫作和行銷自己的書，也不在假日宣傳（但最近還是向編輯提交一份企畫草稿）。他投入大量時間來建造鐵路模型，逐漸成為超越嗜好的癡迷，組出的模型占據十一坪大的房間。火車穿越城市景觀，越過山腳下，穿過隧道和橋樑，然後停在火車站。

林伍德在 Facebook 發了一段影片，他說：「我從小就是火車模型迷。」我留言詢問他有關創作的問題，他說：「我想我花了很多時間在腦海中想像一個世界，然後用我的雙手建造它很棒。」

精準說來，林伍德做的是「嗜好」，但這並不會貶低這個嗜好有滿滿值得認可的創意。

我覺得小C創作很棒，因為它充滿真心努力創造。但小C不應該與下一步重大升級的專業C混淆。

所謂專業C，就是林伍德的書了。

看看這個專業C，那可是了不起的成就。

以我的拙見看來，專業C是最重要的新類別，也是最複雜的。專業C是專業人士的專業創造。你猜對了，這些創作必須公認有不錯的品質，甚至很了不起。所以專業C的跨度非常大，以致在這段簡短說明中，會讓某些非常知名的傑出創作者覺得有點侮辱。那是因為專業C的範疇太廣泛，卻要放在一起討論。

「專業C的開始，」考夫曼說：「可能是某篇文章發表了，或某篇研究被某機構接受了，這個範疇的跨度很大，可能只有局部，到某種程度上對整個領域產生影響，即使**那件事**的影響很小。」

考夫曼和貝蓋托寫的四C論文是專業C的較高級版本。考夫曼寫的書也是如此，比如他寫了《劍橋創造力手冊》（*Cambridge Handbook of Creativity*），現在已經出到第二版了；還有《創造力101》（*Creativity 101*），這是一本更口語但仍然有學術意義的書——「就是那些我在晚餐聊天時，會跟你說的那些雜七雜八跟創造力有關的東西。」考夫曼說道。

事實上，這四個C，從迷你到大C，他們的範圍都像是「轉盤或開口，或像調光開關。」可大可小做調整。

專業C更是如此，因為事情就像：世上有像詹姆斯·考夫曼這樣的專業學者，也有像詹姆斯·派特森（James Patterson）和詹姆斯·艾洛伊（James Ellroy）這樣的專業作家。就算都是世界級的演出者，也有怪奇比莉到夏奇拉這樣不同的類型，還有喜劇演員崔弗·諾亞（Trevor Noah），料理鐵人（Iron Chefs），尖叫拳擊手吉姆·克拉莫（Jim Cramer）。

還有很多很多人，他們可能沒什麼名氣，或者只在各別領域很有名。作為《紐約時報》記者，在我的日常工作，我幾乎每天都會採訪政治人物、學者、作家和其他擁有豐富天才和專業知識的創造者，他們表現出創造力但彼此根本無法類比。

一九七〇年代發現發燒分子的美國國家衛生研究院院士迪納雷羅（Charles

Dinarello）與民謠歌手詹姆斯・泰勒（James Taylor）、還有像我這樣不上不下的作家，以及無數矽谷工程師和創新者難道都屬同一類嗎？

將他們與我們這種作品賣不出五億美元的人混為一談對他們來說確實不公平，但專業C的關鍵不是金錢、名氣，甚至不是才華。而是創作者在各自領域的實踐和訓練，他們是專業，不會再打破模具了，而是只用指尖按著摩著就能塑出好作品的人。

專業C是顯著不同的創作，是廣大範疇，屬於有才能、有創造力的思想家，他們擅長自己的工作。數百萬人在這稀薄的空氣中活著，但不像大C創作。

大C處於更微弱稀有的空氣。它乍看起來更難以捉摸，因為大C有一個面向是任何創造者都無法控制的：時間。

這裡的大C標籤是為真正持久流傳的創作者保留的。事實上他們的貢獻可能以幾十年甚至幾個世紀來衡量。這裡有個有趣的心理遊戲，請花點時間做一下身為當代人才能做的嘗試。

「依照貝蓋托和我的標準，大C是永恆的。」考夫曼表示。

解放黑奴的林肯、發明小兒麻痺疫苗的沙克醫生（Jonas Salk）、廢奴主義者塔布曼（Harriet Tubman）、賈伯斯，還有保羅・麥卡尼和披頭四、巴布・迪倫、黑人化學家卡弗（George Washington Carver）、邱吉爾、甘地和金恩博士。

當我與考夫曼談論這個問題時，我小心翼翼地提到具有可能性的候選人：諾貝爾獎得主詹姆斯・艾利森，我在前面寫過他的故事，但之前你可能對他很陌生。

然而，考夫曼告誡我，要我不要將科學家、音樂家、運動員、演員全混在一起進行比較。他說，大C也必須針對特定領域。「如果你談的是醫學類的成就，如要把一些創造與沙克醫生這樣的成就相比，那麼幾乎對所有事、所有人都非常不公平。」

他說，因此「創造力和名氣根本不是同一回事」。

他告訴我諾曼・布勞格（Norman Borlaug）的故事。你知道這個人，對吧？拜託，真的不認識嗎？你不認識綠色革命之父，你不認識這位諾貝爾和平獎得主？

他兩者都是。

他因發現新型小麥品種、大幅提高農作物的產量而獲獎。他於一九七〇年獲得諾貝爾獎時的生平介紹這麼寫道：「在他的科學目標中很快又加入了實際的人道主義目標，他培植新的穀物品種，投入大規模生產，只為養活世上飢餓的人——從而『在人類對抗飢餓和貧困的戰爭中取得暫時的成功。』」

布勞格，這位孜孜不倦的創造者，個人領域的風雲人物，是你從未聽說過的大C創造者。

布勞格的故事還暗示了大C創造者的另一個特性——他們創造的方法和想法會被他人複製、借用，成為領域基礎知識的一部分。

「你沒聽過關於Velvet Underground的笑話嗎？」考夫曼問我，他指的是盧・瑞德（Lou Reed）在六〇年代組的搖滾樂團。「他們賣出四百張專輯，但所有那四百張專輯都是賣給後來那些做搖滾樂團的人。」

「那麼，」我問考夫曼：「像布魯斯・史普林斯汀這樣的人呢？」在他的時代，也就是現在，具有巨大的影響力，受到同行的高度評價，創作如此多產，形成屬於自己的聲音、風格和精神。難道他就只是專業C嗎？

「你說四百年後，每個人都會知道他的音樂嗎？不一定。但後世那些喜愛二十一世紀音樂的人一定會說：「二十一世紀只有這三個人、或這四個人的歌是必聽的，他會是其中之一嗎？絕對是的。」

嘿，老大，你內行的。

對考夫曼來說，大C最重要的特徵是創造者的成就是否能夠流傳久遠，以及這些創造者是否代表個人領域，是否能在所處範疇形成獨特的思維方式，因此成為進步的起點，事實上，大C創造者會開創新領域，創造的方法也會成為新技術的基礎，而以上是此人理所當然獲選大C創造者的決定性因素。

因此，事實顯而易見，只有歷史才能真正決定創作的影響力，也才能決定這個創作屬於哪個四C陣營。

人唯一能控制的，就是創作的根本目的，也就是——你自己。

Part 4

SALVATION

救贖

24
祕方

我試圖透過科學和故事闡明追求創造力需要的重要特質：大腦、眼睛、耳朵、平均智商、想像力、至少對某個領域的基本理解、上網能力、保持好奇和開放的能力。

擁有這些特質的即使不是全部人類，也是大部分的人。

然而人們——我的意思是**每一個人**——都有祕方：我們自己，每個人的個性。

創造力的祕方就是：你自己。

這是我在寫這本書時學到的最大收穫。最終，創造力誕生於片段思緒與片段思緒的連結，它們從心靈深處浮現，這些思緒碎片及運作程序就像個體基因的組成或指紋一樣獨特。我們之間有很多相似之處，我們很接近，但我們不是複製人。

這能解釋創造力的起源，但不能解釋創造力的成因。在本書第一部，我提到有位成就傑出的好萊塢導演問我一個問題：「創造力的目的是什麼？」

他是馬克．羅曼尼，我之前說過他的成就。我跟他談起我對創造力的了解以及創造力和演化生物學的關係。創造力對我們非常重要，因為它使我們能生存。但他好像不太滿意這個答案，他問我：「照你這定義，天下事不都跟生存有關？」

嗯，是的，我承認。我們潛在的基因編碼決定基因傳遞，而創造力幫我們做到這一點。

創造力還有其他重點嗎？

在接下來的幾天，當我思考答案時，我想到在創造力領域頂尖的學者傑克·貢卡洛，我前面提過這位思想家，他不但不害怕提出「聰明笨問題」，還總能提出好的聰明笨問題。他就做了一個研究，寫出論文，或可部分解決羅曼尼的疑惑，研究表示：創造讓人更快樂。

二〇一五年，貢卡洛與合作研究者發表了《創意工作的解放成果：創意輸出如何減輕保密的實際負擔》。

這份研究顯示，人們創作時會感到輕鬆，感到與世界分享自己。這篇引人注目的研究表示，這是事實，即使創作者沒有分享他們最私密的祕密。

舉例來說，某人欺騙了另一伴，或只是想要欺騙。這是真正的祕密，或說是真正的羞恥感，這可能不是值得廣為分享的點子。

這個祕密很沉重，它會霸占思緒，讓你不快樂，成為強迫性的想法，更會產生與真正負重沒什麼不同的沉重負擔。例如，研究顯示，藏著不安祕密的人與沒有嚴重祕密的人一起爬山，有不安祕密的那個人會覺得山更陡。

貢卡洛對祕密所造成的恐懼是這樣描述的：持有祕密的人認為這個想法是「不道德的」。祕密在被允許的「框架外」，在可說和可想的「框架外」。這樣的描述再明白也不過了，否則你為什麼不開始分享呢？

事實上，潛藏在羞恥概念下的深層意義可直接追溯到四年級低谷，當我們成熟，融入世界，各種規則都內化了。當我們覺得違反了這些規則時，我們就會感到羞恥。

貢卡洛和同事進行了一系列三個相關的實驗，以了解創造行為如何影響守密者的身體負擔。簡單來說，研究人員要求研究對象想著自己的一個祕密——有些人會想著小祕密，有些人會想到大祕密。然後要求他們寫下祕密的性質概要，不需要透露它。然後研究者與參與者進行一次對話，他們提出一個問題，要求其中某些人對此問題提出創意解決方案（創意組）；而另一組人則提出實際解決方案（實用組）。（下面括號內與語彙會根據參與者組別的不同而有不同。）

「校園附近一家餐館最近破產了，如今人去樓空。請在十分鐘內為下一家新企業盡可能提出（創意／實用）點子。」

然後，研究人員要求參與者參與一項體力活動，而這個活動之前已被驗證可測量「身體負擔」——參與者必須把豆袋扔向某個目標物。其他研究曾證明，祕密造成的負擔會導致參與者高估與目標的距離，也就是目標會看起來比實際距離更遠，以致他們會扔過頭。真沒想到，那些守著大祕密的參與者在進行創意發想後，並沒有像那些同樣守著大祕密卻被要求想出實際解決方案的人一樣把豆袋投得過遠。

「三項研究的結果表明，有機會發揮創造力讓人感覺解放，這股感覺反而可減輕保密帶來的身體負擔。」研究人員寫道：「第三項研究的結果還表示，如果做某件事時，允許操作的人可做不同類型的發想，而不是只准他在某特定範圍內思考時，創意工作減輕負擔的效果最強。」

換句話說，如果人們覺得如果說出來會讓自己被視為「不受框架約制」，以致無法表達想法時，創造力讓人「跳出框架」表達自己，進而到達身體上的解放。

請想像一下！人們越能有創意地發想，感受到的負擔越少。這主張多面向的深度思考，希望你前有障礙卻不被限制，當點子橫跨各範疇、各領域、跨過紀律和媒介湧出腦海時，請將它們連結起來。畢竟，每個人都有祕密。忠於真實並不表示要洩漏祕密，甚至，祕密可能是創意的燃料，甚至不會漏氣。

這項研究回答了我一直在想的問題，也就是羅曼尼提出的問題，為什麼要創造？創造不是為了拯救世界，或許有很大程度是在拯救自己。

我一次又一次地聽到創作者的訴說，如商人、投資家、音樂家、視覺藝術家、作家，他們描述在創作中渾然忘我的快樂、真實表達自我的喜悅，更是無拘無束的自在，強有力地證明了創造力和幸福感密切相關。平心而論，幸福可能是人之所以活著的組成部分——人越幸福，生存的能力就越強——更可能讓人感覺像是一種救贖。

為什麼會如此？還有其他研究提出相關論證。

其中某些論點來自考夫曼，就是那位提出四C定義的科學家。他在二〇一八年發表了一篇論文〈從過去、現在和未來的創造力尋找意義〉，文中考夫曼探究過往數十年的文獻研究結果，想找出創意支持如何成就人生意義。他從一個前提開始：「每天都有創意的人壓力更小，更快樂，更成功，也對自己的工作更滿意。」

他統整文獻後表示，這是因為創造力帶給人的深層意義。有很多理由，其中有一組論文研究「從廣島到戰俘營暴行」的倖存者。該領域的研究發現，處於這些情況的人往往渴望「象徵性的永生」。科學家發現，實現此目標的關鍵方法是留下可被後世紀念的創意貢獻，或留下被創作者視為遺產的東西。考夫曼認為，思想的創造與生孩子傳遞基因是可類比的。

平心而論，人們可能將作品視為一種存活形式——即使人都進了墳墓也能傳下去的自我遺產。

考夫曼指出其他有創意的方式會帶來意義感。其中之一是創造可幫助人們理解過去。考夫曼指出，一本書、一首歌、一本日記，任何反映過去事的創造都可帶來「連貫性」（coherence）。對此，我只能說：阿門。請告訴我有哪位作家的第一部小說在主題或理念上不具部分自傳性質，如果找得到，我會像我祖父說的那樣，把我的草帽吃了。

廣義而言，考夫曼寫道：「這類創意活動可以成為自我表達的途徑，一種了解自己過去的方式，或是治癒早期創傷或不安事件的方法。」

他還認為，創造力可以賦予「現在事」（而不是過去事）意義。原因之一是創作會帶來一種親密感。例如，他說，當某個作品被分享和獲得讚賞時，會讓你覺得「這可能是最終的聯繫。」

這種連結在本質上是協作性的，因為它涉及觀點的分享——「這相當於換位思考，站在別人的立場觀點上走一段創造的路。」

簡言之，創造力是「一種干擾」。考夫曼引用的研究論文表示，畫畫的人會比只是複製形狀的人心情更好。有趣的是，研究顯示，透過藝術分散注意力的人與使用藝術發洩消極情緒的人兩者相比，前者情緒改善更多。所以這是創作的好理由：擊敗人快爛掉的感覺。

考夫曼寫道：「創造力和藝術可以成為艱困時期最必須的消遣。」

論文最後考夫曼發現，當人們渴望新生、展望未來時，創意過程會創造意義。同樣地，他發現，若創造的目的在幫助他人、參與大型協力企畫或作為自我表達工具，這樣的創作會讓人覺得自己正留下遺產，感到自己被記住、被傳承、被聯繫。

我思考這些論點，其實都圍繞著幸福這概念。我必須承認，幸福終究是人生存的一部分。如果你不沮喪，度過難關的機會就會更大。因此，這是對馬克·羅曼尼的致意，這位優秀的音樂影片導演詢問創造力的目的。我承認，是的，創造力很大程度與生存有關。如果創造力可以獲得快樂，從而提高生存機會，那創造肯定比吃蔬菜更重要。

這種思路的缺陷是創造力可能會讓人困頓不安。例如，我在前面寫道，創造力意味著冒險，而風險是可怕的。真實自我令人恐懼。

因此，最終的問題變成有沒有方法可以讓人願意冒險、進入未知世界卻不會跌入懸崖。為了發揮創造力，人需要把一切都扔掉嗎？他必須是捱餓的藝術家、失敗的企業家、埋沒的舞蹈家、悲慘的音樂家、脫離不了貧民窟的作家嗎？

事實證明根本不是這樣的。幾年前，當我總收到別人送我的老套建議時，我學到了這一點——你才是你的正職——也就是說（用另一個陳腔濫調來說）現在才是最真。

25 不要放棄正職

關於創作者為什麼應該維持正職，我提供一個自己的故事做說明。

二〇〇四年，我計畫寫一本小說，開頭是這樣的：三十多歲的男人坐在擁擠的咖啡館看書，突然看到女人伸出纖細的手，在他的桌上放了一張字條。等他抬頭想看清楚是誰時，她已經消失在人群中了。他拿起字條跟上，一路跟著她出了咖啡館門口，他打開字條。

上面寫著：離開咖啡館，**現在！**

咖啡館爆炸了。

當他坐在咖啡館外的廢墟中，他發現自己倖存下來。他想起五年前死去的前女友，他從來沒有忘記她。但那不是他此刻想到她的原因，因為他認出字條上的筆跡是她的。

在我寫下這個開頭之後——雖然篇幅稍長——我感受到未曾有過的靈感爆發。我全神貫注地寫這個故事，構思下面發生的事——女友是否還活著。

那時，我還沒寫過書，也從未想過寫書。我認識在報業工作早就在寫作的同事，整個想法看起來很瘋狂。誰能寫那麼多字，誰想嘗試？

我著手寫懸疑驚悚小說，而且停不下來。我甚至不知道一本書會有多長。到了晚上，我會拿起書，計算一行有幾個字，乘以頁面上的行數，再乘以頁數。我估計一本書大約十萬字，我想故事就該寫得那麼長。

我被繆思迷住了，在六個月內寫出初稿。行文自然，輕鬆寫意，有時甚至讓人興奮，就像發現和創新一樣。

這本書的反應非常好，我還找到圖書經紀人勞麗・利斯（Laurie Liss），她至今仍然是我的經紀人。她和我討論這本書的內容，幫助我想到在書的結尾安排巨大的轉折。接著，她把書賣給出版界最優秀的編輯，這位編輯才剛創立出版社：The Twelve，品牌雖小但頗有影響力，出版策略非常新穎，每月只出版一本書（因此命名「十二」），而且所有作者都頗富盛名——除了一位。和約翰・馬侃（John McCain）、克里斯托弗・希欽斯（Christopher Hitchens）、克里斯多福・巴克利（Christopher Buckley）等人並列，我就像個局外人。

我曾把這份名單稱為「十一半」，表示我並沒有什麼名聲。

但我在唬誰呢？真是太令人興奮了。這本書最後命名《上癮》（*Hooked*）。我並沒有因此賺到什麼錢，遠不是你聽到人們談論的那種，但酬勞幾乎是一年的工資。出版商還請了幾位大牌作家寫書評。他們對這本書讚譽有加，而我從很久以前就明白公關文宣的作用。

然後，我給其中一位作者寫了致謝函，感謝他的善意評論。他回信給我，語氣友善，然後直接告訴我：不要辭掉你的正職。

我不認為他是在說我這本書不夠好，儘管他確實可以如此。他告訴我的就是我現在告訴你的：以創意維生是非常非常困難的，需要巨大的運氣；即使那些在專業C中有成就的人也不一定會賺到很多錢。

《上癮》的推出引起不錯的關注和評論，然後它的命運和大多數書籍一樣：賣得還好，然後一段時間就消失了。你知道一本沒有成為暢銷書的書在書店架上會放多久嗎？一兩個月。接下來，下一批由創意作家和優秀編輯精心製作的書又推出了。

而且，那還是過去。現在，爭奪讀者目光的競爭如此激烈，書要成為大熱門的可能性很小。

但是。

這並不是不創作的藉口。事實上，恰恰相反，這反而是給自己嘗試自由的論據。我的經驗很普遍，我支持技能和興趣隨著時間整合在一起的論點。事實上，除了明顯的吃飯需要之外，保留正職的原因是，它可以讓自我能力精進，這些能力可以培養創造力所需的技能和支持架構。

世界歷史上的許多偉大創造（如天花疫苗）都是技能組合外的斜槓。

自《上癮》以來，我已經寫了十本書，其中包括一本童書。我仍然有日常正職，堅守工作崗位。但我也寫書，我也寫歌，我本業的新聞工作也因為我有自己想說的故事，在我籌備下個作品時，我的新聞工作也會得到消息和資訊。

我的觀點：創作人生不是只能容許一種人生。

在我寫這本書快寫完時，我與吉登斯通了一次話，讓我更了解這點，明白我是多麼幸運能夠找到她、介紹她。

我們花了近一年時間聊天，我慢慢了解她的故事，她的天賦和創作之路。這也是非常美國式的故事，有好有壞。吉登斯的奴隸根源讓她與某種觀點、遺產和深色皮膚連在一起，以致成為種族主義的目標，至今依然。另一方面，她在一個比大多數人更自由的社會中翱翔，從幾乎與尊貴毫無關係的環境中崛起，為自己創造了人生。她向我傾訴作為創作者的內心情感，以及如何進化到可以自己的聲音和方式進行創作。她還透露，她還無法深入內心的某個部分汲取靈感，因為她的童年有些事太可怕讓她無法探索。

我仍然感覺拼圖缺少一塊。她曾走在通往巨星的道路上，但她捨棄這個目標。或說，她原可辭去正職，嗯，我想她已經辭掉正職，去做她喜愛的事了。她在她的圈子，從卡斯提洛到馬友友眾多音樂家都對她高度評價。二〇二〇年八月，她獲選擔任絲路合奏團（Silkroad Ensemble）的藝術總監。絲路合奏團是傑出大提琴家馬友友於一九八八年創立的全球性音樂組織，希望在全球化狂熱的混亂中促進創意合作。簡言之，吉登斯是音樂大聯盟的佼佼者。

她在向上爬的過程中做出選擇，不努力追求創作者生活，也不讓自己的生活變得太過商業化。

我不確定是否意識到這塊缺角對創造力的故事有多重要，直到二〇二〇年底我和她聊起來。那天早上我聯繫她，問她在生命中開始聽到自己聲音的那段時期。正如我之前寫的，當她還是新秀樂團 The Carolina Chocolate Drops 的主唱時，狀況就發生了。她越來越不開心，巡演和製作的音樂雖然很受歡迎，但對她來說並不真實。

即使她在二〇一五年發行個人專輯《明天輪我上場》，成為熱門影集《下一站，天后》的固定班底，出現在明星周邊花絮中，與艾瑞克．裘奇在美國鄉村音樂獎頒獎典禮的精采表演備受讚譽，即便如此，這種情緒依然真實。當我觀看那場表演時，我被她聲音的力量和爆發的靈感震撼住。而我現在了解吉登斯，我能看出她臉上的緊張表情。她化著濃妝，看起來像個洋娃娃一樣完美。「那是我有史以來最瘦的時期。」她說：「我盡力了。」她進了這個圈子，做得很好，但不喜歡它。「我知道：我不適合做這種事。」

「我討厭拍照，我想穿任何我想穿的衣服。」那天早上我們聊到二〇二〇年時，她這樣說。我那時就已經大致了解了，儘管我還沒有意識到這種自覺與她成為真正創作者的宏大未來有什麼關係。她的自覺並不是真的在糾結化妝和拍照這些小事，更多的是外界對她創意的影響，左右她的選擇；這些要求讓她創造音樂或訴說故事的目的都在取悅流行文化。她越來越想講述她祖先的故事。

「我一直想談論奴隸制度，我還想彈班鳩琴。」

二〇一七年，她推出廣受好評的專輯《自由公路》，其中收錄她長期以來珍藏在心底的歌曲《茉莉》，以及其他類似的敘事如《買方選擇權》（At the Buyer's Option）和其他翻唱歌曲，其中包括民謠歌手理察・法里納（Richard Fariña）創作的《伯明翰星期日》（Birmingham Sunday）。

她愛這些東西，但她也不覺得需要局限在裡面。她想學習新樂器，萌生創作歌劇的想法，成品是歌劇《歐瑪》，故事講述非裔穆斯林歐瑪於一八〇七年被奴隸販子綁架帶到南卡羅萊納州的一生。

那天早上我們正聊著，她告訴我，她坐在愛爾蘭西岸朋友家的壁爐前，她是怎麼想出主要詠嘆調的——「這些話才說出口，曲調就從我的指間滑落。」

《歐瑪》受到大型藝術節的邀請，在卡羅萊納教堂山表演藝術中心演出。《紐約時報》在報導中稱吉登斯為「音樂博學者」（musical polymath，是的，我必須查字典才知道，polymath 的意思是：知識淵博和廣泛學習的人。）

那天早上她還在電話中告訴我她和卡斯特洛一起進行的企畫。

吉登斯做的是真正地解放自己，在任何時間抓住靈感創作。她告訴我她的生活就是創作生活。「只有我，就是我的想法。當創意準備好在對的時間出現並擊中我時，門就打開了。」

她不會花太多時間評估自己創作的東西是否很好、是否完美，當然也不在意她的創作對他人來說是否夠好。

「我的創造力就是這樣，我的能力就是這樣——不斷發展。」

隨著談話結束，我意識到吉登斯給我一份很棒的禮物。她是出自真心的真正創作者，並不是因為她捨棄名氣財富的誘惑，而是因為她讓自己發出自己的聲音，且不帶歧視、指責、懷疑或恐懼地跟隨自己的聲音而行。她從一個企畫游移到另一個企畫，從一個創意迸發下一個創意。有時這表示需要付出大量心力製作。她的推特都是她製作的各種作品。

她告訴我：「我從來沒有這麼幸福。」

我在本章一開頭說，將創造力視為愛好並保留正職是有原因的。吉登斯在本章激起的漣漪是：一旦創意之門打開，它就會找到一種方法迸發，無論你的時間是否花在日常工作上。創造力是一種心態，如果你允許它出現，它就會找到辦法出現。

就在這個時候，我與一位近乎陌生的人進行訪談，他看到某種爆炸性的強大力量可達到這樣的心態。

以下是陶德的簡短故事。

26 陶德

二〇二〇年十一月初，這一年即將結束，我替《紐約時報》寫了一篇在疫情期間如何創作的故事；報導那些藥物濫用者如何利用網路進行治療課程。疫情期間，他們不得不這樣做，親自見面並不安全。

這是很酷的情況，顯示依賴會議生存的人如何獲得拯救。我訪談的對象是陶德・霍蘭德（Todd Holland）。

三十分鐘的談話中，他像是創造力的實務課程，向我解釋在疫情流行下，會議如何以創意進行，而他的作法只是一小部分。讓我印象更深刻的是，陶德的想法不輸我這兩年來的調查研究，想到我這兩年多來為了思考勇氣和創造力看了這麼多研究，陶德竟用自己的方式創意發想，想出一樣強大的實證。

我與他的互動再次表明，激發創造力的想法可以來自意想不到的地方。

陶德八歲就開始吸毒。「不計任何代價。」他向我描述他為了換取興奮願意付出的極限。他從小就住在猶他州北部。

在匿名戒毒會的幫助下，他終於在二〇一二年戒了毒。藉著十二步驟，他將自己從鴉片、冰毒、古柯鹼和酒精等可怕外界誘惑中解放出來。他告訴我，他學會了投降，這是常見的說法。但我還沒有完全理解，所以請陶德解釋一下。

陶德說，他已經學會接受自己是個好人，但也承認自己並不比其他人更好。他屈服於他的基本人性。

這就是他的原話：**我是值得的，但我不再有價值了。**

這句話對我打擊很大。從我開始了解創造過程以來，這幾個月來我一直在找這個句子。許多人相信他們值得去創造，與其他人一樣有價值，但他們不再有價值了，對創造力方程式來說感到「沒有價值」與「有價值」兩者是一樣重要的。因為，根據定義，那些感覺「更」有價值的人感覺自己才有權利。他們想像自己比其他人優越，這幾乎肯定這些人無法看到、聽到那些來自自尊自大的訊息。他們在創造力的香料架上可以應用的香料被他們自我限制住了。

此外，一個感覺比他人優越的人會認為嘗試創造會讓他們面臨失敗的風險，變得像那些「低等」的人一樣。

我是有價值的，但我不再有價值了。

當我聽到陶德的這句話時，我明白了，這些話可以用來形容二十幾歲的我面臨的情感崩潰。我已經屈服於這樣的事實：我只是人，不多也不少。直到此後，當我從黑暗走出來時，我才能聽到自己的聲音，我的聲音，並相信一切都好。

Part 5

CREATIVITY IN THE TIME OF CHAOS

混亂時代的創造力

27 前進兩步，後退一又八分之七步

我三不五時就會聽到一些渴望簡單時光的人說：「我懷念只從華特・克朗凱（Walter Cronkite）那裡聽到消息的年代。」

克朗凱是哥倫比亞廣播公司CBS晚間新聞的主持人，常受封為「美國最值得信賴的人」。

他的聲音成為本世紀最非凡的創新事件和新聞事件的代名詞（就如：登月）。這一來源提供非常乾淨、清晰、明確的訊息。

當他的職業生涯即將結束時，一群科技專才在矽谷相遇，建立網路技術和運作基礎理念。這個故事還有很多部分在其他背景下可能會說得更好，其中包括軍事和金融創意，但核心原則是資訊將透過網路去中心化。這樣做有部分原因是為了保護資訊來源免受攻擊，連結越多，表示以核彈摧毀整個系統的可能性就越小。

這樣的靈感來自恐懼。

恐懼的另一面是：希望。

早期的科技專才認為去中心化的訊息將更加民主。會有更多人擁有發言權，他們不需要為《紐約時報》工作，不需要簽訂圖書契約，也不需要成為克朗凱才能在世上擁有發言權。

克朗凱統治下的世界並不是那麼完美，當然，消息來源精簡單純，但他的世界就像冷戰時期，相對和平是因為有兩個超級大國——蘇聯和美國——而他們的強大國力和核戰威脅使得一切都受到控制。

在冷戰時期和克朗凱世界的表面下，事情一團糟。在美國，國家以這種基本秩序剝奪了非裔美國人的全部權利，同性戀男女在社會沒有地位，還有許多簡單事實被擱置，只為一句更簡單的「為了秩序」。在國際，簡單的秩序霸權遵循本書開頭《聖經》的話：世上大部分地區仍然處於一片漆黑之中，渴望光明、創造力、創新和變革。

這並不是說世界脫離黑暗還有好長一段路要走，只是說，每一束新的光芒都伴隨著意想不到的風險。抗生素伴隨著抗藥性感染，汽車伴隨著道路死亡增多，而我們多數人一生會做的最危險活動是駕駛。槍支保護了許多人，也殺死同樣多的人。世上占主導地位的經濟體帶來了前所未有的財富和舒適，但也帶來了巨大的貧富差距。

網路也是如此。從好的方面來說，它可以讓更多人表達想法。

還有呢？

輕描淡寫的世紀。

一項研究發現，世上所有資訊有九十％發生在二〇一六到二〇一八年，而這個數字還在逐年增長。二〇二〇年每分鐘有數百萬條推文、Facebook 貼文、Instagram 照片、抖音影音。這不是愚蠢的行為，其中很多推文是總統和總理發的。

通訊發展與創新和經濟齊頭並進，人們跨越國界分享對其他人來說像是異端的想法，開發出改變世界的產品，但同時也對世界提出了挑戰。

在這時期所謂的「真理」受到質疑。世界已經從「美國最值得信賴的人」變成了「假新聞」！

有害瘋狂的想法到處散布，世人居然也相信。有個想法印象深刻，據說是由「匿名者Q」（QAnon）提出的：美國共和黨和民主黨的菁英人士祕密屬於一個由戀童癖組成的撒旦團體。即便是我，好歹也是個驚悚小說作家，在最糟糕的時刻，也不會提出如此荒謬的想法，但很多人都相信了。

當然，我們會感慨，某些人試圖操縱訊息，想讓武器普及化，居然對最基本的科學或理性都產生懷疑。

不過，退一步想，從創造力的角度來看，二〇二〇年的可能性有多大。

只要創造出現（就算很少），強大創造也會帶來意想不到的後果，幾乎等同於創造之初的善意。想想《聖經》和其他歷久不衰的經典，它們既用來宣揚道德又用作部落大屠殺的藉口。將我們從黑暗中拯救出來的火，摧毀了村莊、森林，如今甚至摧毀了我們賴以生存的氣候。

然後我們做出回應——法律、習俗、科技、商業。我們學習並發展迷你C，然後是小C、專業C，然後有人站在巨人的肩膀上，創造了如此強大、有利、能即時反應時事的想法——如此鼓舞人心——讓光明再次照耀黑暗已站穩腳跟的地方。

這就是創造力的數學：前進兩步，後退一又八分之七步。

這數字是武斷的——我可以加上八分之七，也可以加上十分之九或九十九萬分之一。我數學不好，你知道就好。我們勇於創新，然後出現意想不到的後果。

二〇二〇年，一種名為新冠病毒的自然創造物席捲社會，它利用之前的創造物興起，例如城市生活、馴化動物以及開放的市場和邊界；它蹂躪了我們。我們的應對措施是利用同等規模的國際合作，以最快的速度開發疫苗，為病毒創造繁殖場所。

全球經濟緊密相連，帶來更低的價格、更高的效率，分散了勞動成本，而各國就像多米諾骨牌一張張倒下。數萬億美元規模的國際投資市場可以成立的原因，是它與快速轉換的電子交易系統相結合，為人類帶來無比的影響：個人首次可以在辦公桌輕鬆交易股票；但真正的權力和財富是由最富有的人積累的，他們擁有從系統中謀取大利的能力。這些工具使我們民主化，但立刻又分裂了我們。

移動設備允許我們在各角落進行良好溝通，提供我們娛樂，並向我們傳遞各種新聞。這些設備令我們著迷，透過眼球，看著令人驚嘆的 app 創造物、遊戲、推送的新聞，傳遞那些麻醉劑般的訊息和令人上癮的信號。

在此期間創造了一個術語，在各新聞中獲得廣泛關注，所謂「決策疲勞」（decision fatigue）。貨架上有太多訊息、太多產品，身邊有太多文化；有過多想法和創造，世界走向如此多面向，因此也有同樣數量的選擇，光要做選擇就是很大挑戰。如此要改變就會更困難，但改變是創造力和創新的重要組成。

創造力使我們不得不接受變化，定期汰換。但創造力學術研究告訴我們，變化就像嘔吐物和毒素。改變就是一種觀念、一種行為方式的死亡，從黑暗到昏暗的光明，再到純粹的光明本身。

只有透過歷史的鏡頭回顧，我們才能知道某項創造是否真的帶來好處，以及對我們影響有多大。

這是否意味著人在創造力面前無能為力？

答案是不。

對於創造力，有一些不言而喻的道理：

創造力是必然的，因為它就在我們身上。對此我已再三說明。

創造力會帶來意想不到的後果，這需要我們意識到改變的力量會摧毀或壓倒一切，而走向可能是好的，也可能是壞的。這正是我們制定公共政策設定界限的原因。沒有人能走進雜貨店去買核彈，這是有原因的。

28 新耶路撒冷

這本書始於二〇一九年感恩節那週的耶路撒冷，而一年後，故事結束在舊金山一張老化開裂的綠色沙發上。此時創造力與創造力正發生戰爭。

那時我走在耶路撒冷老城區，中國武漢出現的致命生物如今無處不在。全球有一百五十萬人死亡，在美國死亡人數已達二十七萬五千人。政府官員警告說，未來幾個月這個數字可能翻倍。

人關在家裡，企業也關門，數百萬人失業。有越來越多的飢餓人口需要食物銀行提供食物。孤獨一人在美國療養院成了新名片，美國有十萬人在療養院死亡，其中大多數人無法與親人告別。

然後人類創造了重掌局勢的方式。

感恩節前一天，就是我在老城散步一年後的第二天，美國疾病管制與預防中心CDC宣布光明可能很快就能取代黑暗了。

CDC網站上寫道：「下個月內，mRNA疫苗可能成為首批授權使用的新冠疫苗。」

這些疫苗的作用原理令人難以置信。它們需要合成信使核糖核酸 mRNA，從根本上引導免疫系統攻擊新型冠狀病毒。若要說明科學細節會寫成另一本書，但疫苗的產生方式屬於創造力領域，因為它是典型的創造力故事。它始於一位頑固創造者的創意火花。

匈牙利科學家卡塔琳・卡里科（Katalin Karikó）在一九九〇年代開始研究 mRNA，她執著地相信那是醫學取得重大進步的關鍵。她相信，這些基因片段可以人工合成，並用來向身體發出指令，甚至覆蓋、補充或取代體內已經產生卻無法解決疾病的指令。

這不僅是創造，還是以生命自己的創造方式來創造，變成我們自身防禦系統的綜合強化版本。

但她的工作幾乎沒有得到支持，因為這項技術似乎無法運作。「每天晚上我都在工作：一直做，一直做，一直做。」科學新聞網站 Stat 刊登卡里科的生平介紹，她表示：「最後結果總是不、不、不。」

簡介中寫道：

一九九五年，卡里科在賓州大學任教六年後遭降職。她一直想升成正教授，但找不到資金支持她做 mRNA 的研究，她的老闆認為沒有必要再繼續下去。

她又回到學術界的底層。

「通常，到了那時候，人們多半說再見就離開了，因為太可怕了。」卡里科說。

長話短說，她與合作研究者德魯·偉斯曼（Drew Weissman）堅持下來，找到讓 mRNA 發揮作用的方法：他們必須對混合物進行調整，讓人體的免疫系統不再攻擊合成基因鏈。對此卡里科想到了解決辦法。

Stat 的簡介表示：他們從二〇〇五年開始發表一系列科學論文說明這個發現，但基本上沒有引起注意。但是：這項發明是未來帶著疫苗衝刺的發令槍。

儘管卡里科和魏斯曼的研究沒什麼人有興趣，但引起了兩位關鍵科學家的注意，他們一位在美國，一位在國外，也是他們後來促成莫德納（Moderna）和輝瑞（Pfizer）在未來與 BioNTech 的合作。

正因為有這些藥廠合作，CDC 才得以在感恩節前一天發布新疫苗即將上市的消息。在二十五年前，兩位創造者在黑暗中的工作已出現成果，已然成為拯救數百萬人生命的疫苗基礎。在二〇二〇年嚴峻考驗中利用的 mRNA 技術也有望解決其他疾病。

這可不是不起眼的創造。這就是生命本身，是對我們基因的綜合補充，讓人類物種不會被淘汰。

我坐在親戚給我們的綠色舊沙發上，從手機看到這個消息。家裡很安靜，孩子還沒醒，妻子也在睡覺。我打開電視，點擊了螢幕上送我的禮物，是泰勒絲發來的。

在疫情爆發之初，泰勒絲就開始創作新專輯，但風格不像以前的作品。專輯裡沒有流行歌，而是非常個人、充滿反思、理性的創作。她沒有告訴她的唱片公司她寫了什麼，只是感覺對了就是對的。這張名為《美麗傳說》的專輯是一張了不起的創作。

感恩節早上，Disney+ 首次推出了這張專輯的專輯製作影片，拍攝地點是泰勒絲在紐約北部的家裡。影片是兩位在隔離期間遠距離共同製作專輯的音樂家，現在是他們是第一次面對面，他們坐在屋子的門廊上，簡短談論他們工作的緣起，以及他們如何在沒有見面的情況下進行合作。

「疫情流行期間，我們已知的所有生命系統都被瓦解，你有兩種選擇：一是堅持下去並努力讓原始系統發揮作用，不然就說，好吧，我要開闢一條新道路。」合作製作人傑克・安多夫（Jack Antonoff）這樣說。「你會有一種站在前面打拚的心態。」

「隔離期間還這麼說是會讓人害怕的：一切都變得模糊了，所以我要重寫。」

泰勒絲說，當工作完成後，她終於去找了唱片公司，承認她寫了一張非常不同的專輯，她很緊張地告訴他們。

「但我的專輯標籤是：反正想做什麼，最後都會失敗。」她的合作者問道：「你準備這樣玩了嗎？」。

「對，我認為我們這樣玩真的很重要。直到那時我才意識到這是真的專輯。因為看起來就像是巨大的海市蜃樓。」

「確實如此，」她的合作者回答：「我從來沒有製作過這樣的專輯，我不知道是否會再做。我不知道這是否就是專輯的製作方式，還是只適合現在。」

泰勒絲表示：「生活中全然的不確定性會導致無止盡的焦慮，但還有另個部分可以釋放你過去感受到的壓力，如果我們必須重新調整一切，我們應該首先從我們最喜歡的開始。我們就是這樣的，不知不覺就這樣做了。」

她補充道：「事實證明，每個人都需要痛痛快快地哭一場，因為我們都一樣。」

二〇一九年的感恩節，我在以色列北方的基布茲吃火雞，隔天就遇到袋鼠人。我下定決心要理解創造力，並發掘它在生活各方面的表現，包括藝術、科學、社會學。

當疫情來襲時，我開始懷疑：創造力是否暫停了？我們是否被鎖在裡面，獨自一人，也許聽到創意聲音，但無法採取行動？「我感到無精打采和絕望。」泰勒絲在陳述《美麗傳說》的製作祕辛時說：「但只是前三天。」

一年後，我意識到創造力非但沒有受到抑制反而爆發了。那時，我開始明白為什麼了。創造力就在我們之中，我們指的是每個人。歷史會判斷我們的各種創造是否留下足夠深刻的印記，歷史是判斷作品是否能成為傳奇的唯一標準，但歷史並不是**最好**的裁判。因為每天激勵我們創作的是創造的核心種子，有它們人類這物種才得以生存和進步。

我們不需要聚集在創造力的飛地，不必像各宗教偉大教主在耶路撒冷相互較量。創造的總部是新耶路撒冷；咖啡館和小聚會，利用科技，跨越國界，感受靈感，聆聽聲音並與他人聲音一起創造和諧——這就是創造的新世界。它甚至比病毒更普遍。

在這個感恩節，我衷心感謝我們人類所創造的一切，以及我們注定將要創造的一切。請想像一下。

29 接受靈感啟發

要真正體會靈感的力量，就要親眼目睹它。即時看到它的展開，即時看著它活過來。

這不僅是可能的，而且我和許多人都親眼目睹了這一點。我已經描述很多次了。它發生在二〇一八年八月二十四日，疫情震驚世界。而靈感來自世上最著名的創作者之一馬友友，他在網路上舉辦了一場簡短的十二分鐘音樂會。音樂會一開始，他演奏了巴赫的G大調第一號無伴奏大提琴組曲前奏曲，這是馬友友四歲時學的第一首曲子，現在他六十多歲了，已經演奏了很多遍。

當他演奏時，手指和弓配合得天衣無縫，在音符之間形成一張看不見、微妙的連結網，敲擊、觸摸、滑動。然而，看馬友友的演奏並不是在看動作。

靈感展現在馬友友的臉上。在他兩分鐘的演奏裡，馬友友的臉發生了很大的變化。穿越了情感、思想和本能的崎嶇地帶，他的下巴、眉毛、嘴唇、額頭、一蹙眉，甚至話到嘴邊的那一刻，似乎都流露出激動的情緒。就像你正看到他靈魂的地形圖。從他的臉上，這個靈魂就像永恆的山一樣古老，又像學齡前的幼兒一樣純真。

首先他的眼睛閉著，他的臉如在夢境，微微皺眉變成苦笑，鼻孔張開，臉頰上像是多了一點空氣，下巴抬起，嘴唇向下嘛著，他的嘴張開，似乎要用舌頭說話，但他的下巴卻垂了下來，壓力在下唇形成可怕的壓力，擠壓臉的底部，最後，當這首樂曲完結時，馬友友經歷了一次覺醒，睜開了眼睛，回歸世間。

正如孩子們說的，馬友友對一切已經熟到不能再熟，早成了機械化訓練。但他的詮釋、演奏方式以及我們聽眾的感受，都是他那一刻靈感的產物。對此，馬友友後續解釋了他對這部作品的每個版本與之前版本的不同。「我一生都與音樂一起生活。事實上，我所經歷的一切在各層面都融入我的演奏。」馬友友表示。

他說，他的整個人在那一刻都釋放了。他用了一個很有趣的術語來形容解讀自己當下存在的能力：「法醫音樂學」。他向我們展示他的繆思。那一段美好時光。

兩年後，我為了本書採訪了這位傑出的大提琴演奏家和思想家。時間是二〇二一年二月，我們在 Zoom 上談話。zoom，英文意思是一溜煙，所以無論從字面意義，還是象徵意義上，那一刻都是漫長冬天的結束。第一批疫苗從感恩節剛過就開始配送注射了。馬友友對引領我們走到這一步的集體創造力非常著迷。很快，我們開始討論世界的現狀，我在馬友友身上看到了在偉大創造者對話中反覆出現的特質：不屈服的好奇心。他似乎很高興我放棄傳統的採訪方式，漫無目的地談論這個話題。

「讓我們把注意力集中在你身上。」我說。

好吧，馬友友說。但事實並非如此。接下來的談話像是一堂創造力的大師級授課。他不僅從自己的角度描述了創造力從何而來、如何運作、可能目標，並且還展示了創作者擁有並讓創造發生的創造特質。聽他說話，宛如聽到創作的本質。

首先，他有天生的好奇心和開放性。創作者似乎並不在說教，而是在傾聽、與世界互動、歸納、整合。他們允許自己提出「聰明笨問題」。他們透過模仿所學到的東西，但不會選擇利用這些模仿作品急於做出判斷。他們無所畏懼地測試、探索、提問，尋找答案。

說到他的大學時代，馬友友解釋他對人類學、社會生物學和演化生物學很有興趣。他說，這些領域幫助我們理解為什麼我們有創造力。新的想法自然持續地從我們身上湧現，許多點子都很小，然後，砰的一聲，一些厲害的事發生了。

「事物是如何演化的──它們是在穩定狀態下演化的嗎？不是的。」他說：「就像你向前移動，每隔一段時間就會出現急劇的跳躍。」

「農業、車輪、金屬。」他說。這些都是富含創造力本質的例子──遠遠超出馬友友所說的「公認創作領域」的創作者，比如音樂家或畫家。「亞當斯密是創造者，東印度公司的創始人也是創造者，馬克思也是創造者，弗洛伊德和愛因斯坦也是創造者。」

想到這世界創造力的廣度，我有時會想，如果不是一位充滿創造力的木工先造了大提琴，馬友友就無法演奏了。而教訓是，創造力有多種形式，正如我們個體遺傳學的獨特性一樣，創造力的祕密成分就是你。

與此同時，我們每個人的創造力本質很大程度上取決於周遭環境。創造者有多少機會獲得工具、訊息、有無合作以及分享所學知識的能力？縱觀歷史，在競爭、合作、集體靈感和外部威脅的推動下，人類集體導致了各種創意產出的匯聚。馬友友認為，我們正處於創造力爆發的時代——「創造力的黃金時代。」他說。

我完全同意。數位科技為大眾、為我們所有人提供了創意工具。對於個人和人類這個物種來說，這是具有巨大創造潛力的時代。

而它也是一把雙刃劍。創作，即使是最了不起的創作，也會產生意想不到的後果，就如：核武器。或你公平地說，任何偉大的創造都會受到懲罰。因此，在這個時代發生的一切部分要看運氣，部分取決於我們投入多少精力利用工具來做好事。

例如，馬友友指出大數據、人工智慧的力量，還有他所謂的「演算法」，以及如何利用這些科技，這些科技往往只用來創作吸引大眾注意力的工具，它們並不總是為個人或社會服務的。

「但實際上，我們可以利用這些技術來構建知識、激發好奇心、創造機會和創造合作。」他說，我們不僅可以，「我們正身處其中。」

在他的部分，馬友友希望能夠催生出新的思維方式、一種哲學或世界觀，將曾經流傳的偉大思想匯集在一起，賦予它們新的內涵，提供一種普遍和平、繁榮、健康和幸福的可能性。他說：「千禧一代可能要寫出某種可以推動物種前進的哲學基礎。」

人類故事的弧線因創造力而彎曲。我們物種的命運隨著我們的創造而起起落落。但是以我的拙見，我在這裡傳達的重點是，創造力的核心並不是看結果或看影響力。這與最終大局無關，甚至與過程無關。那些是次要的。創造力首先必須來自個人靈感。它始於一股衝動、一種直覺、一種想法、一個火花。創造力並非難以捉摸、曲高和寡，也不是幸運者或少數人的專利。馬友友完成了偉大的創作，但他感受到的正是我們所有人都能感受到的：靈感。

「這就是我每次做事前都會發生的事。」他在描述自己經歷時說：「我坐在那裡，有點失落、沮喪，不知道哪條路是往上的，但隨後我幾乎是下意識地開始收集相關訊息。我不斷收集資料，直到我感到夠堅強了，可以越過界線了。」

為了什麼？

「個人優勢也好，社會優勢也好，這都是過去會讓人害怕的事，也許會受到批評，也許會因為說了什麼而被嘲笑。」他說。

即使偉人也必須面臨創作過程的現實：創造力很可怕，科學向我們展示了這一點。創造力令人害怕，它表示改變和對抗傳統。創造力也可能帶來生活不安，特別對創作者、或那些試圖消化新想法並將新想法融入生活的人。

當創作者允許自己越過界線時，事情就會蓬勃發展。想想新研究。科學表明，當父母和老師允許孩子走向邊緣，而不僅是安全地待在傳統範圍內，可以激發孩子創造的勇氣。

馬友友說：「然後，我選擇放膽一跳。」

我問馬友友是否可以在有所控制下放膽一跳。

「你無法控制自己，」他說：「你著迷了。」他又加了一句：「就像墜入愛河。」

你可以在馬友友演奏時的臉上看到這一點。他就在那裡蹤身一跳，就在世人面前，不畏懼我們的存在，無畏地創造新版的傑作。他來到界線邊緣，他放膽一跳，他知道他會著陸。這會是他最好的作品嗎？它會改變世界嗎？那不是那一刻驅策他的動力，而是他內心創作者的釋放。

像馬友友這樣的創作者之所以與眾不同，是因為他有信心，他對創造**有**信心。馬友友相信靈感的存在是有原因的，靈感就在他的內心裡，是自我的寶藏，就像愛情一樣神祕而重要。本書所有的概念都可藉著他臉上的表情以及他表現出的允諾和信念作為總結。

請接受靈感啟發。創造是自然的，創作是一條激動人心的前進之路。對個人如此，對眾人亦如此。

「在我們前進的路上，我們必須是作者，寫出自己的故事。」馬友友表示。我們是創造者。每個人都是，讓我們一起進入光。

致謝

這本書要感謝我採訪的對象，我寫的每個人，感謝他們付出的時間和精力。他們都是非常忙碌的創作者，願意接受我多次採訪，讓我問私密和情感問題，願意接受我反覆的事實查證和釐清。這本書就是對他們提到的所有內容的致意和感謝。

我要向萊農・吉登斯表示衷心的感謝。謝謝妳的耐心、坦率、自我陳述，妳的參與讓我為本書奠定基礎，也讓我理解創意之路的過程，並讓我有描述它的能力。

我非常感謝一群熟面孔：勞麗・利斯（Laurie Liss），她是近二十年來最優秀的經紀人、參謀、商業夥伴和創意合作夥伴。彼得・哈伯（Peter Hubbard），世界級的編輯和朋友；薇琪・葉慈（Vicki Yates），初期閱讀和文案編輯部長；莉亞特・斯特利克（Liate Stehlik），感情豐富的出版主管；威廉・莫羅（William Morrow）和 Harper Collins 出版社，負責封面設計、文案編輯、廣告宣傳，將這本書銷售到實體書店和虛擬商城的人，你們強悍又有創造力，沒有你們，就沒有這本書。

感謝諾爾、喬許、鮑伯，盡在不言。

給我的父母。各地的好奇創作者。還有你！

最後，感謝我的妻子梅芮迪斯，以及米洛和米拉貝爾，你們是這場試煉的重點。